KB220742

사랑은 외나무다리에서

1

사랑은 외나무다리에서 1

초판 1쇄 찍은날 2025년 01월 31일
초판 1쇄 펴낸날 2025년 02월 14일

글 임예진
펴낸이 서경석
총괄 서기원 **책임편집** 김세령 배현아 서지혜 황창선
기획·마케팅 박문수 **디자인·제작** 이문영

펴낸곳 도서출판청어람
출판등록 1999년 05월 31일(제38-7-1999-000006호)

주소 서울특별시 구로구 디지털로272, 404호
전화 02-6956-0531
팩스 02-6956-0532
메일 chungeoram_book@naver.com

ISBN 979-11-04-01457-4 04680
979-11-04-01456-7 (세트)

사랑은 외나무다리에서 1

2024년 독목고등학교 수업 계획서

교과목명 사랑은 외나무다리에서

교과구분 12부작 미니시리즈 로맨틱 코미디

수업목표 네 원수를 사랑하라!

수업개요

세기의 사랑이라 일컬어지는 "로미오와 줄리엣"
두 사람이 열렬한 사랑에 빠지고 죽음에 이르기까지
걸린 시간은 일주일 남짓이었다고 한다.

세상의 쓴맛은 혀끝에도 대보지 못한 어린 나이
사랑의 황홀함만 맛보기에도 짧은 시간
그리고 죽음으로 완전히 완벽해진 사랑 대신
로미오와 줄리엣이 죽지 않았다면,
죽음 대신 오해 속 증오로 얼룩진 이별을 했다면,

그리고 18년의 세월이 흘러 적당히 지치고 바랜
보통의 어른이 되어 다시 만났다면?

여기, 남자 석지원과 여자 윤지원이 그렇게 다시 만났다.
같은 날 같은 이름으로 태어난, 집안 대대로 원수인
희대의 라이벌이자 눈만 마주치면 싸우는 트러블메이커.

아무도 모르게, 있는 힘껏 사랑했던 열여덟의 여름은 식어버렸고
사랑 같은 건 이제 좀 우습고 지겨운 나이가 되어
달갑지 않은 재회를 하고 만 서른여섯의 로미오와 줄리엣.

흘러버린 세월 속에 남은 건 서로를 향한 분노와 원망뿐인
두 소꿉웬수의 전쟁 같은 로맨스를 통하여
치졸하고 구질구질하며 유치하기 짝이 없는
그러나 동시에 세월에 지치고 세상에 꺾인 서로에게
단 하나의 구원이자 기적이 될,
당최 종잡을 수 없는 이 사랑의 행로를 함께 지켜보자.

목차

석지원 (36세) 석반건설 전무이자 독목고 이사장

타고난 쾌남이다. 어렸을 때부터 공부도 잘했고 운동도 잘했다. 잘 놀고 잘 뛰고 잘 웃고 잘 먹었다. 남학생들 사이에서는 믿음직하고 재미있는 리더였고, 여학생들에겐 늘 선망의 대상이었다. 그런데 이상하게도 윤지원에게는 달랐다.

일곱 살, 골목대장 자리를 윤지원에게 뺏긴 걸 시작으로 초등학교 때 저보다 살짝 커버린 윤지원에게 달리기를 지면서 큰 시름에 빠졌으며 키가 훌쩍 커버린 중학교 때부터는 더 이상 싸움이나 달리기에선 적수가 안 됐지만, 곧잘 전교 1등 자리를 내주었다. 야무지게 얄미운 기집애. 그 애 앞에선 어쩐지 덜렁대고 당황하고 멍해지는 날들이 많았다. 이 울렁거림이 대체 무엇인지 석지원은 오랫동안 알지 못했다.

그래서 고등학교 2학년 어느 날 급식실에서,
여느 때처럼 윤지원과 성적으로 시비가 붙었던 그날 불쑥 말해버린 것이다.
이번 기말고사에서 내가 너 이기면, 너 나랑 사귀자고.

중간고사 성적은 윤지원이 전교 1등 석지원은 전교 6등이었다. 희던 귓바퀴가 빨개지며 어이가 없다는 듯 허, 하고 웃던 윤지원은 지나치게 예뻤다. 기말고사가 지나고, 석지원은 내내 자신을 흔들던 감정이 무엇인지 정확히 깨달았고 둘은 열여덟의 여름을 앞두고 뜨겁게 사랑에 빠졌었다. 세상 그 누구도 모르게. 가을의 시작과 함께, 집안끼리의 반목과 운명의 장난으로 둘은 지독한 오해 속 아픈 이별을 했고 18년 후, 독목고의 이사장이 되어 윤지원과 재회한다.

그리고 평온했던 그의 일상이 윤지원으로 인해,
사정없이 흔들리기 시작하는데.

윤지원 (36세) 체육 교사, 창의체험부 소속

고등학교 시절 '독목고 미친개'라는, 주로 교사에게 주어지는 별명을 입학 3개월 만에 거머쥔 소녀였다. 강자에게 강하고 물정 모르는 약자에도 강하고 불의는 1초도 못 참고 편협한 정의를 혐오하며 악습과 불합리는 따지고 고쳐야 직성이 풀리는 고삐 풀린 야생마 같던.

학생회에 들어가 툭하면 대자보를 붙이고 선생님들과 자주 싸웠으며 학생들과도 가끔 싸웠다. 그러나 따지고 보면 다 맞는 말인 데다 그야말로 미친개처럼 덤벼들었기 때문에 누구도 그녀를 크게 어쩌지는 못했고 사실 언제나 당당한 윤지원을 좋아하는 사람도 많았다. 티 나지 않는 세심함으로 약자를 도왔고, 음치임을 부끄러워하지 않고 축제 무대에 올라 노래를 불렀으며 체육대회 계주에선 마지막 주자로 나서 번번이 역전을 이뤄내 영웅이 되곤 했다. 그리고 그럴 때마다 세상에서 가장 사랑스럽게 웃던, 반짝이는 청춘이었다.

그러나 대학 졸업 후 들어간 회사에서 동료의 성추행 문제에 총대를 메고 나섰다가 거하게 뒤통수를 맞았다. 내부고발자를 향한 차가운 시선과 오랜 소송, 믿었던 사람들에 대한 배신감에 설상가상 부모의 죽음까지 겹치며 윤지원은 바닥의 바닥까지 무너졌다.

겨우 정신을 차려 다시 공부를 하고 할아버지 윤재호가 이사장으로 있는 독목고의 체육 교사가 되면서 윤지원은 정의니, 신념이니 하는 것들을 제 안에서 완전히 지웠다. 그냥 적당히 세상과 타협하면서 누구와도 대립하지 않고 조용히, 고요한 연못처럼 살고 싶었고, 그렇게 살고 있다고 생각했다.

석지원이 재단을 사들이고 뻔뻔하게 이사장으로 제 앞에 나타나기 전까지는.

석지원은 윤지원이 처음 빠진 사랑이었고, 최초의 죄책감이자 좌절이었다. 석지원의 집안이 자신의 할아버지 때문에 몰락한 후, 마치 그 여름의 사랑이 모두 환상이었던가 싶게, 그녀 앞에서 매몰차게 사라진 석지원을 당연하다고 여기면서도 죽을 만큼 그리웠고 그만큼 미워했다.

물론 그 또한 어릴 때 이야기다.
석지원과 재회했을 때 18년이나 지난 짧고 어렸던 연애를 가지고
치사하게 굴고 싶은 마음 따윈 없었고,
남은 감정 역시 없다고 생각했는데.

분명 그랬는데…!

공문수 (29세) 전직 국민 스타였던 고교수영 선수, 독목고 체육과 교생

치명적인 부상 후 수영계를 떠나 교직으로 마음을 돌렸고 독목고 체육과 교생으로 실습을 나왔다. 길을 걸으면 알아보는 사람이 소싯적 열 명 중 열한 명이었는데 지금은 열 명 중 서넛 정도다. 그것도 마음먹고 아주 번화한 곳을 꽤 돌아다녀야. 그게 다 머리를 기른 후 지나치게 잘생겨진 내 탓이라고 긍정적으로 생각한다.

사실 오래전 공문수는 윤지원에게 제 바닥을 보여주고 그녀의 바닥 또한 보았던 적이 있다. 병원에서 부상으로 수영을 더 이상 할 수 없다는 선고를 받고 옥상에 올랐을 때, 별도 달도 없이 깜깜하기만 하던 그 밤에 윤지원이 있었다. 부모를 잃은 윤지원과 수영을 잃은 공문수는 같은 이유로 옥상에 올랐던 터였다.

그날 공문수는 윤지원 때문에 목숨을 건졌고, 홀연히 사라진 그녀가 오래 궁금했다. 궁금함은 그리움이 되었고 독목고에서 다시 만났을 때는 아마도, 사랑이 되었던 것 같다.

윤지원은 그날을 전혀 기억하지 못하는 것 같지만.

차지혜 (36세) 수학 교사, 진학부

윤과 석의 어린 시절 친구. 맨날 싸워대는 윤지원과 석지원을 보며 혀를 차던 어른스럽고 조용한 아이였다. 특히 윤지원과는 늘 붙어 다니며 친하게 지냈는데 그런 윤지원에게도 말하지 못한 그녀의 비밀은 오랫동안 석지원을 혼자 좋아했던 것이다. 고등 2학년이 되어 윤지원과 석지원, 둘과 같은 반이 되었고, 마음은 무럭무럭 자랐다. 하지만 모두의 사랑과 동경을 받는 석지원에게 마음을 고백하기는 쉽지 않았다.

꼭 같은 대학에 들어가서 고백해야지.
지혜의 목표는 그것이었다.

그러나 고2 가을에, 석지원네가 쫓기듯 마을을 떠난 후 앓아누운 윤지원을 찾았다가 차지혜는 아무도 몰랐던 두 사람의 연애를 알게 되고, 참을 수 없는 비참함과 분노를 느낀다.

윤재호 (85세) 윤지원의 할아버지이자 독목고의 전 이사장

지역에서 가장 큰 운수회사를 운영하며 동시에 독목고 재단을 이끌었다.
독목고는 그의 인생이자 자부심이었다. 그러나 아들과 며느리를 동시에 잃고 아들이 재단의 돈을 끌어 제 사업에 썼다는 사실이 밝혀져 재단까지 어려움에 처하자 크게 휘청한다.

하지만 그에게는 하나뿐인 손녀 윤지원이 있었고, 무너질 수 없었다. 늙고 지친 몸으로 온갖 애를 다 써봐도 재단은 점점 망가져 간다. 결국 자신에게 깊은 복수심을 가진 석경태에게 재단을 넘길 수밖에 없는 상황이 오지만 그래도 윤재호는 웃었다.

학교가 안정되어 학생들이 마음 편하게 공부하게 된다면 자신의 굴욕 정도는 아무것도 아니라고 생각한다. 그저 관사에 머물며 낙엽을 쓸고 꽃과 나무를 가꾸며 남은 생을 살면 좋겠다 했건만, 윤지원과 석지원 둘의 관계가 심상치 않다.

운명은 그를 다시 한번 시험한다.

<석지원의 가족>

석경태 (65세) 석지원의 아버지. 석반건설의 회장

18년 전, 윤지원 집안 때문에 사업이 힘들어졌고 그로 인해 윤씨 집안에 원한이 깊다. 툭하면 버럭 소리를 지르기 일쑤고, 뭐든 제멋대로인 인물. 독목고 재단을 사들이고, 윤재호에게 굴욕적인 복수를 할 생각에 들뜨지만 어쩐지 뜻대로 되는 일이 없다.

한영은 (63세) 석지원의 어머니

유쾌하고 활발한 성격이다. 극성스러운 남편과 달리 아들 석지원을 전적으로 믿고 응원해 준다.

안수자 (82세) 석경태의 어머니이자 석지원의 할머니

젊은 시절 윤지원의 할아버지 윤재호와 석지원의 할아버지 석반희에게 동시 구

애를 받으며 온 마을이 떠들썩하게 연애를 했었더랬다. 석반희를 택했고 결혼을 하고 그가 먼저 세상을 뜬 후에, 말도 많고 탈도 많은 석씨 집안의 어른으로 산전수전을 다 겪었다. 막무가내인 석경태가 유일하게 꼼짝 못 하는 상대다.

<독목고 선생님들>

지경훈 (59세) 독목고 행정실장

윤지원 아버지인 윤호석의 친구이자 동업자였다. 어린 시절 부모를 잃은 그를 윤재호가 데려와 아들처럼 키웠다. 그래서 친구인 윤지원 아버지의 죽음 이후, 쇠약해진 윤재호와 윤지원을 물심양면 보필하며 무너져가는 학교 살림을 맡고 있다. 두 사람이 가장 신뢰하고 의지하는 사람이기도 하다. 꼼꼼하고 치밀하다.

맹수아 (36세) 수학 교사, 창의체험부

윤지원과 동료 교사로 만나 단짝 친구가 되었다. 지혜와 같은 수학과 교사로 서로를 격렬히 혐오하고 자주 다툰다. 물렁해진 윤지원은 그저 허허 웃지만, 은근슬쩍 윤을 무시하고 염려인 척 아픈 곳을 찔러대는 차지혜가 꼴 보기 싫어서 싸움닭처럼 굴고 있다.

교사의 사명감이니 참된 스승이니 하는 말을 제일 싫어하며 월급만큼만 가르치고 승진하는 게 목표다. 동료든 학생이든 질척이는 감정을 주고받는 것도 질색이나 동료를 넘어 친구가 된 윤지원에게는 제 감정을 잘 내보이고 그녀를 진심으로 걱정하고 아낀다.

가난한 부모와 형제들을 책임지는 가장으로, 끝이 보이지 않는 가난에 대한 중압감과 책임감을 가벼운 연애로 해소하며 산다. 잘 반하고 잘 꼬시고 화끈하게 연애하고 금방 헤어진다.

숙취가 있을 때마다 보건실 신세를 지면서 홍태오와 자주 엮인다. 선생 같지 않은 자신을 홍태오가 한심해한다는 걸 잘 알고 있다. 부처님에게 미움받는, 그의 잔잔한 마음을 분노로 요동치게 할 수 있는 유일한 사람이라는 요상한 자부심(?)이 있다.

홍태오 (39세) 보건교사. 창의체험부

지적이며 점잖고 잘생긴 보건교사다. 간호사로 5년쯤 근무하다 보건교사가 되었다. 호수처럼 고요하고 어떤 상황에서도 의연하며 다정하다. 학교 공식 일꾼인 윤지원을 곧잘 도와주고, 힘든 티를 내지 않는데도 알아보고 위로해 준다.

변덕수 (50세) 국어 교사. 진학부 부장

윤지원과 석지원의 고2 시절 담임선생님이었다. 오지랖이 넓고 말하기를 좋아하긴 하나 따뜻하고 유쾌한 사람이다.

이재규 (48세) 화학 교사. 창의체험부 부장

주식으로 인생 역전할 꿈을 꾼다. 변덕수와 붙어 다니며 교내의 각종 소문과 사건에 관심이 많다.

강영재 (55세) 독목고 교감

교장직무대리 중이다. 진짜 교장이 될 날만을 기다리고 있다. 출세에 관심이 많고, 처세에 능하다.

장온유 (27세) 국어 교사, 진학부

쾌활하고 사람들과 잘 어울리는 성격. 체육과 교생으로 온 공문수의 팬으로, 동료로 온 그에게 관심이 있다.

<윤지원의 반 학생들>

고해수 (18세)

2-1반 반장. 공부 말고는 아무것도 못 하는 모범생. 정확히는 공부와 관련되지 않은 것은 쓸모없다고 생각해 아예 관심이 없다. 툭하면 분위기를 흐리는 기석이 별로다.

엄기석 (18세)

공부 빼고는 모든 걸 잘하는 만능 재주꾼. 운동 노래 악기 개그, 못하는 게 없고 모든 걸 기꺼이 즐기며 바쁘게 산다. 모두가 기석을 좋아하는데, 유일하게 해수만이 자신을 미워하고 그 사실을 숨기지도 않는다는 걸 잘 안다. 그러라지, 저 역시 공부밖에 모르는 따분한 고해수 따위 딱 질색이다.

김유미 (18세)

고해수와 단짝이다. 해수를 동경하면서도 질투한다. 극성인 엄마 때문에 불안하고 힘겨운 날들을 보내고 있다.

정율 (18세)

윤지원의 반으로 전학 온 학생. 늘 엎드려 있고 아무와도 어울리지 않지만, 전학 직후 중간고사에서 전교 1등을 해 모두를 놀라게 한다.

일러두기

1 임예진 작가의 집필 방식을 최대한 따랐습니다.

2 드라마 대사는 글말이 아닌 입말임을 감안해, 한글맞춤법과 다른 표현이라 해도 최대한 살렸습니다. 지문의 경우 한글맞춤법을 최대한 따르되, 어감을 살리기 위해 그대로 둔 표현도 있습니다.

3 물음표, 마침표, 쉼표 등 문장 기호의 표기는 작가의 의도를 따랐습니다.

4 대본에 사용된 '/' 표기는 짧은 장면 전환을 의미하는 작가의 표현입니다.

5 미방영 내용이 포함되어 있으며, 방송된 부분과 다를 수 있습니다.

용어정리

E 효과음(Effect)을 뜻하며, 보통 등장인물은 보이지 않고 목소리만 들리는 경우에 주로 사용한다. 휴대폰 소리, 사이렌 소리 등 모든 효과음이 해당한다.

인서트 화면의 특정 동작이나 상황을 강조하기 위해 삽입한 화면을 뜻한다.

몽타주 따로따로 편집된 장면들을 적절하게 떼어서 붙여 하나의 긴밀하고 새로운 장면을 만드는 것을 뜻한다.

cut to 가까운 공간 안에서의 각도 전환을 의미한다.

F 필터(Filter)의 약자로, 전화기 너머의 목소리나 마음속으로 하는 이야기 등을 표현할 때 사용된다.

N 내레이션(Narration)의 약자로, 장면 밖에서 들려오는 목소리를 나타낸다.

제 1 회

#1. 남산 타워. 낮 (윤지원의 꿈)

눈이 내리고 바람이 부는 남산 타워. 아무도 없어 을씨년스러운 분위기다.

내리는 눈 사이로 천천히 걸어오는 열여덟 윤지원.

교복 위에 코트를 입고 가방도 메고 있다.

사랑의 맹세가 새겨진 자물쇠가 빼곡한 철조망 앞에 선다. 무표정한 얼굴이다.

#2. 사택. 윤지원의 방. 아침 (현재)

살짝 찌푸린 채 뒤척이다가 번쩍 눈을 뜨는 윤지원.

멍한 얼굴로 방을 둘러보다 짜증 난 얼굴로 다시 벌렁 눕는.

윤지원 아이 씨… 뭐야, 재수 없게.

몇 번 몸을 뒤틀다, 이불을 거칠게 차며 벌떡 일어나는.

#3. 사택. 마당. 낮

트레이닝복 차림의 윤지원. 심란한 얼굴로 자전거에 올라타고 출발하는 데서.

#4. 사택 앞 + 샛길 + 학교. 낮

자전거를 타고 달리는 윤지원의 뒤로 빨간 벽돌의 낡은 2층 사택이 보인다.
뒤이어 양쪽으로 나무가 우거진 학교와 사택을 잇는 좁은 샛길,
그리고 오래되었지만 고풍스러운 느낌의 학교 전경이 차례로 펼쳐진다.

#5. 독목고 운동장. 낮

아직 겨울의 흔적이 완연한 삭막한 운동장. 서서 발목을 돌리며 스트레칭을 하는 윤지원.
천천히 달리기 시작한다.

#6. 이사장실. 낮

전체적으로 낡았지만 정갈한 분위기의 이사장실. <이사장 윤재호> 명패 보이고.
책상 앞 소파에 마주 앉은 윤재호와 행정실장 지경훈.

윤재호 (심각한 얼굴로 서류를 넘기며) 이제 재단 좀 넘기고 편하게 사나 했더니, 석경태 이놈이 내 발목을 잡는구나.

이사들은 다들 오고 있냐?

지경훈　예, 오고 계실 겁니다.

윤재호　석경태 그놈 회사가 재단 가져가면은, 땅도 죄다 넘어가니까 분명 그때 못 지은 리조튼지 골프장 지으려고 할 거다.
학교에는 관심도 없을 거고.

지경훈　(착잡하게 끄덕이면)

윤재호　그건 막아야지. 비록 내가 빈털터리로 재단을 내주는 신세지만 그건 안 될 일이다. 경훈아.

지경훈　예 압니다, 아버지.

윤재호　(지그시 보다) 여전히 그렇게 불러주니 고맙구나. 내 아들놈 허물을 대신 지게 해 미안하고.

지경훈　(미소로) 갈 곳 없는 절 아들처럼 키워주셨는데 그렇게 말씀하시면 섭섭합니다. (하다 핸드폰 보고) 다들 모이셨다네요.

윤재호　(일어나며 일부러 밝게) 그래? 가자! 석경태 그 무지랭이 같은 놈 복수에 우리 독목고가 흔들려서야 되겠니?

이재규(E)　복수요?

#7. 교무실. 낮

창밖으로 운동장을 달리는 윤지원 보이고, 창문 앞에 커피 한 잔씩 들고 모인 선생님들. 변덕수, 이재규, 장온유, 홍태오다. 차지혜는 사람들이 모인 곳이 제 자리 옆이어서 그냥 끼어있는 모양새. 컴퓨터로 뭔가 작업 중이다.

이재규　재단 넘어가는데 복수가 왜 나와요?

변덕수　지금 화연건설에 다 넘어간 재단을 갑자기 사겠다고 나선 석반건설 회장이 여기 양소 출신이거든. 이사장님 집안하고 대대로 원수.

장온유　집안 대대로요?

변덕수　(끄덕) 그니까 석반건설 회장 집안이 이사장님 집안 소작농 출신. 대대로 모시고 살았는데 석경태 회장 아버지 때 시멘트 회사를 하나 차려가지고 그 집안이 제대로 일어섰거든.

이재규　오… 그래서요?

변덕수　그러다 일이 터진 거야. 석 회장 부친이랑 우리 이사장님이랑 한 여자를 두고 연적이 된 거지. 그때부터 전쟁 시작!

#8. 동네 일각. 낮 (과거)

젊은 윤재호와 석경태의 부친 석반희. 서로 주먹을 날린 참이다.
윤재호의 코에서 피가 주룩 흐르는데, 달려와 애틋한 얼굴로 석반희를 살피는 안수자.
멍한 얼굴로 털썩 무릎을 꿇는 윤재호. 셋 다 20대 초반이다.

#9. 석반건설 회장실. 낮

화려하게 차려입은 석경태. 소파 자리 상석에 앉아 있다. 옆에 있는 협탁에 놓인 우황청심환을 하나 꺼내 씹어 먹는다.
맞은편에는 50대 중후반의 박 전무가 있다.

석경태　전쟁도 뭐 서로 짭이 돼야 하는 거지.
우리 어머니는 윤재호 그 양반한테 관심이 전-혀 없었어요?
혼자 들이대다가 까이고는 앙심을 품은 거지, 우리 집에.

박전무　아무렴요, 그랬겠지요, 회장님.

#10. 독목고 복도. 낮

나란히 걷고 있는 윤재호와 지경훈.

윤재호　그깟 일로 앙심은.
우리 집에서 대대로 보살펴준 거는 생각도 안 하고.
사사건건 시비를 건 건 그쪽이야. 지원이 태어났을 때만 해도 봐.

지경훈　(익숙한 듯 작게 웃는다)

#11. 석반건설 회장실. 낮

석경태, 새로운 청심환을 까는 중이다.

석경태　그 집 손녀랑 한날한시에 태어난 것부터가 기분이 나쁜데 말이야.
이름까지 따라 짓고. 내가 유명한 철학관을 돌면서 우리 지원이 이름에 얼마를 들였는데!

박전무　아유, 기분이 나쁘죠. 그거는…

석경태　그러더니 결국 내 사업까지 그 영감탱이가 말아 먹었어.
날 아주 밟으려고 작정을 한 거지. 악독한 늙은이.
나한테 그 회사가 어떤 건지 잘 알았으면서.

박전무　그래도 이제 시원하게 갚아줄 일만 남았잖습니까?

#12. 옛날 윤재호의 집. 서재. 밤 (과거. 2회 #33.과 동일 상황)

60대 윤재호, 책상 앞에 앉아 착잡하지만 단호한 표정으로 손에 든 토지 매매 계약서를 내민다.

윤재호 니 회사는 니 욕심 땜에 망하는 거다.

그 앞에 서 있는 40대 석경태, 떨리는 손으로 받아 들고 본다. 주르륵 눈물이 흐른다.

#13. 독목고 회의실. 낮

상석에 앉은 윤재호. 지경훈과 7명의 이사도 앉아 있다.

윤재호 다들 알잖는가, 내가 그때 어떤 심정으로 땅을 사들여서 석경태를 막았는지. 그 돈밖에 모르는 돈벌레 같은 놈이 우리 학교랑 고향을 또 뒤집어 놓게 둘 순 없네.

이사들 끄덕이면서도 어쩐지 윤재호의 눈을 피하고. 윤재호 긴장한 얼굴로 둘러본다.

#14. 석반건설 회장실. 낮

끄덕이며 자리에서 일어나는 석경태. 박 전무 얼른 따라 일어난다.

석경태 (벽에 걸린 거울 앞으로 가 매무새를 다듬으며) 그렇지.
이제 내가 뒤집으러 가야지. 그때 나한테 했듯이 똑같이 쫓아내 준다. 두고 봐.

박전무 (자신만만하게) 그럼요. 제가 거기 싹 밀고 골프장 멋들어지게 제대로 한번 지어보겠습니다, 회장님!

석경태 (쩝,..) 일단 있어 보라니까. 우리 지원이 들어오면...

박전무 아이, 또 그러신다. 석 전무가 두바이에서 애쓰고 있는 건 알지만 골프장 리조트 이쪽은 저 박동진이 선숩니다. 아시잖아요, 회장님?

석경태 (문으로 가며 쳇, 웃는다) 걔가 두바이에서 몇 층짜리 건물을 얼마 만에 올렸는데. 거기서 걔가 번 돈이 얼만데 뭐?
애쓰고 있는 건 알지만?

박전무 그래도 제 경험과 노하우는 석 전무가 따라올 수 없는...

석경태 (눈을 가늘게 뜨고 박 전무 보는) 자네, 그 소문이 혹시 진짜가?

박전무 소문이요?

석경태 예전에 우리 지원이한테 탈탈 털리고 울었다며? 그래서 걔 본사 들어오지 말고 해외로 돌려야 된다고 그렇게 밑밥을 깔았다는데?

박전무 (!!!) 제, 제가요? 아닙니다, 회장님! 우, 울지도 않았고, 석 전무 들어와야죠. ...와야죠. 네...

석경태 (웃는) 그렇지? 헛소문이지? 그래, 오늘 뭐 올해의 기업인 인터뷰 한다고? (청심환 하나 주며) 떨지 말고 잘해.

박전무 (받으며) 예. 감사합니다. 이제 이사회 가십니까?

석경태 가야지. 우리 윤재호 씨 낯짝 보러.

룰루랄라 문으로 가는 석경태. 밖에서 문을 열어주는 남자, 이기하다.

#15. 교무실. 낮

창밖으로 여전히 운동장을 뛰고 있는 윤지원이 보이고.

이재규 끈질긴 악연이다, 정말.

장온유 그럼 오늘 이사들 결정에 따라서 어느 회사가 우리 학교 인수할지 정해지는 거네요.

변덕수 화연건설로 가야지. 이사장님이 얼마나 애쓰셨는데.

홍태오 (안타깝게 창밖을 보며) 윤 선생님도 정말 마음이 안 좋겠어요.

변덕수 석경태 회장이 독해, 사람이. 이십 년 가까이 지나서 뭘 또...

차지혜 (무심히) 근데 뭐, 들어와서 마을을 좀 발전시킬 수도 있다 하는 시각도 있고… 법적으로 문제없으면 마냥 반대도 좀 그렇죠.

그때, 지혜 옆자리에 털썩 와 앉는 맹수아.

맹수아 쿨해. 차쌤은 윤쌤이랑 고등학교 친구라면서 참 쿨하시다.

차지혜 (뾰족하게) 네?

맹수아 무조건 화연건설이 인수해야 한다고 목에 핏대를 세워야 하는 거 아닌가, 친구라면? (입만 웃으면)

차지혜 (멈칫하는) …그게 제일 좋기야 하겠지만, 뭐 아닐 수도 있다 그런 거죠. 왜 또 사람을 이상하게 몰아가요?

변덕수 (질색) 둘이 또 저래…

맹수아 그렇잖아요. 다들 윤쌤 아버지 탓하면서 은근히 힘든 일 귀찮은 일은 윤쌤한테 몰아주고, 어릴 적부터 친구면서 이럴 때 편도 안 들어주고. 그러면서 모여서 이러쿵저러쿵 남 얘기하듯 떠들고.

선생님들 헛기침을 하거나 딴청을 부리며 흩어지고.
차지혜 획 몸을 돌려 맹수아에게서 등을 돌리면, 맹수아 으쓱한다.
남아있던 홍태오, 맹수아에게 살짝 눈짓하고 나간다.

#16. 석반건설 회의실 앞 복도. 낮

걸어오는 박 전무와 이기하.

박전무 (심호흡한다) 아유, 이깟 인터뷰가 뭐라고 왜 이렇게 떨리지?
어제 꿈자리도 영 뒤숭숭한 게 뭔가 쎄해…
(하다가 이기하 보며) 너 이번에 석지원이 비서로 발령받았지?

이기하 예, 두바이에서 오시는 대로 모시게 됐습니다.

박전무　한 달 남았네. 지옥일 거다. 나처럼 좋은 사람 모시다가 거기 가면. 그놈은 악마야 싸가지 없는 악마. (저벅저벅 앞서가면)

이기하　(뭐래 하는 눈으로 흘겨본다)

박전무　(갸웃하며 심장께를 문지르는) 근데 진짜 왜 이렇게 기분이 드럽지? 좋은 일에? 저기, 기자는 왔대?

#17. 회사 로비 석지원 등장 몽타주. 낮

1. 회전문에서 빠져나오는 석지원의 발. 슈트에 까만 스니커즈를 신었다.
2. 걸어가며 재킷의 단추를 잠그는 손.
3. 로비를 성큼성큼 가로질러 가는 뒷모습.

#18. 석반건설 회의실 앞. 낮

저만치 보이는 회의실 앞에 모여 있는 사원 서너 명. 안절부절못하고 있다.
의아하게 보며 다가서는 박 전무. 40대 남 김 부장이 박 전무 발견하고 달려온다.

김부장　저기 오셨, 그분이 오셨…

박전무　어, 신문사 애들? 그래 와야지. 근데 김 부장 표정이 왜 그래?

김부장　(곤란한 얼굴로) 그, 그게 신문사가 아니고…

박전무　(웃으며) 신문사가 아니면? 기자 대신 뭐 저승사자라도 왔…

하는데, 벌컥 열리는 문으로 나오는 석지원.
박 전무 너무 놀라 으아악! 외마디 비명과 함께 그대로 얼어붙는데.

박전무　아니, 석 전무. 어떻게 여길... 여길 어떻게... 벌써 왜 여길...
석지원　(무심하게) 환영 감사합니다. 인터뷰까지 시간이 좀 있다니까 일단 들어오시죠.

하얗게 질려서 밍기적대는 박 전무의 어깨를 껴안아 회의실로 밀어넣는 석지원에서.

#19. 석반건설 회의실. 낮

벽에 <올해의 기업인 박동진 전무 - 주최 정원일보> 현수막이 붙어 있고, 긴 회의 탁자에 박 전무를 비롯한 40-50대 임원들 열 명 남짓 앉아서 서류를 넘겨보고 있다. 석지원, 박 전무 맞은편에 앉아 있다.
하얗게 질린 박 전무, 서류를 넘기는 손이 파르르 떨린다.

박전무　(서류 탁 내려놓고) 이, 이게 뭐, 왜요?
석지원　(서류를 탁 낚아채 넘기며) 이게 왜요? 하청에 하청, 재하도급부터가 불법인데 왜요, 라는 말이 나오십니까?
박전무　아이, 그거는...
석지원　철근은 어디로 다 빼돌리고, 시멘트에는 물 타고, (한 장 더 넘겨 박 전무에게 들이밀며) 이 사진 추운데 고생하며 찍었습니다.
비 오는데 신나게 시멘트 들이부으셨네요. 뭐 가리려는 성의도 없어.
박전무　(얼굴 벌게져서 외면하며) 나한테 스파이 붙였습니까?
석지원　예. 이런 짓을 하시니까.
박전무　(목소리 작아지는) 이건 그냥 관행이오. 우리만 그러는 것도 아니고. 대부분 이렇게 지어요. 거 알 만하신 분이...
석지원　(싸늘하게 보며) 불법이지만 다들 하니까, 쭉 해오던 관행이니까, 그래도 아무도 모르니까? 남들이 어떻든 이런 쪽팔리는 짓 우리는 안 하기로 하지 않았습니까?

박전무 (이를 악물고 벌떡 일어나는) 그래서 꼭 이렇게, 이런 날에 아버지뻘 인 나를 창피를 줘야 속이 시원합니까, 석 전무?

그때, 밖이 소란스럽더니 벌컥 문이 열리며 말리는 비서팀들을 뿌리치고 들어오는 기자와 촬영기사. 홍미로운 얼굴로 둘러본다. 박 전무 당황하는데.

석지원 (동요 없이) 어떻게, 창피스러운 거 더 남았는데 마저 할까요?
새로 계약한 하청업체 대표가 박 전무님 처남이시더라, 하는 얘긴데.
박전무 (하얗게 질려서 비틀하는)

#20. 회의실 복도. 낮

회의실 문 열리며 나오는 석지원. 문에 붙어 있던 비서팀 직원들 놀라 떨어진다.
성큼성큼 걸어가는 석지원. 넥타이를 느슨하게 푼다.
열린 문으로 앉아 있는 박 전무가 이마에 맺힌 땀을 닦으며 슬쩍 눈물을 훔친다.
직원들 사이에 서 있던 이기하. 감탄의 눈길로 석지원을 멍하니 보다가 서서히 입가에 미소가 번진다. 그러다 퍼뜩 정신을 차리고 얼른 달려가 따라붙는다.

이기하 전무님, 안녕하십니까? 비서팀 이기하입니다.
석지원 (돌아보는) 아, 얘기 들었습니다. 내가 너무 일찍 왔죠?
이기하 아닙니다! 이렇게 모시게 돼서 영광입니다, 전무님.
그리고 말씀 편하게 하십시오.
석지원 그래. 잘 지내봅시다. (손을 내밀면)
이기하 (덥석 잡으며) 최선을 다하겠습니다!

석지원 (끄덕이고 손을 빼려는데)
이기하 (잡고 안 놔주며) 아까 회의실에서 정말 멋있으셨습니다, 전무님. 진짜 최고…

석지원, 씩 웃으며 손을 빼서 기하의 어깨를 툭툭 쳐주고 다시 걷는다. 신이 난 얼굴로 따라가는 이기하에서.

#21. 교내 일각. 낮

홍태오와 맹수아 서 있다. 따뜻한 꿀물 음료를 내미는 홍태오. 맹수아 받아 든다.

홍태오 이거 윤 선생님한테 좀 전해주세요, 따뜻할 때.
맹수아 (눈을 가늘게 뜨고 보면)
홍태오 아니, 아직 날이 차가운데 저러고 있으니까. 이사회 내내 저럴까 봐.
맹수아 참 따뜻한 남자셔. 이 오작교를 위해 한 병 더 준비하는 센스까지 겸비했음 좋았겠지만.
홍태오 아, 미안해요.
맹수아 (싱긋 웃는) 괜찮아요. 나한테만 차가운 남자 (속삭이는) 매력 있어.
홍태오 (질색하며 한발 주춤 물러나면)
맹수아 근데 윤쌤이랑 홍쌤, 두 분 방학 때…
홍태오 (살짝 당황해서 보면)
맹수아 싸웠어요? 직접 전해주시면 될 걸 왜? 윤쌤도 뻔질나게 드나들던 보건실에 얼씬도 하지 않는 게 어째 좀…
홍태오 싸우긴요. 저는 일이 있어서 가볼게요. 식기 전에…

얼른 가보라는 듯 손짓하고 돌아서 가는 홍태오를 보는 맹수아.

#22. 독목고 회의실. 낮

상석에 앉은 윤재호. 믿을 수 없다는 듯 혼란스러운 표정이다.
7명의 이사들, 저마다 헛기침을 하거나 고개를 돌려 딴청을 피우고 있다.
단상에 선 곤란한 표정의 지경훈이 입을 연다.

지경훈 …다수결에 따라 우리 독목고등학교 재단은, 석반건설이 인수하게 되었습니다.

윤재호 (벌떡 일어나며) 이 사람들이…!

하는데 벌컥 열리는 문. 만면에 미소를 띤 석경태가 경쾌한 발걸음으로 들어온다.
윤재호, 석경태를 발견하고 우뚝 멈춰 선다. 서로를 노려보는 둘.

윤재호 석경태, 너… 이 자식 감히 여기가 어디라고 와?

석경태 (어리둥절한 척) 어? 아직 투표 안 끝났나? 끝났지?
저야 제 학교 보러왔죠. (둘러보며) 많이 낡았다…
(윤재호 보며) 많이 늙으셨고.

윤재호 (환멸로 보며) 당신들 저… 저 벼멸구 같은 놈한테 이 학교를 넘겨?

석경태 뭐요! 벼… (하는데)

윤재호 구 이사! 나한테 도로 사간 그 땅도 저놈한테 넘겼나?
골프장 지어 잡수쇼 하고?

구이사 (시선 피하면)

석경태 이보세요, 어르신. 벼멸…

윤재호 이런 순… 돈밖에 모르는 놈들…

석경태 (버럭) 벼멸구라니!

윤재호 오냐 미안하다. 벼멸구한테 모욕이다. 지 고향 망치러 온 놈한텐 벼멸구도 감지덕지야!

석경태 못 참고 윤재호를 향해 삿대질하며 걸어오고, 윤재호도 질세라 박차고 걸어 나가는데. 순간 어지러움에 털썩 도로 의자에 주저앉으며 눈을 감는다.
"아버지!" 부르며 달려와 윤재호를 살피는 지경훈. 놀라서 움찔, 멈춰서는 석경태.
이사들도 놀라 웅성거린다.

#23. 운동장. 낮

철봉에 기대서서 숨을 고르고 있는 윤지원. 저만치서 오는 맹수아.
손에 든 꿀물을 소주마냥 회오리가 생기게 흔들고 팔꿈치로 병 끝을 탕탕치는 맹수아를 보며 윤지원 어이가 없다는 듯 웃는데.
(E) 구급차 사이렌 소리.
윤지원과 맹수아 놀라서 동시에 고개 돌리면, 교문으로 들어오는 구급차.

#24. 독목고 주차장. 낮

서 있는 구급차. 윤재호가 누운 들것을 들고 오는 구급대원들.
그 옆에는 지경훈이 있고. 저만치 멀리 석경태가 차에 앉아 창문을 빼꼼 내리고 내다보는 중이다. 들것을 막 실으려 하는데, 별안간 벌떡 일어나는 윤재호.

윤재호　…석경태!

모두들 어어어 하고 놀라는데 분노한 채 주변을 둘러보는 윤재호.
석경태의 차 창문이 조용히 올라간다.

#25. 석지원의 집. 거실. 밤

어두운 거실로 들어서는 석경태. 둘러보다가 1층 구석 서재로 가며 투덜댄다.

석경태　하, 더 밟아줬어야 했는데 하필 거기서 쓰러지고 말이야…
(문을 열며) 하여간 예나 지금이나 진상이야 영감탱이…
(하다가 안을 보고) 엄마야…!!

#26. 석지원의 집. 서재. 밤

어이없는 표정으로 소파에 앉은 석경태. 손에 청심환 두 알을 들고 굴리다가 하나를 입에 넣고 씹으며 맞은편을 노려본다. 그 시선을 받으며 마주 앉은 석지원.

석경태　아주 자-알 했다. 너 때문에 박 전무 입원했단다. 사표 쓴대.
석지원　(담담하게) 책임지고 수습한 후에 쓰라고 하세요.
석경태　근데 너, 박 전무 잡으려고 한 달이나 일찍 들어온 거냐?
석지원　사진 보셨잖아요, 비 오는 날! 콘크리트 작업을 했다고요, 아버지.
석경태　됐고. 박 전무 쫓아냈으니까, 니가 맡아.
석지원　뭘요?
석경태　들었을 거 아냐, 오늘 양소 가서 재단 받기로 하고 도장 찍었다.
작업은 다 되어 있으니까 골프장 니가 맡아서,
석지원　(자르며) 싫습니다. 관심 없어요.
석경태　이 자식이! 회사 일인데 왜 관심이 없어?
석지원　뭐가 회사 일입니까? 아버지 유치한 복수심입니다.
석경태　유치? 복수? 니 말은 뭐 내가 추잡시럽게 이십 년 가까이 지난 그때 일 때문에 이런다는 거냐, 지금?

석지원 예.

석경태 (쥐고 있던 청심환을 던지며) 이 자식이, 애비를 뭘로 보고.

석지원 (여유 있게 받고) 그 동네에 골프장, 이십 년 전이면 모를까, 지금은 별 메리트 없는 거 아시잖아요.

석경태 니, 니가 뭘 알아!

석지원 그만두세요, 이제라도.

석경태 뭘 그만둬! 이제 시작인데. 내가 골프장 멋들어지게 짓고, 윤재호 그 양반 딱 앉혀놓고, 동네 사람 죄 불러 가지고 삐까뻔쩍하게 복수... 아니, 이사장으로 취임도 하고, 옆에 두고두고 괴롭히다가 골프장 다 지으면 그때 선생 한다는 손녀랑 둘이 확 내쫓아 버릴 거다. 옛날에 우리가 쫓겨났듯이.

석지원 (움찔하지만 내색 않고) 구체적으로 유치하시네요.

석경태 (벌떡 일어나 석지원을 일으키며) 됐고! 골프장 안 맡을 거면 나가!
회사 복귀는 다음 달이니까 그동안은 얼씬도 하지 마.
회사에서 너 좋다는 사람 하나도 없어. 나도 싫어. 가!

석지원 (문으로 밀려난다) 아버지 이러시는 거, 할머니는 아세요?

석경태 (당황해서) 울 엄마가 여기서 왜 나와! 썩 나가! 나가 임마!

석지원 억지로 문밖으로 밀어내고 씩씩대는 석경태.

석경태 저 자식은 누굴 닮아서 저렇게 싸가지가 없어? (하다가) ...난가?

#27. 사택. 마당. 밤

현관문을 열고 나오는 윤지원.
평상 앞에 서 있던 지경훈, 막 핸드폰을 끊으며 뒤돌아 윤지원을 본다.

윤지원 할아버지 주무세요.

지경훈　그래? 다행이다. 잘 보살펴 드려. 나 갈게.

윤지원　(끄덕이고)

지경훈　(돌아서려는데)

윤지원　아저씨.

지경훈　응?

윤지원　그동안 감사했어요. 학교 일에도, 할아버지께도 늘 신경 써주신 거요.

지경훈　…지원아, 우리 사이에 뭔 그런 말을 하니. 들어가라.

지경훈, 잠시 윤지원을 보다가, 손을 들어 인사하고는 돌아선다.

#28. 사택. 거실. 밤

현관으로 들어오는 윤지원. 거실로 막 들어서는데 문득 부엌 쪽을 보면. 식탁에 앉아 막걸리를 들이켜고 있는 윤재호.

윤지원　(다가가는) 할아버지, 술을 드시면 어떡해.

윤재호　열받아서 그래. 잠이 안 와서.

윤지원, 냉장고에서 썰어둔 오이 통을 꺼내 열어 식탁에 놓고 마주 앉는다.

윤재호, 하나를 입에 넣고 윤지원에게도 하나 내밀면.

윤지원　(받아서 먹으며) 나 그냥 사표 낼까, 할아버지?

윤재호　뭐?

윤지원　사택도 나가자. 내가 집 구할게. 서울이든 부산이든 아주 멀리로 가버리자.

윤재호　지금 어디 자리가 있겠냐…? 그리고 너 담임도 맡았잖어.

윤지원　…몰라. 알아서 하겠지. 잘난 새 이사장이.

윤재호 (가만히 보다) 그래 사표 내고, 사택도 나가. 근데 이 할애비는 이 마을 안 떠날 거다. 재단은 내줬어도 내 고향은 지켜야지.
골프장 따위 짓자고 산이고 들이고 밀어버리는 꼴 난 못 봐.

윤지원 아니, 그건 그런데...

윤재호 (단호한) 이 꼴 저 꼴 보기 싫으면 넌 떠나도 돼.

윤지원 할아버지만 놔두고 어떻게 가!

윤재호 내가 애냐. 가!

윤지원 (복잡한 얼굴로 보다가, 막걸리를 병째 들어 벌컥벌컥 마시면)

윤재호 아이, 그거 마지막 남은 건데 그걸...

윤지원, 빈 막걸리 병을 탕 식탁에 내려놓는다. 마음이 복잡하다.

#29. 교무실. 낮

교사 서너 명만 앉아 있는 교무실. 노트북 화면을 뚫어지게 보고 있는 윤지원.
보면 모니터에 뜬 기사 '석반건설', '석지원 전무', '두바이', '최고급 리조트', '랜드마크 되나' 등등.
심각한 얼굴로 집중하는데 어깨 너머로 불쑥 얼굴을 내미는 차지혜.

차지혜 (속삭이는) 신경 쓰여?

윤지원 (화들짝 놀라 노트북이 부서지게 닫으며 버럭) 아니!!!!

선생님들 놀라서 쳐다보고 지혜도 놀라 귀를 막는 시늉을 하며.

차지혜 귀청 떨어지겠다, 신경 안 쓴다면서 왜 찾아보니?
뭐 아버지 취임식에 박수라도 치러 올까 봐?

윤지원 (발끈해서) 못 오지. ...어딜 감히 와.

차지혜　(한숨 쉬고) 어떻게 일이 그렇게 되냐… 너 찝찝하게.

윤지원　이거 두바이에 있는 거 맞지? 쭉 있는 거겠지?

차지혜　(눈을 피하며) 나도… 잘 모르지? 근데 한국 온들 걔가 여길 오겠어?

윤지원　(머리를 쥐어뜯으며) 지혜야, 나 그냥 확 사(표… 하는데)

차지혜　너 불편할 것 같으면 그냥 학교 옮겨.

윤지원　…응?

차지혜　뭐 벌써 학기 시작되긴 했지만 그래도 그쪽이랑 엮이는 건 좀 그렇잖아. 다들 이해할걸. 너 그만둬도.

윤지원　그래? 니가 봐도 내가 그만두는 게 맞는 것 같아?

차지혜　굳이 속 시끄러울 필요가 있냐는 거지. 너 이제 그런 거 싫어하잖아.

윤지원　(물끄러미 보면)

차지혜　(뜻 없이) 옛날 같으면, 누구 좋으라고 도망가냐, 악착같이 버틴다. 그랬겠지. (웃으며) 너 장난 아니었잖아.

윤지원　(끄덕이며) 도망이라…

차지혜　야, 근데 계속 열여덟 같으면 그게 이상한 거야. 나도 자리 좀 알아볼까?

핸드폰을 열어 연락처들을 넘겨보는 차지혜. 윤지원, 생각에 잠기는 데서.

#30. 석지원의 집. 거실. 밤

외출복 차림으로 2층 계단을 내려오는 석지원. 메시지 도착음이 울린다. 열어 보면 김석훈 〈오늘 7시. 늦지 마라〉 뒤이어 장소 링크 도착한다. 현관 쪽에 서 있던 이기하가 꾸벅 인사를 하고, 석지원 다시 걸음 옮기는데 안방 문 열리며 나오는 석경태. 석지원을 본다.

석경태　(나름 다정하게) 야 지원아. 아버지가 생각을 해 봤는데 말이야,

석지원　골프장 안 말아요.
석경태　싸가지 없는 놈. 듣는 시늉이라도 좀 해라.
석지원　(단호한) 안 가요, 거기. 절대로.
석경태　내 아들이지만 진짜 너… 너 친구 없지?
석지원　(찌푸리며 짧게 고개를 젓는다)
석경태　없지? 한 명도 없지? (하다가 괜히) 다 늦게 어디가!
석지원　친구들 만나러요.

삐죽이는 석경태를 두고 현관으로 향하는 석지원에서.

윤지원(E)　그런 거 없어.

#31. 라일락 벤치. 밤

나란히 앉은 윤지원과 맹수아. 샌드위치를 나눠 먹고 있다.

윤지원　그냥 싫어.
맹수아　이름도 생일도 같은 원수의 아들이, 아무 이유도 계기도 없이 싫다?
윤지원　(끄덕이고) 어릴 때부터 인생에 도움이라곤 안 됐어.

#32. 동네 일각. 낮 (과거)

같은 유치원복 차림의 어린 윤지원과 석지원. 막 싸움이 붙은 참이다. 석지원이 윤지원의 머리채를 잡는 동시에 윤지원 석지원의 볼을 꼬집고 늘어진다.

석지원　하나 둘 셋 하면 놓자.

윤지원　하나 둘 셋.

둘 다 놓지 않는다. 눈물이 나는데, 필사적으로 참고 서로를 노려본다.

#33. 차 안. 밤

운전 중인 이기하. 뒷자리에 앉은 석지원.

이기하　꼴 보기 싫은 사람이 있어서 안 가시는 거라고요?
석지원　응. 이유가 좀 우습나?
이기하　아닙니다! 싫으면 그러실 수 있죠. 다만 오래전에 떠나오셨다 들었는데 그 시간 내내, 아직도 싫은 거는 그거대로 뭐랄까…
석지원　(피식 웃는) 그러게. 지독하네. …지독하게 싸웠거든.

#34. 초등학교 운동장. 낮 (과거)

체육복 차림의 10살 석지원과 윤지원이 치열하게 달리고 있다.
아슬아슬하게 윤지원이 먼저 결승점에 들어오고, 석지원 씩씩대며 쏘아본다.

#35. 중학교 교실. 낮 (과거)

펼쳐보는 성적표. 전교 1등, 반 1등이다. 씩 웃는 성적표의 주인. 석지원이다.
고개 돌려 보면 충격받은 얼굴의 윤지원. 얄밉게 웃으며 메롱- 하는 석지원.

벌떡 일어나 다가오는 윤지원. 질세라 석지원도 벌떡 일어난다.
둘이 얼굴을 맞댈 기세로 으르렁대다가 문득 석지원 움찔한다.
보면, 윤지원이 한 뼘 정도 더 키가 크다. 충격으로 털썩 주저앉는 석지원.
거만한 얼굴로 내려다보며 씩 웃는 윤지원.

#36. 라일락 벤치. 밤

윤지원 싸움이라고 하긴 좀 싱겁지. 대체로 내가 다 이겼으니까.
머리싸움이든, 몸싸움이든.
맹수아 그 정도 싸웠으면 미운 정이 들 만도 한데.
윤지원 정은 무슨. 볼 일 없을 거고, 보기도 싫지만, 만약에! 피치 못하게! 정말 말도 안 되는 우연으로! 보게 된다면 그 자식 뒤통수 진짜 세게 한 대 치고 지옥 간다, 내가.
맹수아 그런 감정을 미운 정이라고 부르자, 하고 사회적 약속이 돼 있어요.
윤지원 (흘겨보며) 뭐래. 아무 감정 없어. 그런…

#37. 차 안. 밤

석지원 물끄러미 창밖을 보며.

석지원 쬐그만 게 왈왈거려봤자 난 뭐 아무 타격도 없었지만.
사사건건 따지고, 재고, 지 생각만 옳고. 의리도 뭣도 없는…

#38. 독목고 학생회실. 낮 (과거)

전교 회장 선거 개표 중이다. 나란히 앉아 있는 열여덟 석지원과 윤지원. 개표가 끝난 듯 자리에서 일어나는 석지원. 분한 얼굴로 따라 일어나는 윤지원.
석지원의 키가 한참 크다. 여유로운 승자의 미소로 윤지원을 보면, 윤지원, 눈이 뾰족해져서 노려본다.

#39. 독목고 게시판 앞. 낮 (과거) #79.와 동일한 장면

전교 석차가 적힌 대자보가 붙은 게시판 앞에 선 윤지원과 석지원.
〈1등 윤지원〉
〈2등 석지원〉
미동도 없이 게시판만 뚫어지게 보고 있는 윤지원과 석지원의 뒷모습 위로,

#40. 차 안 + 라일락 벤치. 밤

동시에 보여지며.

석지원 (동시에) 치사한 새끼...
윤지원 (동시에) 치사한 새끼.

#41. 칵테일 바 앞. 밤

천천히 서는 석지원의 차. 뒷문을 열고 석지원이 내린다.
그때 울리는 메시지음. 보면 〈너무해〉
누가 보낸 건지는 보이지 않는다. 방금 온 메시지 위로 상대가 전에

보낸 메시지 〈귀국했어?〉 〈아직 안 들어왔어?〉 〈언제 들어와?〉
주르륵 떠 있고,
석지원 답장하지 않고 핸드폰을 다시 주머니에 넣는다.
운전석의 이기하도 문을 열고 내린다.

석지원 그만 퇴근해. 수고했어.
이기하 (꾸벅하며) 예. 들어가 보겠습니다.

이기하 다시 차에 타고, 석지원 칵테일 바를 올려다보며 작게 한숨을 내쉰다.

#42. 차지혜의 방. 밤

속상한 얼굴로 침대에 앉아 핸드폰을 들여다보고 있는 차지혜.
계속 들여다보다가, 휙 던지듯 내려놓는 실망한 얼굴에서.

#43. 라일락 벤치. 밤

자리에서 일어나는 윤지원과 맹수아.

윤지원 자-알 먹었습니다. (몸 돌리며) 조심해서 가!
맹수아 윤쌤.
윤지원 (돌아보면)
맹수아 몰라. 난 집안의 원수도, 그 아들도 없어서 잘 모르겠는데 그냥 윤쌤 너 하고 싶은 대로 해. 도망가고 싶으면 상쾌하게 토껴.
남아서 들이받고 싶음 그렇게 해. 누가 뭐라든 그게 중요해?
윤지원 맹쌤...

맹수아 크… 멋있다. 진짜 멘트 오졌다. 그치?

윤지원 (고마움에 웃으면)

맹수아 이제는 그래도 될 것 같아. 윤쌤 맘대로.
그동안 너무 못 그랬으니까. 나 간다!

멋들어진 포즈로 인사를 하고 뒤돌아 가는 수아를 한참 보고 있는 윤지원.

#44. 칵테일 바. 밤

김석훈과 친구1이 나란히 앉고 맞은편에 유홍재가 있다.
석지원 걸어와 아무 생각 없이 빈자리에 앉다가 옆자리 유홍재를 보고 멈칫한다.

석지원 유홍재… 니가 여기 웬일이야?

유홍재 (섭섭한) 새끼 말하는 거 봐. 궁금해서 나왔다.
우리랑은 연락 딱 끊고 잘 사나 궁금해서. 군대 동기의 친구의 사촌인 김석훈 번호 따서 너 보러 왔다. 됐냐?

김석훈 같은 고등학교라며? 왜 말 안 했어?

석지원 난 뭐, 그 학교 졸업도 아닌데. (술병 들어 홍재에게 따르며)
반갑다. 마셔.

유홍재 (뭔가 말하려다 받아서 마시며) 새끼… 우리가 얼마나 친했는데.

친구1 야야 잔 들어. 김석훈 장가가기 전 마지막 술자리란다.

유홍재 왜?

김석훈 결혼하면 술 끊으래. 친구도 끊으래. 지금 실컷 마시래…

다 같이 잔을 들면, 친구1 "전부 다~" 하면, 석지원을 뺀 나머지가 "끊으래~"

하며 건배를 하고, 다 같이 술을 들이켠다.

cut. to

다들 적당히 취했다. 석지원, 생각에 잠겨 소파에 몸을 묻고, 술을 홀짝인다.

유홍재 (취해서) 너 진짜 많이 변한 거 알지? 옛날에는 말도 많고 잘 웃고 잘 울고, 센 척해도 알고 보면 정도 많고 착했는데.

석지원 (피식 웃고 담담하게) 그게 언제 적인데. 이 나이 먹고도 이리저리 휘둘리고 감정이 왔다 갔다 하면 그게 이상한 거 아냐?

유홍재 그래서 그렇게 내 전화를 꿋꿋하게 씹었구나.
지난달에 우리 1반 동창회 한다고 문자 백번 보냈는데.

석지원 오늘 귀국했다고 지금 열네 번째 말한다.

유홍재 답은! 답장은 할 수 있었잖아!

석지원 (한숨 쉬고 술잔 들어 마시며) 미안.

유홍재 아, 저번 동창회 때 첨으로 반장도 나왔다?

석지원 (멈칫했다 다시 마시며) …반장?

유홍재 그래 지원이, 윤지원. 너는 석지원, 걔는 윤지원. 아니, 걔가 울 학교 선생을 하더라? 나 깜짝 놀랐잖아. 분명 공대 나와서 알아주는 스타트업 들어갔다 그랬었는데. 암튼 애가 뭐랄까 되게 순해졌어.
(웃으며) 학교 땐 별명이 독목고 미친개였잖아. 기억나지?

석지원 …그랬나.

유홍재 왜, 똑똑하고 도도하고 이뻤잖아. 걔 좋다는 애들 꽤 있었는데.

석지원 글쎄, 잘 모르겠는데.

유홍재 가물가물하냐? 똑똑한 것들이 기억력이 왜 그래?
하긴 윤지원도 너 기억 못 하더라.

석지원 (!! 마시던 잔을 든 채 얼어붙어서 싸늘하게) 뭐? 뭘 못 해?

유홍재 니 얘기 하는데 영 모르는 눈치더라고. 기억이 안 난대.

쿵- 하는 낮은 천둥소리와 함께 커다란 창밖으로 비가 내리기 시작한다.

석지원 …날 기억 못 한다고, 윤지원이?

유홍재 어? 어… 아니 혹시 너랑 연락하나 싶어서 슬쩍 물어봤지.
소식 아는 거 있냐고.

석지원 (이 악물고) 똑바로 말해. 날 모른대? 윤지원이!! 날! 기억을 못 해?

유홍재 (놀라 횡설수설하는) 내… 내가 몇 번이나 물었거든. 근데 모른다고.
기억이 안 난다고 하…던데…

석지원 (술잔을 쾅 내려놓으면)

유홍재 (놀라서) 걔가 그날 좀 취했나 싶기도 하고…

석지원, 벌떡 일어서고, 친구들 놀라서 쳐다보는데, 그대로 몸 돌려 나가는.
세 사람 어리둥절한 얼굴로 서로를 본다. 창밖의 빗줄기가 거세진다.

김석훈 …쟤 지금 완전 휘둘린 거 맞지? 누군데, 윤지원이?

#45. 독목고 운동장. 밤

숨이 턱에 차도록 달리고 있는 윤지원.
그때 하늘에서 빗방울이 떨어지기 시작하면 천천히 멈춰 서는 윤지원.
결심한 표정으로 획 몸을 돌리는 데서.

#46. 사택. 거실. 밤

벌컥 문을 열고 들어오는 윤지원. 현관에서 우산을 챙기고 있던 윤재호와 마주친다.

윤재호 (우산 내려놓으며) 다 뛰었냐?

윤지원 (신발 벗고 거실로 올라서며) 결정했어. 나 사표 안 쓸래.

윤재호 응?

윤지원 내가 왜 그 자식, 아니 그 집 사람들 땜에 멀쩡한 직장을 관두고 할아버지랑 생이별을 해? 누구 좋으라고?
버틸 거야. 보란 듯이 다닐 거야.

윤재호 (작게 끄덕이고는) 씻고 나와. 시래깃국 끓여 놨다. (다시 부엌으로)

윤지원 (씩씩대며 방으로 간다. 혼잣말로) 와 보라 그래. 오면 뭐, 누가 뭐 겁나?

결연한 표정으로 방문을 확 열고 들어가는 윤지원.

#47. 석지원의 집. 안방. 밤

잠들어 있는 석경태와 한영은. 창밖에서 요란하게 비 내리는 소리 들리는데.
이상한 낌새를 느끼고 눈을 뜨는 석경태. 마침 번개가 쳐 방 안이 번쩍- 밝아지면 소스라치게 놀라 소리를 지른다. 같이 놀라서 일어나는 한영은. 꺅- 소리를 지르다 조명을 켜면 방문 앞에 음산한 기운을 뿜으며 서 있는 석지원.
술기운인지 분노인지 볼이 붉다. 머리며 옷자락에서 뚝뚝 물이 떨어진다.

석경태 (석지원임을 알아보고) 이 자식이…! 마! 뭐야, 너!

석지원, 천천히 입을 여는 데서 암전.

#48. 사택 전경. 새벽

2층짜리 낡은 목조 건물. 불이 꺼진 모습.
뒤로는 작은 산이 있고 꽤 넓은 마당이 딸려 있다.
커다란 은행나무 한 그루가 마당 가운데, 그 아래 오래된 평상이 놓여 있다.
밤새 내린 비로, 사방이 촉촉하다. 이윽고 해가 떠올라 밝아지면,
1층 윤재호의 방에 불이 켜진다.

#49. 남산 타워. 밤 (윤지원의 꿈)

#1과 같은 꿈이다. 자물쇠 앞 벤치에 앉아 있는 윤지원.
머리에 쌓인 눈이 후두둑 떨어진다. 앞만 보다가, 누가 오기라도 하는 듯 옆으로 고개를 홱 돌리는 윤지원의 얼굴에서.

#50. 사택. 윤지원의 방. 아침

벌떡 일어나는 윤지원. 멍한 얼굴로 방 안을 둘러보다 곧 꿈이구나, 깨닫고.
식은땀이 흐른 이마를 거칠게 닦는다.

윤지원 ...미치겠네, 아니 이 개꿈을 왜 자꾸!

말끝에 콜록콜록 기침까지 나면, 짜증 난 얼굴로 목을 매만지며 일어나는 데서.

#51. 사택. 화장실. 아침

씻고 수건으로 머리를 틀어 올린 윤지원. 세면대 앞에 서서 렌즈를 끼고 있다.
조심스럽게 눈에 가져다 대는데 콜록, 기침이 터지고, 손가락에 올려 둔 렌즈가 세면대로 떨어진다. 안 돼! 하며 세면대를 손으로 더듬거리다 물을 틀고 마는.
황급히 꺼보지만, 렌즈는 떠내려갔다.
소리 없는 비명을 지르며 거울에 쿵 이마를 박는 윤지원.

#52. 사택. 현관. 아침

롱패딩으로 무장한 윤지원이 현관으로 내려와서 운동화를 신는다.
알이 두꺼운 안경을 썼다. 걱정스러운 얼굴로 따라 나오는 윤재호.
입에 방울토마토 하나를 넣어주며.

윤재호 괜찮겠니?
윤지원 (우물거리며) 괜찮지 뭐. (하는데 콜록콜록 기침이 터지면)
윤재호 (등 쓰다듬어 주며) 점심시간에 꼭 병원 가. 알았지?
윤지원 (손으로 오케이 사인을 보내며) 다녀오께, 할아버지...!

#53. 마을 어귀. 낮

고요한 마을. 까만 세단 한 대가 천천히 마을로 들어서고 있다.

#54. 운동장. 낮

농구대 옆. 초시계를 목에 걸고 기록지를 든 윤지원.

입에 문 호루라기를 삑- 불며 초시계를 누른다.
저만치 멀리서 두 명씩 짝을 지어 달려오는 반 아이들.
윤지원 뒤에는 고해수, 엄기석을 비롯해 이미 달려온 아이들이 모여 앉아 있다.
지루한 얼굴이다. 입이 찢어져라 하품을 하는 엄기석.

윤지원 (뛰는 학생 보며) 영진아, 유미야 뛰어야지, 걷지 말고. 어?
기초체력 테스트도 테스트다 얘들아?

엄기석 쌤! 다 뛴 애들끼리 농구 좀 하면 안 돼요?

윤지원, 뒤돌아 기석을 잠시 보다, 하라고 손짓하고는, 막 걸어 들어오는 두 여학생의 시간을 기록한다. 바람이 휙 불어오면 콜록콜록 기침을 한다.

#55. 주차장. 낮

막 주차하는 #53.의 세단.

#56. 운동장. 낮

삑- 다시 호루라기를 불다가, 멈추는 윤지원.

윤지원 야! 불기도 전에 출발하면 어떡… (하는데)

엄기석(E) 어어! 쌤!! 피하세요!

윤지원 무심히 돌아보는데 그대로 날아오는 농구공이 이마를 강타하고 뒤로 자빠지고 만다. 놀라서 달려오는 학생들. 공을 던진 범인인 듯 엄기석 사색이다.
'쌤 업어 업어!' 소리치고, 엄기석 등을 갖다 대고, 여학생들이 윤지원을 일으키고 난리인데 뿌리치고 스스로 일어나다 뭔가 빠직-하고 밟는다.
보면, 안경이다. 다리가 뒤틀리고 알에 금이 갔다. 수업 끝을 알리는 종이 울린다.

윤지원 (눈을 질끈 감았다 뜨며) 엄기석 이 새… (화 누르고) 됐다. 정리하고 들어가. 들어가 밥이나 먹어라 이것들아.
엄기석 쌤 제가 보건실까지…
윤지원 됐으니까 들어가.
엄기석 (풀 죽어서) 코피… 나요. 쌤…

윤지원, 손으로 슥 닦으면 묻어나는 피. 그대로 걸어가는데 머리가 띵하다. 비틀하는.

#57. 수돗가. 낮

윤지원 코피를 대충 닦아낸다. 흙이 묻은 옷도 털고 손도 씻는다.
빨개진 이마를 조심스럽게 매만지다 어지러운지 살짝 휘청하는.
고개를 작게 흔들고 앞을 보면, 세상이 온통 뿌옇게 보인다.
짜증 난 얼굴로 옆에 둔 안경을 주머니에 챙겨 넣는다.

#58. 수돗가 근처. 낮

헝클어진 머리를 풀고 머리끈을 입에 무는 윤지원, 손으로 대충 빗어 내린 머리를 다시 묶으며 수돗가에서 내려서면, 저만치서 흐릿하게 보이는 두 사람의 실루엣. 제대로 보이지 않는다. 묶은 머리를 매만지며 천천히 다가서는 윤지원.
둘이 멈춰 선다. 눈을 찌푸리며 보려 하지만 흐릿하기만 하다.
점점 가까워지면 일단 고개 숙여 인사를 하는 윤지원.

#59. 상동. 낮

윤지원이 수돗가에서 몸을 돌려 내려설 때 저만치서 발을 멈추는 남자, 석지원이다.
그의 옆에는 비서인 이기하가 서 있다.
윤지원을 보는 순간, 석지원 그대로 얼어붙어 멍하니 윤지원을 보는데 아무렇지도 않은 표정으로 점점 다가오는 윤지원.
꽉 쥔 주먹이 부들부들 떨리고 눈에 설핏 눈물까지 고이지만,
분명 눈이 마주쳤음에도 가벼운 인사를 하고 석지원을 지나치는 윤지원.
메아리치는 **#44.** 의 유홍재 목소리 "너 기억 못 하더라 더라 더라 더라…"
충격과 분노로 어쩔 줄 모르는 석지원.
천천히 뒤돌아, 비틀비틀 가고 있는 윤지원을 향해 분노의 손가락질을 하는 위로,

어린석지원(E)　　야!!!

#60. 독목고 운동장. 낮 (과거) <자막 - 18년 전>

축구하는 남학생들과 흙먼지로 가득한 운동장. 체육복 차림의 열여덟 석지원.
손을 번쩍 들고 서서.

석지원 홍재! 패스!

하면, 휙 날아오는 공. 석지원 발로 탁 받아서 그대로 몰고 뛰어가는데, 흙먼지 속에서 누군가 다가와, 석지원을 어깨로 빵 밀고는 공을 뺏는다. 놀라서 보면, 교복 차림의 윤지원이다. 석지원과 남학생들 놀라서 멈춰 서면 윤지원 한심하다는 듯 보며 그대로 공을 멀리 뻥- 차버린다.

석지원 뭐 하냐, 지금?
윤지원 너야말로 뭐 하냐? 점심 먹자마자 회의실로 오랬지?
석지원 (!!) …한 게임만 하고 가려고 했어. 너 밥 늦게 먹잖아.
윤지원 (석지원의 볼을 야무지게 꼬집어 잡고는 끌며) 퍽이나!
석지원 (뿌리치며) 아, 아파!

#61. 라일락 벤치. 낮 (과거)

음료수를 마시며 앉아 있는 차지혜와 정민지.
저만치 끌고 나오려는 윤지원과 버티는 석지원이 보인다.

정민지 둘 다 지치지도 않고 싸운다, 진짜.
차지혜 내가 열 살에 이 동네로 이사 왔는데 걔들은 그때도 싸우고 있었고 그 전에도 싸우고 있었댔고 앞으로도 싸우겠지.
정민지 크… 미운 정이 무서운 법인데…
차지혜 절대 그럴 일 없을걸, 걔네 둘은. (하다가, 놀라서 일어난다)

#62. 독목고 운동장. 낮 (과거)

석지원, 끌려가다 돌아보면 나라 잃은 표정으로 선 친구들. 이미 공도 들고 왔다.
결심한 듯 윤지원의 손을 뿌리치고 공을 향해 뛰기 시작하는.

석지원 이 게임만 끝내고! 어? 금방 가께!! 5분! 3분!
윤지원 (쫓아 뛰며) 야!!

달려가는 석지원을 쫓아 뛰기 시작하는 윤지원. 그러다가 제 발에 걸려 대차게 나뒹군다. 놀라 달려오는 석지원. 뒤이어 차지혜와 정민지도 달려온다.

#63. 학교 일각. 낮 (과거)

차지혜와 정민지가 양쪽에서 절뚝이는 윤지원을 부축하며 걷고 있다.
느리다. 석지원은 답답해하며 옆에서 걷고 있다.
윤지원의 무릎에서 피가 흐른다. 손과 이마에도 상처가 났다.
절뚝이면서 까진 손바닥을 하늘을 향해 펼치고 엄살을 부리는 윤지원.

윤지원 아아… 으아아아… 어으아아…
정민지 넘어졌는데 혀를 삐었나, 왜 이래?

그 말에 여학생 셋 멈춰 서서 까르르 웃으면,

석지원 니들 그따위로 가면 학교 끝날 때까지 보건실 근처도 못 가?
윤지원 (발끈해서) 이게 다 누구 때문인데!
정민지 (가만 보다 씩 웃으며) 방법이 있긴 한데.
차지혜 방법?

정민지, 석지원을 윤지원 앞에 억지로 등을 대고 앉게 하더니, 윤지원을 석지원 등에 냅다 민다.

정민지　니가 업구 가! 그게 젤 빨라.

어리둥절하던 석지원, 몸을 홱 굴려 피하고, 윤지원 휘청하지만, 옆에 선 차지혜를 붙잡고 몸을 바로 세운다.

석지원　어딜… 씨…
윤지원　정민지 죽을래?
석지원　(차지혜와 정민지 보며) 너넨 빨리 교실 가.

하고는, 윤지원의 목덜미를 잡고 빠르게 걷기 시작한다.
아! 아! 하며 다리를 절뚝이지만 악착같이 석지원의 속도에 맞춰서 가는 윤지원.

차지혜　(피식 웃는) 소용없댔지? 니 망상이라니까.
정민지　(절레절레) 독한 것들.

#64. 보건실. 낮 (과거)

낡은 선풍기가 달달달 소리를 내며 돌아가고 있다.
창가 침대에 다리를 쭉 뻗고 앉은 윤지원.
그 앞에 의자를 두고 앉은 석지원. 돌아앉아 선풍기 바람을 쐬는 중이고.
윤지원은 손바닥에 연고를 바르는 중이다.
소독솜과 연고, 반창고 등이 어지럽게 널려 있다.

석지원　보건쌤은 맨날 안 계시냐?
윤지원　반창고 하나 떼줘.

석지원 (의자를 빙글 돌려 마뜩잖게 보다, 거칠게 뜯어서 주면)

윤지원 (손바닥 내밀며) 붙여줘야 할 거 아냐.

석지원 (대충 붙이며) 아우, 귀찮아.

윤지원 누구 땜에 내가 이렇게 다쳤는데!

석지원 제대로 뛰지도 못하는 게 왜 덤벼 그러니까.

윤지원 그러게 왜 약속한 시간에 안 와!

석지원 갈라고 했다고! 딱 한 골만 더 넣고 갈 건데 꾸역꾸역 와 가지고!

윤지원 어디서 큰소리야!

석지원 보건실에서!

윤지원 (어이가 없어) 이런 것도 회장이라고 내가 일을 같이 하고 있다…

석지원 (가만…) 근데 오늘은 또 니가 뭘 트집 잡아서 만나기로 했지?

윤지원 (모르겠다) 뭐였지?

둘 멀뚱히 서로를 보며, 갸웃하다가.

윤지원 (!!) 아, 반티! 야 있어 봐. (주머니를 힘들게 뒤적거리면)

석지원 넌 나 괴롭히려고 회장 선거 떨어지고 굳이 학생회 들어온 거지?

윤지원 (종이 꺼내 펼쳐 들이밀며) 봐, 같은 원단, 동일한 수량으로 내가 일일이 전화해서 견적 내본 건데.

석지원 (종이 치우며) 알아, 교감쌤 동생 가게가 삼백 원 비싼 거.

윤지원 그니까. 바꾸자. 반별로 자유롭게 하는 걸로.

석지원 (의자 당겨 앉으며) 꼭 이래야 돼? 그냥 좀 좋은 게 좋은 거다 그렇게 한 번쯤 모른 척하면 죽냐?

윤지원 난 그 말이 젤 싫어. 왜 좋은 게 좋은 거야? 한쪽의 희생이나 배려를 전제로 하는 말이면서, 뭐가 좋은 게 좋은 거냐고?
그냥 비겁하고 치졸한 말이야!

석지원 나 진짜 회장 선거 나간 거 너무 후회돼, 너 때문에!
애가 뭐 하나 그냥, 그냥 넘어가는 게 없어?

윤지원 너야말로 좀 부끄러운 줄 알아. 학생회 수장이면서 맨날 대충 넘어가고, 모른 척하고, 좋은 게 좋은 거고.
넌 커서 정치해라? 아주 찰떡이다.

석지원 (벌떡 일어나며) 중간에 낀 내 생각은 조금도 안 하지?

윤지원 안 하지. 그럼 내가 회장 되게 놔두지 그랬냐?

석지원 내가 막았냐? 니가 성질이 이따구니까, 애들도 그걸 아니까 다들 나한테 투표한 거 아냐.

윤지원 치, 몇 표나 차이 났다고.

석지원 니 표가 내 절반쯤…

윤지원 (버럭) 회장이면 뭐해. 중간고사는 6등 해놓고!

석지원 또 시작이다. 나도 6등은 첨이었거든? 작년에는 내가 너보다 1등 더 많이 했는데?

윤지원 난 작년에 못해도 2등이었어, 6등은 진짜 너무 쪽팔리지.

석지원 (일어나며) 아유, 지겨워.

윤지원 암튼 반티 문제 니가 자꾸 미적대면 학생회에서 공론화…

석지원 (막으며) 기다려! 교감쌤하고 담판 지을 거니까.

윤지원 (편히 기대며) 진작 그럴 것이지. 이따 학생회 회의 또 늦어라.
축구공 확 다 터뜨려 버릴라니까.

석지원 애들이 학생회 1-2분 지각하는 내가 싫을까, 맨날 온갖 트집 잡느라 회의를 끝낼 생각 안 하는 니가 싫을까?

윤지원 (제 볼을 콕 찌르며, 웃는) 나.

석지원 (정말 싫다는 듯이 절레절레하고는) 알면서 저러는 게 더 싫어.
세상에서 젤 싫어, 윤지원. 아, 안 가?

윤지원 (눈 감는) 아직 종 안 쳤잖아.

석지원 난 간다. (문 쪽으로 가는데)

윤지원 (급히) 아, 똘! 잠깐 와 봐, 빨리! 빨리!

석지원 (놀라서 다가오는) 왜, 또 왜?

윤지원 (얄밉게) 선풍기 좀 내 쪽으로.

석지원, 에이 씨! 신경질 내며 선풍기 머리를 아예 다른 쪽으로 돌려

놓고 간다.
궁시렁대는 윤지원을 무시하고 걸어가 문을 열다가 뒤돌아보면, 선풍기 머리를 다시 제 쪽으로 돌려놓고 만족스러운 미소로 눈을 감고 있는 윤지원.
교복 치마와 긴 머리가 바람에 나풀거린다. 잠시 보다가 휙 나가는 석지원에서.

#65. 학생회 회의실. 오후 (과거)

축구공을 들고 흐트러진 셔츠 차림으로 후다닥 들어오는 석지원, 멈칫한다.
보면 자유롭게 흩어져서 얘기를 나누고 있는 학생들 예닐곱 명.
책상에 나란히 앉아 있는 윤지원과 1학년 남학생 김동운.
동운이 윤지원의 손에 새로운 밴드를 붙여준다.

김동운 누가 이렇게 엉망으로 붙였어요? 다 떨어지잖아요.
윤지원 (심드렁) 물 묻어서 그래. 대충해 대충…
김동운 (정성스레 붙이며) 이거는 방수 밴드니까요, 손 씻어도…
석지원(E) 회의 시작합니다.

윤지원과 동운, 고개를 돌려 보면, 석지원 무표정한 얼굴로 앞을 보고 있다.
학생회 학생들이 자리에 앉기 시작한다.

cut. to
모두 지친 얼굴. 윤지원 혼자 쌩쌩하다.

윤지원 자, 이렇게 정리하면 작년 체육대회 예산보다 이십 프로는 아낄 수 있어. 일단 체육쌤한테 의논드리고, (동운 보며) 우리 총무부가 정리해서 다음 회의 때 보고하면 될 듯?

김동운 (끄덕이는)

석지원 네. (크게 한숨 내쉬고) 이제 진짜 제발 이 회의를 끝내도 될까요? 총무부 부장 선생님?

윤지원, 도도하게 끄덕이면. 학생들 드디어 끝났다. 기지개를 켜며 시끌벅적하다.

체육부장 (절레절레) 윤지원 너 진짜 대단하다. 교문 지도 때 학생 차별하지 말라고 쌤들하고 싸워. 3학년들 급식 줄 먼저 서는 것도 규칙에 어긋난다고 싸워. 이제 체육대회 예산까지 뜯어고치네. 와…

선도부장 윤지원이 회장 안 된 게 진짜 신의 한 수다. 우리 다 죽을 뻔.

다들, 동조하며 와르르 웃고는 짐을 챙기느라 분주해진다.

윤지원 그러려고 학생회 하는 거지. 학생들 대신해서 싸우고 쟁취하려고. 아니야? (앞에 앉은 부회장에게, 장난으로) 그 정도 각오도 없이 학생회 들어왔어?

부회장 (웃으며) 아 몰라요, 전 그냥 생기부 땜에 들어온 거예요.

윤지원 실망인데? (옆에 있는 동운 툭 치며) 김동운. 우리 총무부 차장. 너도 저런 불순한 의도로 학생회 들어온 거니?

김동운 (덤덤하게 짐 챙기며) 아니요. 저는 지원 선배 땜에 들어온 건데요.

윤,석 (동시에) 나?

김동운 (씩 웃으며) 윤지원 선배요.

석지원 (흥!)

윤지원 (잘난 체하며, 척, 어깨동무를 한다) 내 카리스마에 반했냐?

김동운 (가방 지퍼 닫으며) 아니요. 예뻐서요. 그래서 반했는데요.

일동 놀라서 조용해지고, 윤지원, 천천히 어깨에 올렸던 손을 내린다.
석지원, 못 들을 걸 들었다는 듯 경악하며 양손으로 입을 틀어막는다.
어색한 침묵 속에서.

부회장 (작게) … 겁나 불순한데?

#66. 버스 안. 밤 (과거)

석지원, 두 명이 앉는 자리에 혼자 앉아 있고,
바로 앞자리에 윤지원, 차지혜, 정민지가 좁게 끼어 앉아 있다.

정민지 진짜? 그렇게 말했어?
윤지원 (신나서) 그렇다니까? (흉내) 예뻐서 반했는데요?
차지혜 (호들갑) 뭐야아! 걔 장난 아니다.
정민지 (힐끗 뒤돌아 석지원 보며 의미심장하게 웃으면)
석지원 (한심하다는 표정으로 정민지 머리를 잡아 앞을 보게 하고)
하여간 요즘 애들 싸가지 진짜… 어디 감히 신성한 학생회 회의 시간에 말이야.
윤지원 (일어나 벨을 누르며) 회의 끝나고 그랬거든?
차지혜 왜? 여기서 내리게?
윤지원 서점 갈려고.
차지혜 (일어나며) 문제집 살 거지? 나도 같이 가.
정민지 (일어나며) 혹시 떡볶이 계획도 있나?
윤지원 (씩 웃으며 끄덕이고는) 똘, 너도 가?
석지원 (등받이에 기대며 눈을 감는다) 안 가. 꺼져.

버스가 멈춘다. 우르르 내리는 셋. 석지원 계속 눈을 감고 있다.

#67. 라일락 벤치. 낮 (과거)

점심시간인 듯 운동장엔 학생들이 가득하다. 나란히 앉은 윤지원과 김동운.
김동운은 긴장한 얼굴이고, 윤지원은 그런 동운이 귀엽다는 듯 웃고 있다.

윤지원 불러놓고 왜 말을 안 해? 어젠 그렇게 패기가 넘치더니.
김동운 어제는 물어보시니까… 제가 거짓말을 못해서.
혹시 기분 나빴어요?
윤지원 (몸을 돌려 동운 쪽을 보고 앉는다) 아니?
김동운 (그 말에 배시시 웃는) 그럼 혹시 주말에 뭐 하세요?
윤지원 왜?
김동운 같이 서울 놀러 갈래요, 선배?
윤지원 서울?
김동운 형이 서울대 다니는데, 학교 구경 시켜준다고. 선배도 같이 보면 좋을 것 같아서요. 그 학교 지망하시잖아요. 저도 거기 갈 거거든요.
선배하고 대학 같이 다니면 좋을 것 같아요.
윤지원 (웃는) 너 되게 먼 미래까지 그렸구나?
김동운 가실 거죠?

윤지원, 뭐라 입을 열려는데, 멀리서 체육복 차림의 남학생 하나가 달려온다.

남학생 (찾는 시늉을 하며) 이 자식은 공 차다 말고 어딜 간 거야?

두리번거리며 벤치를 지나쳐 가는 남학생.

김동운 (머리를 긁적이다가, 다시 긴장으로) 선배, 대답은요?

김동운을 보는 윤지원의 얼굴에서.

#68. 석지원의 집. 거실. 낮 (과거)

주택이다. 거실 창 앞에 서서 심각한 얼굴로 골똘히 생각에 잠긴 석경태.
소파에 앉은 석지원, 지루한 얼굴로 TV를 보고 있다.
음악프로에서 "6월 첫째 주 토요일에 함께하는..." 정도의 멘트 흘러나오고.

#69. 석지원의 방. 낮 (과거)

침대에 누워 있는 석지원. 멀뚱멀뚱 천장만 보고 있다.

cut. to
책상에 앉아 공부하는 석지원. 창밖이 흐리다. 쿠궁- 하고 낮게 천둥이 울린다.
힐끗 밖을 보고는, 책을 확 덮고 나가는.

#70. PC방. 낮 (과거)

게임에 몰두하고 있는 석지원. 진지한 눈빛이다.

#71. 분식집. 밤 (과거)

장대비가 쏟아지고 있다. 귀에는 이어폰을 꽂고 돈가스를 먹고 있는 석지원.
바닥에 물이 흐르는 우산 놓여 있고.
석지원의 등 뒤에 있는 TV에서 흘러나오는 뉴스 속보.
'빗길 7중 추돌 사고', '양소시외버스터미널 진입로에서 서울에서 양소로 오던 시외버스가 전복', '사상자 파악 중' 등의 멘트와 자막.

#72. 병원 응급실. 밤 (과거)

사고로 다친 사람들과 경찰, 의료진, 구급대원들이 뒤엉켜 어수선한 응급실.
팔에 깁스 정도만 한 김동운이 간이침대에 앉아 있다.
동운의 어깨를 짚는 누군가의 손. 뒤돌아보는 김동운에서 암전.

#73. 학교 전경. 낮 (과거)

맑고 화창한 초여름이다. 매미가 맴맴 운다.

#74. 급식실. 낮 (과거)

윤지원과 차지혜, 정민지 그리고 석지원과 유홍재가 밥을 먹고 있다.

정민지 근데 너 서울만 안 간 거야, 아님 김동운 걜 아예 깐 거야?
윤지원 깐 거야.
지혜,민지 아, 왜에!
윤지원 성가시고 재미없어, 누구 사귀는 거.
유홍재 (밥 먹으며) 김동운하고 사귀는 게 재미없는 거야,

아님 사귀는 거 자체가?

윤지원 그건 알아서 뭐 하게.

유홍재 아니, 석지원 너 8반 조명석 알지? 걔도 나한테 윤지원 남친 있냐고 슬쩍 떠보더라고?

윤지원 (삐죽 웃으며 새침하게) 치… 걔는… 또 누군데?

석지원 있어, 축구하다가 넘어졌다고 우는 찌질이.

유홍재 그땐 임마, 허벅지를 완전 갈았는데 아프지. 울 수도 있지!

석지원 너도 그래, 찌질하고 축구도 못하지만 너한테는 소중한 친구인 명석이가 잘못된 길로 가려고 하면 바른길로 인도해야지. (윤지원 가리키며) 낭떠러지로 밀 거야? 어?

윤지원 뭐? 이게 진짜…!

석지원 정신 차려. 기말고사가 코앞인데 걔는 또 누군데? 누구면 뭐?

윤지원 어머? 지금 중간고사 6등짜리가 전교 1등 기말고사 걱정하는 거야?

석지원 (이 악물고) 또 시작이다, 저거. 고만해라 진짜. 딱 한 번이라고!

윤지원 (씩 웃으며) 난 그 딱 한 번도 한 적이 없어. 학교라는 데를 다니기 시작한 이래로 단 한 번도.

정민지 (물끄러미 보다) 대화가 또 이렇게 재수 없는 쪽으로 흘러가네.

유홍재 (밥 먹으며) 지겨워, 범생이들.

석지원 너는 하여간…! 하여간 두고 봐. 내가 기말고사 때 아주 코를 납작하게 해줄 거니까.

윤지원 희망 사항 자알 들었습니다. 근데 넌 이제 다신 나 못 이겨.
2, 3등도 아니고 6등까지 떨어진 거는 그건 그냥,
(손날로 목 긋는 시늉하며) 끝났다고 봐야…

석지원 (숟가락 탁 놓고) 이기면?

윤지원 지면?

석지원 내가 지면 니가 시키는 대로 뭐든 해.

윤지원 (가만 생각하다) 평생 누나라고 불러, 그럼.

석지원 (양손으로 턱을 받치며) 평생 나 보게?

윤지원 (당황했지만) …졸업! 졸업할 때까지!

친구들, 슬슬 흥미롭다. 본격적으로 관전하는데.

석지원 콜. 그럼 내가 이기면?
윤지원 뭐 할까, 기적이 일어나서 니가 혹-시라도 이 누날 이기면?
석지원 (대답 안 하고 빤히 윤지원을 본다)
윤지원 (방글방글 웃으며 맞받아 보면)
석지원 (진지하게 보다, 씩 웃으며) 너 나랑 사귀자, 내가 이기면.
윤지원 (!!!!!)

거짓말처럼 조용해지는 급식실. 유홍재, 마시던 물을 주륵 흘리고, 어디선가 숟가락 떨어지는 소리가 들린다. 사레가 들린 듯 기침을 하는 차지혜.
곧 웃음과 환호, 야유가 섞여 터져 나오고 시끄러워지는 급식실.
학생들 웃느라 정신없는데.

윤지원 (어이가 없어서) 진짜 또라이네, 이거?
석지원 난 너한테 누나 소리 죽어도 하기 싫거든.
너도 죽어도 하기 싫은 걸 걸어야 내기가 스릴이 있지. 안 그래?
윤지원 너랑 사귀느니 내가 조회 시간에 전교생 앞에서 삭발하고 절로 들어간다.
석지원 (합장하는 시늉하며) 스님, 혓바닥이 기시네요. 그래서 해, 말아?
윤지원 (버럭) 해! 누가 뭐 겁나?

두 사람, 서로를 맹렬히 노려보는 데서.

#75. 공부 몽타주 (과거)

1. 교실. 낮

아이들 떠들거나 자는 쉬는 시간. 윤지원과 석지원 각자 책상에서 공부 중이다.

2. 운동장. 낮

축구하는 남학생들. 멋지게 골을 넣고는 교체 신호를 보내고 나오는 석지원. 구석에 주저앉아 책을 편다.
차지혜와 함께 바나나우유를 먹으며 옆을 지나는 윤지원. 엄지를 아래로 내리고 우우- 야유한다.

3. 도서관. 밤

책을 펴놓고 졸고 있는 윤지원. 이마에 구긴 쪽지가 툭 날아든다.
화들짝 놀라 일어나서 종이 펼쳐보면, 〈…자니?〉
고개 들어 보면 맞은편 책상에서 공부하던 석지원이 얄미운 표정으로 찡긋 윙크를 한다.

4. 버스 안. 밤

의자에 앉아 단어장을 외우는 윤지원, 그 옆에 차지혜.
윤지원 슬쩍 뒤돌아보면 뒷자리에서 고개 뒤로 젖히고 잠든 석지원.
비릿하게 웃는 윤지원.

5. 교실. 낮

한 줄씩 앉은 아이들. 시험지가 배부된다. 받아 드는 석지원과 윤지원의 비장한 표정.
동시에 풀기 시작하는 데서 암전.

#76. 교실. 낮 (과거)

점심시간. 엎드려 자는 윤지원.

"야 성적 떴다!!" 누군가 소리 지르면 벌떡 일어나는 윤지원.

#77. 운동장. 낮 (과거)

열심히 공을 차는 석지원. 여기서도 누군가 외친다.
"석지원, 성적표 붙었어!!" 비장한 얼굴로 뛰어가는 석지원.

#78. 교무실. 낮 (과거)

선생님들, "누가 이겼대요?", "하여간 웃기는 놈들이야." 얘기 나누고.

#79. 게시판 앞. 낮 (과거)

아이들이 몰려 웅성웅성하는 가운데 윤지원과 석지원 나란히 서 있다.
둘의 눈이 한곳으로 향한다. 전교 석차가 쭉 적혀있다.
〈1등 윤지원〉
〈2등 석지원〉
미동도 없이 게시판만 뚫어지게 보고 있는 윤지원과 석지원의 뒷모습에서.

#80. 버스 안. 밤 (과거)

윤지원과 차지혜 나란히 앉아 있고, 조금 뒤에 떨어져 앉은 석지원 골똘히 뭔가 생각하는 얼굴이다. 결심한 듯, 하차 벨을 누르고 일어난다.

석지원 (윤지원 앞으로 가 발을 툭 건드리며) 내려.

윤지원 누나한테 뭐? 내려?

차가 정차하고 문이 열린다.

석지원 얘기 좀 해. (차지혜 보며) 지혜야, 내일 보자?

윤지원 억지로 일으켜 같이 내리는 석지원. 차지혜 당황한 얼굴로 보고 있다.

#81. 놀이터. 밤 (과거)

그네를 하나씩 차지하고 앉은 윤지원과 석지원. 삐걱삐걱 그네 흔들리는 소리만 들린다. 짜증 난 얼굴의 윤지원 앞만 보며 그네를 타는데.
석지원, 흔들리는 윤지원의 그네를 잡아 멈추게 한다.
윤지원, 고개를 돌려 석지원을 본다. 둘의 눈이 마주치는 데서.

이기하(E) (작게) 전무님...? 아, 이사장님?

#82. 이사장실. 낮 (현재)

번뜩 정신을 차리는 석지원. 소파에 앉아 있던 참이다.
앞에 서 있던 이기하가 다시 한발 물러나 선다. 그 옆에 선 지경훈, 막 들어온 듯 고개를 숙이는 교감 강영재. 잔뜩 긴장한 얼굴이다.

석지원 (일어나며) 아, 죄송합니다. 앉으...(하는데)

강영재 (손을 불쑥 내밀며) 독목고 교장, 아니, 곧 교장이 될 교감,

강영잽니다! 영광입니다, 이사장님!

석지원 (얼떨결에 악수를 하며 무슨 말이냐는 듯 지경훈을 보면)

지경훈 아, 교장 선생님 퇴임하시고 교감 선생님께서 자격 연수를 받으셔야 해서. 현재 교장 직무대리로 계십니다.

석지원 (끄덕이며) 아, 네. 일단 앉으시죠.

세 사람, 소파에 앉으면, 이기하 짧게 인사를 하고 방을 나간다.

지경훈 (미소로) 오전에 회장님 다치셨단 연락은 받았지만, 놀랐습니다. 전무님께서 오실 줄은…

석지원 급작스러우셨죠. 죄송합니다.

강영재 (활짝 웃으며) 아이고, 아닙니다. 저희야 너무 좋지요!

석지원 (미소로) 누가 되지 않게 잘하겠습니다.

#83. 교무실. 낮

점심시간이라 선생님들 거의 자리에 없다. 윤지원, 의자에 머리를 기대고 눕다시피 앉아 있다. 맹수아가 책상 위에 우유와 샌드위치를 올려놓는다.

맹수아 보건실 가자니까? 코피 났잖아? 얼굴도 허예가지고.

윤지원 (멈칫 고개 저으며) …안 돼. 보건실은.

맹수아 왜?

윤지원 (한숨 푹 쉬고) 암튼 못… 안 가. (우유를 뜯어서 마시고는) 나 5교시 없거든. 좀 잘 거니까 수업 끝나면 나 깨워주라. (자리에 엎드린다)

종이 울리고, 맹수아 고개를 절레절레 흔들며 의자에 걸린 패딩을 덮어준다.

#84. 이사장실. 낮

책상에 홀로 앉아 있는 석지원. 앞에 놓인 수첩에 심각한 얼굴로 뭔가 끄적이고 있다. 보면 <윤지원... 기억상실...??> 따위의 낙서다.
기억상실에 무수한 동그라미가 그려져 있다.
그때 지경훈이 서류를 잔뜩 들고 들어와 책상 위에 내려놓는다.

지경훈 말씀하신 서류들입니다. 천천히 보심 됩니다.
석지원 예, 감사합니다.
지경훈 그리고 취임식은 따로 안 하신다고 하셨죠?
석지원 네. 안 하겠습니다.
지경훈 (말없이 석지원을 보고 있다)
석지원 (시선 느끼고 고개 들어서 갸웃하면)
지경훈 신기해서요. 외람될지 모르지만, 동네 형 아드님이기도 하니까.
석지원 (아차) 아, 예 그렇죠. 편하게 대해 주세요.
지경훈 (씩 웃는) 잘 자라셨네요.
석지원 (마주 웃는다)

그때 문 열고 들어오는 이기하.

이기하 전무... 아니, 이사장님, 그만 가셔야 할 시간입니다.
석지원 어. 그래. (일어나다가, 지경훈 보며 문득) 선생님들은 지금 다들 수업 중이십니까?
지경훈 예. 조회 때는 다 모여 계시니까 다음번 오실 때 아침에 오셔서 정식으로 인사하시죠.

그대로 옷을 챙기다, 문득 책상 모서리를 보는데, 교무실 배치도가 유리 아래 깔려 있다. 손가락으로 쭉 훑는데 창의체험부 윤지원에서 딱 멈추는 손가락. 무심히 지나쳐 창가로 가는 석지원. 내다보면 운동장엔 아무도 없다.

석지원 (혼잣말처럼) 체육... 수업은 없나 보네요.
지경훈 예?
석지원 아닙니다. 가시죠.

#85. 교무실. 낮

몇몇 선생님들만 있다. 윤지원 엎드려서 끙끙 앓고 있는.
잠결에 뒤척이면 덮어놓은 패딩이 스륵 흘러내린다.

#86. 남산 타워. 밤 (윤지원의 꿈)

여전히 벤치에 앉아 있는 윤지원. 그때 윤지원의 앞에 와 서는 누군가의 발.

#87. 복도. 낮

석지원과 지경훈, 이기하가 나란히 걷고 있다. 석지원 골똘히 생각하는 얼굴이다.

인서트 > #59. 수돗가 근처. 낮
자신을 아무렇지 않은 표정으로 스쳐 지나가던 윤지원의 얼굴.

갑자기 우뚝 발을 멈추는 석지원. 지경훈과 이기하가 의아하게 보는데 잠시 눈을 감았다 뜨고는 결심한 듯, 휙 몸을 돌려 빠른 걸음으로 걷기 시작하는.
"이사장님?" 부르며 급히 따라가는 두 사람.

#88. 교무실. 낮

문을 열고 들어오는 석지원. 선생님들 당황해서 쳐다보고 뒤따라온 지경훈과 이기하도 당황해서 서로 마주 보는데.
흔들림 없는 표정으로 책상 사이를 성큼성큼 걸어가는 석지원.
엎드려 있는 윤지원의 앞에 선다.

#89. 남산 타워. 밤 (윤지원의 꿈)

벤치에 앉아, 제 앞에 선 사람을 향해 천천히 고개를 드는 윤지원.
서 있는 실루엣이 조금씩 뚜렷해지면, 열여덟의 석지원이다.
더없이 환하게 웃으며 윤지원을 보고 있다.
자리에서 일어나 천천히 떨리는 손을 뻗어보는 윤지원.
그때 웅웅 울리는 작은 목소리.

지경훈(E) …윤지원 선생님? 윤 선생? …윤쌤…!

#90. 교무실. 낮

번쩍 눈을 뜨는 윤지원. 옆에서 지경훈이 "여기 새로 오신 이사장님…" 하는 소리가 여전히 웅웅 울리기만 하고, 잘 안 들린다.

고개를 드는 윤지원. 앞에 서 있는 석지원을 올려다본다.
가쁜 숨을 내쉬며 천천히 일어나는 윤지원. 석지원과 눈이 마주친다.
순간 그 모습이 방금 꿈속에서 저를 향해 웃고 있던 열여덟의 석지원으로 보이는.
흐릿하다가 서서히 또렷해진다.

석지원 (싸늘하게) 처음 뵙겠습니다. 윤지원 선생님. (악수하자고, 손을 내밀면)

윤지원, 멍하니 보다가 떨리는 손을 뻗는다. 하지만 석지원의 손을 비켜 위로 향하는 윤지원의 손. 움찔하며 미간을 찌푸리는 석지원.
어딘가 이상한 윤지원을 유심히 보다 뭔가 말하려는데 윤지원, 그대로 손을 올려 석지원의 볼을 꽉- 잡는다.
여기저기서 헉- 하는 소리 들린다. 이기하 입을 틀어막고, 지경훈 침을 꿀꺽 삼킨다.
석지원, 볼이 잡힌 채 윤지원의 눈에 서서히 눈물이 차오르는 걸 보고 있다.

인서트 > #81. 놀이터. 밤 (과거)
삐걱삐걱 소리를 내며 조금씩 흔들리는 빈 그네.
초여름의 옅은 바람이 분다. 마주 서 있는 열여덟의 석지원과 윤지원.
결심한 듯, 입을 열려는 석지원에서. 인서트 끝.

석지원, 미동도 없이 윤지원을 보고 있고 윤지원, 여전히 석지원의 볼을 꽉 쥔 채로 그렇게 마주 선 두 사람에서.

사랑은 외나무다리에서 1회 끝.

제 2 회

#1. 운동장. 낮

숨이 턱에 차도록 달리고 있는 윤지원. 떠오르는 생각을 지우려는 듯 세차게 고개를 젓고 속도를 높인다.
그 뒤를 따라 달리는 학생, 고해수다. 윤지원의 속도를 따라잡지 못해 곧 쓰러질 듯한 얼굴로.

고해수 (쥐어짜는) 선생... 선생님!!

들리지 않는 듯 윤지원 계속 달리다, 악몽 같은 기억이 다시금 떠오르자 괴로운 듯 옆에 있는 철봉으로 뛰어가 쿵쿵 머리를 박는다.
겨우 따라온 고해수, 간절히 윤지원을 향해 손을 뻗으며.

고해수 쌤...!! 조... 종례! 종례 좀...

윤지원, 들리지 않는다. 괴로운 듯 으아아!!! 소리 지르며 다시 달리기 시작한다.

#2. 2-1반 교실. 낮

종례를 기다리는 학생들. 신나게 떠들고 있다.

학생1 이사장을 꼬집었대, 담임이.

학생2 헐 대박. 어디를?

#3. 사택. 윤지원의 방. 밤

눈을 감고 침대에 누운 윤지원. 별안간 번쩍 눈을 뜨고는 덮고 있던 이불을 세차게 찬다. 차다 못해 뭉쳐 방바닥으로 던져버리고는 베개에 얼굴을 묻고 제 머리를 쥐어뜯는다.

#4. 교문 앞. 밤

퇴근하는 이재규, 변덕수, 장온유. 두런두런 얘기를 나눈다.

이재규 빰을 쳤다던데요?

변덕수 정강이를 찬 게 아니고? 난 그렇게 들었는데?

장온유 (안타까운) 학교 그렇게 넘어간 게 정말 화가 많이 나셨나 봐요.

#5. 사택. 부엌. 아침

아침이 밝아온다. 고요하다. 싱크대에 선 윤재호.
낡은 독목고 체육복을 아래위로 입고 있다. 작게 콧노래를 흥얼거리며 쌀을 씻는데, 욕실에서 들려오는 윤지원의 비명.

윤지원(E) (괴로움에) 으아아아!!

놀라 씻던 쌀을 엎고 마는 윤재호.

#6. 학교 일각. 아침

안경을 쓴 채 멍한 얼굴로 터덜터덜 걸어오는 윤지원.
등교하는 학생들 무리에서 엄기석과 양준호, 그런 윤지원을 보고 있다.

양준호 새로 온 이사장 전치 4주래. 담임한테 맞아서.
엄기석 (심각한) 우리 담임 그럼… 감옥 가는 거 아니냐…

#7. 석지원의 집. 욕실. 아침

거울 앞에 선 석지원.
천천히 손을 들어 윤지원에게 잡혔던 볼을 슬쩍 쓰다듬는다.

#8. 교무실. 낮 (회상. 1회 엔딩에 이어)

마주 선 윤지원과 석지원. 자신의 볼을 쥐고 선 윤지원의 눈에 서서히
눈물이 차오르는 걸 보며, 석지원의 표정이 미세하게 흔들린다.
다급히 윤지원을 말리려는 지경훈을, 손을 들어 막는 석지원.
가만히 보다가 천천히 윤지원의 손을 잡아 내리며.

석지원 (나직하게) 윤지원.

윤지원, 석지원의 목소리에 흠칫, 정신이 드는데, 짧게 고개를 흔들고는 앞에 선 석지원을 멍하니 본다.

윤지원 ...어?

그러다 흐릿해서 잘 안 보이니까 한 발 다가가 눈을 가늘게 뜨고 본다.

윤지원 (설마...) 어어?

다급히 책상에 놓인 깨진 안경을 눈에 갖다 대고 다시 한 발 더 다가서서 보다가,

윤지원 (확실히 보인다. 못 볼 걸 봤다는 듯) 어! 으아어어억!!!
석지원 (한 손으로 귀를 막으며 물러나려는데)
윤지원 (석지원을 냅다 밀고 삿대질을 하며) ...똘...! 어! 어어!!
석지원 (밀려서 맞은편 책상 위에 털썩 앉았다가 일어나며) 야... (하는데)

윤지원, 일어나 다가오는 석지원을 다시 세차게 밀고는 연신 '아니야'를 중얼거리며 휙 몸을 돌려 쏜살같이 문으로 달려간다.
패닉에 빠져 문에 쾅 부딪혔다가, 겨우 여는데 낡은 문은 또 제대로 안 열린다.
울상을 한 채 안간힘을 써서 겨우 조금 열고는 낑낑대며 빠져나가는 윤지원.
남은 사람들 모두 대책 없는 정적 속에서 눈만 껌벅이고 있다.
다시 건너편 책상에 앉은 채로 석지원, 윤지원이 빠져나간 문을 보다, 어이없다는 듯이 웃는 데서.

#9. 석지원의 집. 욕실. 아침

한쪽 입꼬리를 살짝 올려 웃는 석지원.

석지원 (중얼) …기억을 못 하긴 뭘 못 해.

그때, 똑똑 문 두드리는 소리. 문 쪽으로 고개를 돌리는 석지원.

한영은(E) 아들, 아직 멀었어? 아버지가 병원 들렀다 가라시네?

#10. 병원 입원실. 아침

앞 씬과 똑같이 피식 웃는 표정으로 선 석지원.

석지원 (중얼) 다 기억하면서.
석경태 뭐라는 거야? 마! 너 내 말 듣고 있어?!

석지원, 상념에서 깨어나듯 보면, 넓고 고급스러운 1인 입원실이다.
침대에 누운 석경태, 머리에 붕대를 감고 양쪽 다리를 다 깁스한 상태다.
가슴팍 위에 청심환이 담긴 함을 놓고 3개째를 까는 중이다.

석지원 듣고 있어요, 20분째 같은 말씀 잘 듣고 있습니다.
그리고 청심환 그거 사탕처럼 그렇게 드시면 안 돼요.
아니 사탕도 그렇게 드시면 큰일 나요, 아버지.
석경태 (아랑곳하지 않고 입에 넣어 씹으며) 상관하지 마.
가랄 땐 안 간다고 난리더니, 오밤중에 그 꼴을 하고 와서는…!
석지원 죄송해요. 그렇게 미끄러지실 줄 모르고.

인서트 > 1회 #47.에 이어지는.
석경태 *(석지원임을 알아보고) 이 자식이…! 마! 뭐야, 너!*

석지원 *(차갑게 가라앉은 목소리로) 아버지, 제가 갑니다.*

석경태 *뭐?*

석지원 *독목고 이사장, 제가 가요.*

석경태 *뭐?*

석지원 *(씩 웃으며) 제가, 한다고요. 복수.*

다시 한번 우르르 쾅- 번개가 친다. 벌떡 일어나는 석경태. 석지원에게 삿대질을 하며 빠르게 다가가는.

석경태 *이 자식이 에미 애비를 심장마비로 보내려고 작정했나! 안 간다며, 안 간다며, 이 자식아!*

하다, 물 때문에 미끄러운 바닥을 밟고 대차게 뒤로 넘어지는 데서.

석경태 (흘겨보며) 뭔 변덕인진 몰라도, 골프장 니가 맡아서 진행한다는 조건으로 이사장 자리 준 거다. 학교 같은 건 중요한 게 아니니까 괜한 일 벌이거나 나대지 말고. 알았냐?

석지원 (순순히) 네.

석지원(E) (단호하게) 뭐든 해야죠.

#11. 이사장실. 낮

석지원과 교감 강영재, 이재규가 앉아 있다.

석지원 (서류를 넘겨보며) 진학률을 높이는 데 필요하다면요.

이재규 (착잡한) 하지만 심화 학습반은 오랜 논의 끝에 전 이사장님께서 없애신 건데 그걸...

석지원 폐해가 있을 수도 있다는 우려는 이해합니다만,
감수할 만큼 효과적인 방법이기도 하니까요.

강영재 정말 지당하신 말씀입니다. 사실 상위권 학생들 학부모들이 아주 매년 난리도 아닙니다. 왜 우리 학교만 없냐고 말이죠.

이재규 그렇지요. 그렇긴 한데, 아이들 박탈감 문제도 있고, 어떻게 보면 이것도 차별이라…

강영재 어허, 이 선생! 거 쓸데없는 소리 말아요.

석지원 권리라고 하는 게 맞지 않을까요? 공부를 열심히, 잘한 학생들이 더 좋은 환경과 지도를 받을 권리. 그 혜택을 원하면 열심히 해서 심화학습반에 들어오면 되는 거죠.

이재규 (허탈하게 웃는) 예… 그럼 저희 창체부랑 진학부랑 의논해서 진행하겠습니다.

석지원 창의체험부 말씀이시죠?

강영재 예. 동아리 형식으로 해야 할 테니, 창의체험부에서 다 알아서,

석지원 (일어나며) 관련 선생님들 회의 잡아주십시오.
제가 직접 들어가겠습니다.

강영재 (어리둥절해서) 이사장님께서 직접이요? 아니 왜…

석지원 한 분도 빠짐없이 모이시라고 해주세요.

#12. 교무실 앞 복도. 낮

문에 난 작은 창으로 안을 들여다보고 있는 윤지원.
석지원과 변덕수, 이재규, 차지혜, 맹수아, 장온유 앉아 있다. 손에 쥔 핸드폰 진동이 울린다. 열어 보면, <긴급회의 중! 볼꼬집 이사장 출동! 너 찾음!> 맹수아의 메시지다.

윤지원 (초조한) 저 미친놈이 미쳤나. 교사들 회의하는 데 이사장이 왜 와?
아니 애초에 지가 학교에 왜 와? (점점 화가 치미는) 지가 감히 내 앞

에 나타나? 어떻게?

분통을 터뜨리다가 고개를 돌리면, 걸어오는 보건교사 홍태오가 보인다. 윤지원 화들짝 놀랐다가 질끈 눈을 감는다.

#13. 술집 골목. 밤 (회상)

겨울밤이다. 쪼그리고 앉아 토하는 윤지원.
곁에 선 홍태오, 온화한 얼굴로 허리를 굽혀 등을 두드려준다.

홍태오　윤 선생, 괜찮아요?
윤지원　(휙 고개 돌려 홍태오를 본다. 볼이 빨갛다. 벌떡 일어나는)
　　　　네! 선생님, 저 안 취했고, 할 말이 있거든요.
홍태오　(웃음 섞인) 저 여기 있는데.

보면, 윤지원 허공에 대고 말을 한 참이다. 비틀거리며 방향을 돌려 홍태오를 보고는.

윤지원　…안 취했고요. 할 말이 있습니다.
홍태오　(여전히 다정한) 네.
윤지원　선생님, 제가 선생님 좋아해요. 저랑 만나보실래요? 저 안 취했어요.
홍태오　(살짝 놀라서) 예? 나… 나를요?
윤지원　네… 좋아해요.
홍태오　(복잡한 얼굴로 보다가) 나한테 시간을 좀 줄 수 있을까요, 윤 선생?
윤지원　(고개 끄덕이면서도 시무룩한 표정이 된다)

#14. 교무실 앞 복도. 낮 (현재)

점점 다가오는 홍태오. 어색한 미소를 지으며 어색하게 팔을 들어 인사한다.

윤지원 (마찬가지로 입만 웃으며 중얼) 여기저기 돌겠네, 진짜…

홍태오 (앞까지 와서 밝게) 회의 오셨구나. 잘 지냈죠, 윤 선생님?
(짐짓 섭섭한 척) 개학했는데 보건실에 한 번을 안 오고.

윤지원 (유리창을 등지고 서며) 그랬나…! 개학하니까 정신이 없어서요.

홍태오 …근데 왜 안 들어가시고?

윤지원 (곤란한) 아…

하는데, 벌컥 열리는 문, 석지원이다. 고개를 삐딱하게 하고 윤지원을 본다.

석지원 그러게 왜 안 들어오세요? 윤지원 선생님.

윤지원 (덜컥했지만, 휙 석지원을 비켜 들어가며) 지금 들어갑니다!

#15. 교무실 내 회의실. 낮

당황한 듯 입을 벌리고 이쪽저쪽 번갈아 보는 변덕수.
탁자 아래로 연신 핸드폰을 들여다보는 이재규.
재밌어 죽겠다는 듯 양손으로 턱을 괴고 눈을 반짝이는 맹수아.
못마땅한 얼굴의 차지혜와 지친 표정의 홍태오, 계속 뭔가 열심히 적는 장온유.
모두가 주시하는 건 마주 앉은 석지원과 윤지원이다.

윤지원 (중지를 꼿꼿이 세워 안경을 치켜올리며, 석지원을 본다)
그러니까 지금 오시자마자 심화 학습반을 부활시키라 이거네요?

석지원 학교 이사장이 오자마자 학생들 성적에 신경 쓰는 게 이상합니까?

(긴 중지를 뻗어 앞에 놓인 서류를 윤지원에게 밀며)
진학률 좀 보시죠. 쭉 떨어져서 5년 전부턴 도내 꼴찌네요.

윤지원 (보고) 인서울도 아니고, 상위 다섯 개 대학만 집계한 거네요.

석지원 왜 그것만 집계했을까요? 그게 제일 중요하니까.

윤지원 우리 학교가 지향하는 건 그런 게 아닌데요.
얼마나 어렵게 학부모님들 설득해서 심화반을 없앴는지 아십니까?

석지원 아, 그러니까 학부모들의 요구가 있었는데도 불구하고 없앴다?

윤지원 …재단을 사니까, 학교가 당신 것 같나 봐요.

석지원 (으쓱하며) 아닙니까?

윤지원 (이를 악물고 노려보며) 다시, 제대로 논의해 주세요.
학생, 교사들, 학부모들 의견 취합…

석지원 (말 끊고. 차갑게 보며) 윤지원 선생님.

윤지원 (보면)

석지원 제가 지금 이걸 의논하자고 온 것 같습니까, 여기에?

윤지원 (모멸감으로 보면)

석지원 다음 주까지 세부 기획안 만들어 올리세요.
이 동아리는 윤지원 선생님이 맡습니다.

윤지원 (벌떡 일어나며) 야!

선생님들 다 놀라 일제히 일어난다.

변덕수 (말리며) 아이고, 지원, 윤 선생아…!!

석지원 (씩 웃고 일어나는) 괜찮습니다. 오늘 회의는 여기까지 할까요?
다들 고생하셨습니다. (나가는)

윤지원 (쫓아갈 기세로) 저게 진짜!

선생님들, 우르르 달려들어 윤지원을 말리는데. 가던 석지원 획 돌아보며.

석지원 윤 선생님은 이따 저랑 점심 같이 하시죠.
(손가락으로 제 볼을 톡톡) 제가 사과받아야 할 일이 있는 것 같은데.

#16. 교무실. 낮

회의실 파티션을 빠져나오는 석지원. 이거 놔보시라는 윤지원과 말리는 선생님들의 목소리 흘러나오고. 흥미진진한 표정으로 회의실 앞에 모여 있던 선생님들, 석지원이 나오자 후다닥 흩어진다.

#17. 이사장실. 낮

문을 열고 들어오는 석지원. 입고 있던 재킷을 벗어 소파에 던지고 와이셔츠도 팔뚝까지 걷어 올린다. 갈증이 나는 듯 곧장 정수기로 가서 물 한 컵을 쉬지 않고 다 마시고는 다시 한 컵 받아 마저 마신다.

#18. 매점. 낮

텅 빈 매점에 윤지원과 맹수아 앉아 있다. 윤지원, 들고 있던 음료수를 단숨에 들이켜고 막 마시려던 맹수아 손에 있는 것도 뺏어서 마신다.

맹수아 학교 괴담인 줄 알았더니. 너 독목고 미친개였던 건 맞구나.
나 이 학교 들어오고 니가 그런 표정으로 소리 지르는 거 첨 봤어.
윤지원 (심란하다. 한숨 푹 내쉬고)
맹수아 근데 이제 뭐랄까 미친개이긴 한데, 치와와인 거지, 너는.
이사장은 훈련 잘 받은 도베르만? 야, 장난 아니더라.
(흉내 내는) 내가 지금 이걸 의논하자고 왔습니깍?

싸가지 완전 없어. 크… 완전 내 스타일.

윤지원 (열받아서) 미친놈. 지가 이사장이면 다야?

맹수아 …다지. 이사장인데.

윤지원 (휙 째려보면)

맹수아 전 이사장님께서 너무 신사적이시고, 뭐든 우리랑 다 의논하시고 애들도 진심으로 아끼시고… 다시 없을 유니콘이셨던 거지.
원래 이사장들은 다 저래. 저 정도 악독함은… 완전 내 스타일.

윤지원 지가 우리 학교에 대해 뭘 알아?

맹수아 원래 이사장이란 게 아무것도 모르면서 아무거나 하는 자리거든.
거기다 심화반 없애고 계속 말이 나오고 있긴 하니까.
니네 반 반장 엄마 방학 때부터 전화 왔지? 올해도 안 생기냐, 다른 학교 다 있는데 왜 우리만 없냐…

윤지원 (맞는 말이지만) 그냥 장단 좀 맞춰 주면 안 돼?

맹수아 (배시시 웃고) 그르까? 복수해주까? 내가 확 채가 가지고 이사장 인생의 오점이 되어주까?

윤지원 (캔을 와락 구기며 벌떡 일어나는) 맹 선생님. 정신 차리세요.
걔가 얼마나 치사하고 비겁하고 순 지밖에 모르는 개차반인지 니가 알아? 반반한 얼굴에 속지 마!

맹수아 (따라 일어나며) 반반한 개차반? 으음, 내 스타일…

씩씩대며 가는 윤지원과 따라가는 맹수아에서.

#19. 학교 일각. 낮

점심시간을 알리는 종이 울린다. 연신 두리번거리며 걷는 윤지원.

윤지원 점심 같이 하죠? 지랄하고 있네. 지가 밥 먹자 그럼 내가, 네 이사장님! 하면서 쪼르르 갈 줄 아나?

#20. 사택. 현관. 낮

문 열고 들어오는 윤지원. 도망(?)의 긴장이 풀리면서 피로가 몰려온다.

윤지원　(거실로 올라서며 크게) 할아버지! 나 왔어.
윤재호(E)　(부엌 쪽에서 멀게 들리는) 지원이냐?
윤지원　(부엌으로 가며) 응, 나지 누구야…

#21. 사택. 부엌. 낮

윤지원 들어오면, 부엌 한편에 놓인 뚜껑식 김치냉장고 앞에 선 체육복 차림의 윤재호 보인다. 머리를 깊이 숙이고 뭔가를 꺼내는데, 뚜껑에 가려 머리와 상체는 잘 보이지 않는. 쪼르르 달려가 윤재호의 등에 와락 기대는 윤지원.

윤지원　(팔로 껴안으며) 할아버지, 나 배고…(파)

하다 뭔가 이상하다. 팔이 너무 탄탄하다. 등이 너무 넓다.
김치냉장고에서 뭔가 투두둑 떨어지는 소리가 들리고 천천히 허리를 세우는 윤재호.
아니, 윤재호의 체육복을 입은 석지원이다. 석지원의 귀가 빨갛다.
천천히 둘렀던 팔을 떼는 윤지원. 그때 김치냉장고 옆으로 난 다용도실 문을 열고 나오는 윤재호. 같은 체육복 차림이다. 탈수를 마친 석지원의 와이셔츠를 들고 있다.
백허그를 하고 있는(?) 둘을 보고 멈칫하며 작게, "어이구…"
그대로 셋 다 얼어있는 데서.

#22. 사택. 거실. 낮

소파에 나란히 앉아 있는 윤지원과 윤재호. 소파 아래 신문지를 구겨 넣어 말리고 있는 석지원의 구두가 보인다.

윤지원 (쿡 찌르며 작게) 왜 물을 뿌리셨어?

윤재호 (작게) 아니 마당 청소하는데 갑자기 들어오잖어.
놀라서 호스가 그쪽으로 돌아간 거야. 일부러가 아니라.

윤지원 (작게) 어쨌든 잘했어. 근데 그럼 후딱 옷 말려서 내보내지 왜 냉장고를 뒤지게 해?

윤재호 (작게) 저놈이 골프장 맡아서 한다더라. 근데 말을 좀 섞어보니까 지 애비처럼 개망나니는 아냐. 꼴 보기 싫어도 좀 데리고 얘기를 해볼까 했지. 거기다 점심 차린다니까 도와준다잖어.

윤지원 (괴로운 한숨을 내쉬는데)

윤재호 방문이 열리며 나오는 석지원. 제 옷으로 갈아입었다.

윤재호 차갑지 않은가?

석지원 괜찮습니다.

윤재호 그러면, 이왕 이렇게 된 거 점심을...

윤지원 그만 가보시죠, 이사장님.

석지원 (뻔뻔한) 아니요, 주신다는데 먹고 가겠습니다. 점심.

#23. 사택. 부엌. 낮

식탁에는 된장찌개와 반찬 몇 개 놓인 밥상. 마주 앉은 윤재호와 석지원. 보면 윤지원은 된장찌개에 말은 밥이 든 대접을 들고, 싱크대 앞에 삐딱하게 서서 밥을 퍼먹고 있다.

윤재호 (윤지원 보며) 와 먹어, 각설이도 아니고, 너는... 다 큰 애가.

윤지원 흥!

윤재호 (포기하고, 석지원 보며) 젊은 사람이 회사 일도 바쁠 텐데, 귀찮은 직을 떠맡았어.

석지원 아닙니다. 많이 부족합니다.

윤지원 자질은 부족해도, 거들먹거리는 건 아주 천직이시던데요.

석지원 (한심하다는 듯 보며) 말씀을 좀 가려서 해주시죠, 선생님.

윤지원 꼬우시면 이사장님도 말씀 막 하세요? 잘하시잖아요, 그런 거.

석지원 여전하시네요. 예나 지금이나.

윤지원 아 그렇습니까? 이사장님은 많이 늙으셨어요! 훅 갔어요, 아주.

석지원 (욱했다가) ...관둡시다.

윤재호 (석지원을 보며) 그 아까 얘기하던 거 말인데,

석지원 골프장을 짓겠다는 아버지의 생각은 확고하십니다.

윤재호 (숟가락 내려놓고 무겁게) 자네는?

석지원 제가 혼자 결정할 수 있는 일도 아니고, 여기서 어르신께 제 사견을 밝힐 일도 아니라고 생각합니다. 그리고 아시다시피 재단을 인수한 지 얼마 되지 않았고, 정해진 것 또한 없어서 드릴 말씀이 없습니다.

윤재호 그렇구만. 이 뒷방 늙은이의 사견을 밝히자면, 자네 아버지의 오래된 원한으로 이 마을을 망치는 걸 내 좌시하지는 않겠네.
사람들을 모으고, 필요하다면 기관에, 언론에 호소해서 어떻게든 마을을 지킬 생각이야.

석지원 ...예, 무슨 뜻인지 알아들었습니다.

윤재호 (끄덕이고) 들게.

석지원, 밥을 먹기 시작하면 윤지원 싱크대 앞에 서서 원망으로 노려본다.

#24. 병원 입원실. 낮

침대에 기대앉은 석경태. 귤을 까먹는 중. 앞에는 지경훈이 서 있다.

석경태 (어이가 없는) 선생이랑… 싸워? 교무실에서?
지경훈 호석이 딸 지원이요. 말씀드렸었죠, 우리 학교 체육 교사 한다고.
석경태 그랬나? 걔가 언제부터 선생을 했어?
지경훈 …호석이랑 제수씨 세상 뜨고 나서 대학을 다시 갔어요.
처음 취직한 데서 안 좋은 일이 좀 있기도 했고.
석경태 그랬구나. 그래서 걔랑 우리 지원이가 싸웠다고, 교무실에서?
지경훈 (웃음) 그냥 말다툼을 좀 했나 봐요.
둘이 어릴 때부터 맨날 아웅다웅했잖습니까.
석경태 (차갑게) 근데 지금은 우리 애가 이사장인데 교사가 그럼 쓰나?
지경훈 (!!) 아, 그렇죠. 제가 따로 주의를 주겠습니다.
석경태 (끄덕이고 다시 귤 먹으며) 어릴 때부터 맹랑했어. 경훈이 너는 호석이랑 학교도 같이 다니고 사업도 같이했고.
걔가 딸처럼 각별하겠구나. 그렇지?
지경훈 …짠하죠.
석경태 그래, 그래도 주의는 줘.
지경훈 예. 알겠습니다.
석경태 마을 여론은 좀 어때? 골프장.
지경훈 아직은 술렁이는 정돕니다.
찬성이다 반대다 입장을 딱 정했다기보다는요.
석경태 약삭빠른 늙은이가 마을 사람들 선동하면 넘어가기 딱 좋겠구나.
지경훈 예? 아…
석경태 (빙글 웃으며) 왜? 내가 윤재호 욕하는 거 듣기 싫어?
지경훈 그런 게 아니라.
석경태 (귤 하나 주며) 잘 지켜봐. 쉬어야겠다. (하다가) 아, 그리고 우리 아들 취임식 좀 하자?
지경훈 아, 전무님은 안 하시겠다고…
석경태 걔 말은 신경 쓰지 말고, 무조건 크고 화려하게. 마을 사람들 죄다 부를 거니까 아주 삐까뻔쩍하게 준비해. 윤재호 기가 팍 죽게.
그 핑계로 마을 사람들하고 안면도 좀 트고, 잘난 내 아들 자랑도 좀 하고 그럼 좋잖아?

지경훈 …준비하겠습니다.

석경태 (끄덕이고) 그래, 가봐. 나 퇴원하면 한잔하자.

지경훈 (받고 인사하며) 예, 조리 잘하십시오, 회장님.

석경태 내가 왜 니 회장이냐? 그냥 형님이라고 해 임마.

지경훈 예. 형님. 가보겠습니다.

미소로 인사한 후 돌아선 지경훈이 얼굴에서 표정을 지운다.
나가는 지경훈을 지그시 보다가 침대 옆 협탁으로 손을 뻗어 청심환을 하나 꺼낸다. 손에 들고 굴리다 곧 입에 넣어 씹는다.

#25. 학교 내 샛길. 낮

사택과 운동장을 잇는 작은 길이다. 윤지원이 앞서고 석지원이 뒤에서 걷고 있다.
윤지원, 생각할수록 화가 난다. 걸음 멈추고 고개를 홱 돌리면, 석지원 움찔하는.

윤지원 뭐 하는 겁니까, 이게?

석지원 말했잖아요, 점심 같이 먹자고.

윤지원 점심 먹자면서 왜 남의 집에서 그러고 있었어요?

석지원 집으로 도망갈 거 알았으니까. 뒤에서 껴안을 줄은 몰랐고요.

윤지원 (!! 움찔했다가 곧 화나서) 아니 진짜 어이가 없네.
왜 나랑 점심을 먹자는 거예요? 대체 왜?

석지원 궁금하니까.

윤지원 뭐가요?

석지원　그날 교무실에서 왜 그랬는지 들어야겠습니다, 난.
윤지원　(!! 할 말이 없다)
석지원　설명해 보시죠.
윤지원　(입술을 앙다물고 노려보다 획 몸 돌려 가며) 싫은데요.

#26. 학교 일각. 낮

점심시간이 끝나는 종이 울린다. 학생들이 건물로 뛰어 들어가느라 분주하다.
빠르게 걸어오는 윤지원을 따라잡는 석지원.

석지원　불리해지면 도망을 가시네요, 주로.
윤지원　(멈춰서 석지원을 보며) 사과는 드리죠.
그날 제가 머리에 공을 맞아서 제정신이 아니었고, 안경까지 박살이 나서 눈에 뵈는 것도 없다 보니 감히 고귀하신 이사장님 얼굴에 손을 대고 말았습니다.
정-말 죄송합니다, 석지원 이사장님!
석지원　(빤히 보다) 사과 말고 설명.
윤지원　(확 열이 뻗쳐서) 아니! 내가 뭐 총이라도 쐈나?
볼 한번 꼬집은 걸 가지고 대체 무슨 설…
석지원　18년 만에 나를 본 기분이, 어땠어 윤지원.
윤지원　(!!!)
석지원　묻잖아, 날 다시 만난 게 어땠냐고.
윤지원　넌 어떤데?
석지원　(빤히 보다가, 차갑게) 짜증 나. 너 보면.
윤지원　(애써 담담히) 역시 날 원망하고 있었구나, 너.
석지원　그리워라도 할 줄 알았냐, 그럼?
윤지원　그래. 그럼 나도 답할게. 18년 만에 만나 뵙게 돼서 기분이 무척 더럽습니다, 이사장님. 아무것도 아닌 과거 얘긴 그만 좀 꺼내셨음 좋겠고요.

석지원 아무것도 아닌?

윤지원 예! 그러니까 그냥 교사와 이사장 딱 그 정도 불편한 사이로 짧게 봤으면, 아니, 가능한 안 봤으면 좋겠습니다, 저는.

석지원 그래요? 별것 아닌 과거 들먹여서 아주 미안합니다.
교사랑 이사장? 좋죠. 이제 정신 잘 챙기셔서 이사장 볼을 만지고 막 껴안고! 그런 창피스런 일 그만 만드시고요.
가능한 한 서로 엮이지 말고, 모른 척하면서 지냅시다.

윤지원 네. 지금껏 지껄인 말씀 중에 제일 맘에 드네요.

석지원 (노려보다가) 수고하세요, 그럼.

발길을 돌려 걸음을 옮기려 하는데, 윤지원 석지원의 어깨를 빵 치고 앞서 걸어간다. 어이없단 얼굴로 보고 있으면 가던 윤지원 획 고개를 돌려 석지원을 노려본다. 서로 눈싸움을 하다 동시에 흥! 하고 고개를 돌리는 데서.

#27. 교무실. 낮

교무실 변덕수의 자리. 세상 흐뭇한 얼굴로 웃고 있는 변덕수.
차례로 보이는 애써 미소를 짓는 석지원과 눈에 영혼이 없는 윤지원, 무표정한 차지혜. 그리고 맹수아가 혼자 눈을 빛내며 방긋 웃고 있다.

변덕수 다시 한번 말하지만, 선생님은 정말 감격스럽다.

윤지원 정확히 네 번째 같은 말씀을…

변덕수 너무 좋은 거야, 지원아! 내 첫 제자들이 이렇게 응?
(셋의 얼굴 차례로 사랑스럽다는 듯 보며) 수학쌤이 되고, 체육쌤도 되고, (목소리 커진다) 이사장이!!! 돼서 한 학교에 있다는 이 사실이!
(하다 맹수아를 보는) 근데 아까부터 맹쌤은 왜 와 있는 거야?

맹수아 선생님, 제가 윤쌤이랑 절친이죠? 차쌤이랑 같은 수학이죠?
이사장님… (생각한다) 잘 생겼죠? 또 우리 변 선생님 존경하죠!
이 정도면 관념적 동창이라고 봐도 되거든요?

차지혜 이사장님께 좀 실례되는 말 같아요, 맹 선생님.

맹수아 (대꾸 없이) 그래서… 우리 이사장님은 고등학교 때 잘생겼다는 특징 말고 또 어떤 학생이었나요? 저 너무 궁금해요.

변덕수 (자랑) 공부도 잘하고, 공도 잘 차고, 밥도 잘 먹고 또… 또… 우리 윤지원이랑 (놀리듯) 허구한 날 싸웠어.

윤지원 (지쳤다) 아이 선생님 무슨… 그런 얘긴 왜 하세요…

맹수아 (미소로, 석지원 보며) 좋다. 호전적이셨구나.

석지원 (입만 겨우 웃고, 변덕수 보며) 선생님 제가 이만 일어나…

변덕수 (추억하는) 어! 둘이 뭔 내기도 한번 했었어. 기말고사 석차 걸고.

석지원과 윤지원, 동시에 눈을 질끈 감으며 괴롭고. 차지혜도 작게 한숨을 내쉰다.

맹수아 (흥미롭다) 오. 무슨 내기요?

변덕수 (가물가물) 뭐였지, 얘들아? 니들도 기억 안 나니?
우리 이사장님이 이기면… 둘이…

석지원과 윤지원 저도 모르게 동시에 벌떡 일어나며 "선생님…!" 하는데, 그와 동시에 뒤에서 들리는 목소리.

고해수(E) (겹쳐서) 선생님.

윤지원 (반색한다) 어! 반장! 해수야 무슨 일이야?

고해수 김유미 복도에서 울고 있어요.

윤지원 유미가 또? 잘됐… 아니 가자! 선생님이 해결할게. (고해수 데리고 나가며, 변덕수에게) 선생님, 저 가볼게요.

석지원 (눈치껏 같이 일어나며) 저도 일이 있어서, 그만.

변덕수 (아쉽다) 그래? 그래, 담에 또 모이자 얘들아?

맹수아 아 딱 재밌어지는데!

차지혜 (한숨 쉬며 일어나 꾸벅하고는 자리로 간다)

변덕수와 맹수아 한껏 아쉬운 얼굴로 서로를 보는 데서.

#28. 교무실 앞 복도. 낮

벽에 기대서서 울고 있는 김유미. 윤지원, 그 앞에 서 있다.

윤지원 (지쳤다) 유미야, 근데 아직 동아리 개설도 안 됐어.
아니 오늘 아침에 나온 얘기를 너네 어떻게 아는 거니?

김유미 (훌쩍이며) 아침에 그걸로 쌤 이사장님이랑 치고받고 했다고 소문 다 났어요.

윤지원 …치고받지는 않았어. 아니, 그게 문제가 아니라 아직 계획서도 안 썼어. 선생님들이 회의해서 기준 정하고 계획 짤 거야.

김유미 (손으로 얼굴 가리고 울며) 어차피 성적순으로 뽑으실 거잖아요.
저 1학년 기말 완전 망쳤단 말이에요.

윤지원 너 모의고사는 잘 봤잖아. 일단 좀 기다리자, 응?

김유미 (애원하는) 선생님, 저 꼭 들어가야 돼요. 우리 엄마 난리 나요!

윤지원 (!! 사색이 되는) 너 설마 어머니께 벌써 말씀드렸어?

김유미 (끄덕이고) 고해수는 들어가고, 저는 못 들어가면 죽어버릴 거예요.

윤지원 (한숨 내쉬는) 그런 말 하는 거 아냐. 일단 교실로 가. 울지 말고. 뚝!

불안한 얼굴로 훌쩍이며, 마지못해 가는 김유미. 윤지원, 심란하다.

#29. 석지원의 방. 밤

막 씻은 차림으로 수건을 목에 두르고 방으로 들어오는 석지원.
침대에 털썩 앉아 머리를 터는데, 조금씩 손길 느려진다.

인서트 > #21. 사택. 부엌. 낮
쪼르르 달려와 석지원의 등에 와락 기대는 윤지원.
김치냉장고 속 석지원의 얼굴. 빨개지며 손에 들었던 감자를 투두둑 놓친다.

석지원, 상념에서 벗어나려 수건으로 머리를 세차게 문질러 닦고는 침대에 눕는다.

#30. 윤지원의 방. 밤

책상에 앉아 노트북을 여는 윤지원.

인서트 > #21. 사택. 부엌. 낮
쪼르르 달려와 석지원의 등에 와락 기대는 윤지원.

인서트 > 1회 #90. 교무실. 낮
석지원의 볼을 꽉 잡고 있는 윤지원.

수치스럽다. 노트북을 냅다 덮고, 몸을 던지듯 날려 침대에 눕는다.
베개로 얼굴을 가리고 바둥거리는.

#31. 석지원의 방 + 윤지원의 방. 밤

(분할로 보이며) 둘, 침대에 똑같은 자세로 누워 있다가, 동시에 벽을

향해 돌아눕는 데서.

#32. 사택. 윤재호의 방. 밤

작은 술상을 두고 마주 앉아 있는 윤재호와 지경훈.

윤재호 (서글픈) 이사들, 아무도 내 전화를 안 받더라.
지경훈 (고개를 숙이면)
윤재호 대체 뭘 얼마나들 받아 처먹어서 그렇게 안면을 바꿨다냐?
지경훈 저야…
윤재호 (끄덕이는) 그렇지, 너는 내 사람인데 너한테 말을 할 리가 없지.
지경훈 (조심스럽게) 아버지, 석경태 회장 완고하고 집요한 분입니다.
마음고생하지 마시고 그냥 내려놓으세요.
윤재호 (말없이 술을 한 잔 따른다)

#33. 옛날 윤재호의 집. 서재. 밤 (과거) <자막 - 18년 전>

고급 가구들로 꾸며진 정갈한 서재. 단단한 표정으로 책상에 앉은 윤재호.
그 앞에 벌겋게 달아오른 얼굴로 서 있는 석경태, 이마에서 땀이 비처럼 쏟아진다.

석경태 (간절한) 마음 돌려주십시오, 이사장님. 구 사장 땅 저한테 주세요.
그 땅 없으면 이 사업, 아니 제 회사 망합니다.
윤재호 니 욕심 때문에 망하는 게 아니고? 니가 만든다는 리조트며 골프장이 정수장하고 얼마나 가까운지 알고는 있는 거냐? 이 학교하고는?
석경태 (이를 악물고) 법적으로 아무, (하는데)

윤재호 (엄하게) 법적으로 문제가 없으면 그만이다?
니가 밀어버리려는 산이 얼마나 많은 걸 품고 있는지 그걸 니가 몰라?
이 마을에서 나고 자란 놈이?

석경태 (눈에 핏줄이 서는) 그래서! 제가 사려던 땅을 빼돌려 사셨습니까?

윤재호 구 사장이 옳은 선택을 해서 내게 땅을 판 거다. 빼돌린 게 아니라.
그만 포기해라, 경태야.

석경태 (머리가 핑 어지럽다. 참으며, 저주하듯) 언젠가 오늘 내게 준 모욕을
후회하실 겁니다, 이사장님.

윤재호 (한숨을 내쉬고) 경태야... (하는데)

석경태 (악을 쓰듯) 반드시!! 후회하게 만들...

하다, 극심한 두통에 머리를 짚으며 쓰러진다. 놀라서 일어나는 윤재호에서.

#34. 사택. 윤재호의 방. 밤 (현재)

윤재호, 따른 술을 쓰게 마시고는.

윤재호 (자조하듯) 내려놓아라...?

지경훈 힘들고 승산 없는 싸움이 될 테니까요.

윤재호 (다시 한 잔 마시고) 나는 평생을 승산이 있냐 없냐로 내 갈 길을 정한 적 없다. 답이 없어 보여도 옳다고 믿는 길을 갔어.
지금은 아무것도 가진 거 없는 빈털터리지만, 그래서 더욱 내 신념까지 버리고 싶진 않다. 사람이 갑자기 변하면 죽는다잖냐.
(웃는) 오래 살아야지. 나답게.

지경훈, 윤재호의 맑은 눈을 가만히 보다, 시선을 떨군다.
그런 지경훈에게 술을 따라주는 윤재호. 조용한 가운데, 두 사람 술을

마신다.

#35. 교무실. 아침

나란히 창가에 선 윤지원과 맹수아. 아이스 아메리카노를 하나씩 들었다.
윤지원, 목을 이리저리 꺾으며 스트레칭을 하다 창밖을 보는데,
주차장에서 걸어 나오는 석지원과 이기하 보인다. 등교하는 아이들, 경비 아저씨와도 인사를 주고받는 석지원.

윤지원 (밖을 내다보며) 아유, 저거 또 왔네. 무슨 이사장이 학교에 맨날 오냐? (동조를 구하듯 맹수아를 보는데)
맹수아 (흐뭇하게 웃으며 보고 있다)
윤지원 …기다렸구나, 넌.
맹수아 꿈도 희망도 없는 학교생활에 한 줄기 빛 같달까?
근데 내가 볼 때마다 회식하자고 조르는데 꿈쩍을 안 해.
웃기만 웃고. 하 근데 웃을 때 진짜 (이마를 치며) 입꼬리 진짜…
좋아, 오늘 창체부 회식에 무조건 끼운다!
윤지원 미쳤어? 우리 회식에 쟤를 왜!
맹수아 내 맘.
윤지원 꿈도 꾸지 마. 너 이러는 거 니 남친은 아니?
맹수아 (갸웃) 남친…? 업데이트가 어디서 멈춘 걸까?
윤지원 프로그래머.
맹수아 걔는 전전이구, 방학 동안 헬스 트레이너랑 만났고 개학부터 지금까진 솔로. 내가 상도덕은 있어.
윤지원 그렇구나… 암튼 아무리 솔로여도 쟤는, (하는데)
맹수아 …저건 또 뭐야?

윤지원, 다시 시선을 창밖으로 돌리면, 걸어가는 석지원 옆으로 자전거 한 대가 아슬아슬 지난다. 형광 연두색 트레이닝복과 분홍색 스니커즈, 히피펌을 한 듯 뽀글뽀글한 연갈색 머리가 바람에 춤을 춘다. 이기하, 석지원을 얼른 당겨 피하게 하면 남자, 자전거를 멈추고 내려서는 연신 고개를 숙여 사과를 하는 모습이다.

맹수아 오늘 교생쌤들 오는 날인데, 설마 교생인가?
윤지원 말이 돼? 어떤 교생이 저러고 와. 만에 하나 교생이면 와... 담당 교사한테 너무 가혹하지 않냐? 온몸에 써 있네. 저, 안녕하십니까? 저는 관종입니다!

공문수(E) 안녕하십니까? 저는 체육과 교육실습생 공문수입니다!

#36. 교무실. 낮

제 자리에서 일어난 채 당황한 표정의 윤지원. 그 앞에 고개를 숙이고 있는, 막 인사를 끝낸 형광 트레이닝복 공문수다.

윤지원 어머나... 우리 체육과 교생이시구나.
공문수 (숙였던 고개를 번쩍 들고, 씩씩하게) 예, 선생님, 만나 뵙게 돼서 반갑...(하다 눈이 커지는) 어?!
윤지원 (놀라서 물러나며) 왜... 왜요.

그때 옆자리로 오던 맹수아, 공문수를 보며 눈이 커진다.

맹수아 어!!
윤지원 왜...
공문수 (윤지원 보며) 저... 모르시겠어요?

윤지원 (모르겠다) 모르겠는데요.

맹수아 공문수! 공문수 선수 맞죠?

윤지원 (맹수아 보며) 선수...?

맹수아 대박...! 국민 돌고래! 국돌 공문수!

공문수 (넉살 좋게 웃으며) 네 맞아요. (윤지원 보며) 진짜 저 모르세요?

윤지원 죄송합니다. 수영 선수셨구나. 제가 스포츠를 잘 몰라가지고...
그니까 체육 교사긴 한데, 그게...

공문수 (씩 웃는) 괜찮아요. 이렇게 다시 만났으니까.

윤지원 (의문으로) 예?

하는데, 우르르 들어오는 선생님들. 변덕수 제일 앞장서 온다.

변덕수 아니, 교생으로 공문수 선수가 왔다며? (문수 발견하고는 흠칫)
어이쿠... 반가워요!

장온유 (발그레해서) 안녕하세요? (옷차림 봤다, 흠칫) 어머나...
저 너무 팬이었어요!

맹수아 와 나 실물 처음 보잖아요. 어깨 대박...!

어느새 선생님들에게 둘러싸이는 공문수. 점점 밀려나는 윤지원.
눈만 껌벅거리다 그냥 제 자리에 앉는데, 사람들 틈으로 고개를 기울여
윤지원을 보는 공문수. 윤지원과 눈이 마주치면 해사하게 웃는 데서.

#37. 교사 식당. 낮

윤지원, 맹수아, 차지혜가 한 테이블에서 식사 중이다.

맹수아 그래서 말 놨어?

윤지원 나보다 일곱 살이 어리던데? 본인이 놓으래서 놓는댔지.

차지혜　근데 지원이 넌 공문수를 진짜 몰랐구나.

윤지원　오전 내내 검색해서 이젠 알어.

맹수아　그럴 수 있지. 순식간에 떴다가 부상으로 완전 자취를 감췄던 거라.

차지혜　그러고 보니, 그 선수 유명했을 때가 그때네.

윤지원　그때?

차지혜　(무심히) 너 첫 대학 졸업하고 많이 힘들었을 때.
뭐 수영 스타가 눈에 들어왔겠어. 그 난리가 났었는데.

윤지원　(가만히 보다) 그래, 난리였지. 우리 엄마 아빠도 돌아가시고.

맹수아　(차지혜 매섭게 노려보면)

차지혜　(움찔해서) 미안 내가 너무 생각 없이 말을 했네. (분위기 전환하려)
근데 아무리 그래도 교생이 옷이 그게 뭐니.

윤지원　(아무렇지 않게) 젤 아끼는 아이템들로만 심사숙고해서 입은 거래.
교생 나오는 게 너무 신나서.

차지혜　암튼 윤쌤 골치 좀 아프겠다. 이번 교생은 한 달 아니고 한 학기 내내 있는 거라며?

윤지원　(끄덕이고) 그렇대. 왜 우리가 하필 시범학교지는 모르겠지만.

그때, 석지원과 이기하 식판을 들고 테이블 옆을 지난다.
서로 인사하는데 윤지원과 석지원 눈 마주치면, 동시에 홍, 외면하는.
떨어져 자리를 잡는 석지원과 이기하. 차지혜, 묘한 표정으로 석지원을 본다.

#38. 라일락 벤치. 낮

나란히 앉아 아메리카노를 마시고 있는 윤지원과 맹수아.
저만치에 석지원과 차지혜가 나란히 걷고 있다. 그 모습을 보는 둘.

맹수아　차지혜 재는 여기서 더 싫어질 수 있나 싶은데,

매일 점점 더 싫어져.

윤지원 (괜히 농담하는) 너도 같이 산책하고 싶은 거 아니고?

맹수아 야, 내가 애인이 없지, 의리가 없냐?

윤지원 얼...

맹수아 (이글대는 눈으로) 낮에 하는 산책 따위 시시해.
나는 회식에서 승부를 보지.

윤지원 부르기만 해!

맹수아 (음흉하게 헤헤 웃으며) 근데 왜 우리 자꾸 밖에서 이래야 돼?
보건실 가서 난로 쬐지 않을래?

윤지원 싫어. 시원하고 좋기만 하구만.

맹수아 뻔질나게 드나들던 보건실을 자꾸 피하네.
씁... 뭔가 냄새가 난다. 냄새가...

윤지원의 옷에 대고 킁킁대는 시늉을 하면, 밀어내는 윤지원. 둘 티격태격하는 데서.

#39. 교무실. 낮

변덕수 서류를 뒤적이고 있는데, 슬그머니 다가오는 맹수아.
믹스커피 한 잔을 내려놓는다.

맹수아 (의미심장하게) 선생님, 회식... 고프시죠?

변덕수 (화색) 고프지! 난 늘 회식이 고파!

맹수아 오늘 우리 창체부 회식인데 오실래요?

변덕수 정말? 내가 가도 되나, 맹 선생?

맹수아 (끄덕) 대신... 조건이 하나 있어요.

#40. 교무실 앞 복도. 낮

입꼬리를 한껏 올려 웃고 있는 석지원과 그 앞에 선 변덕수.

변덕수 진짜네, 매력적인 웃음으로 때우려고 하네 자꾸?
석지원 예?
변덕수 웃지만 말고. 지원아, 회식 올 거야 말 거야?
석지원 그게, 선생님들 회식에 제가 가면 얼마나 싫으시겠어요.
변덕수 다 조사했어. 다들 괜찮대, 너무 좋대. 진짜로. 올 거지? 응? 응?

석지원, 곤란해서 머리만 긁적이는데 두 사람 앞으로 걸어오는 중년 여성.
변덕수 흠칫했다가 얼른 고개를 숙인다.

변덕수 아이고, 유미 어머니. 학교엔 또 어쩐 일로…
유미모 (나긋한) 안녕하세요? 아이 담임선생님 좀 뵈러 왔어요. (교무실로 들어가는)
변덕수 아이고, 우리 윤지원이 오늘 죽었네…
석지원 윤 선생님 반 학부모신가요?
변덕수 (끄덕이고) 꼭 저 퇴근할 때 다 돼서 오드라. 아유, 진상…
석지원 (시계를 보면 4시 25분이다)

그때 저쪽에서 트레이닝복 차림으로 달려오는 윤지원.
석지원은 보지도 않고, 변덕수에게 꾸벅하고는 교무실로 들어간다.

#41. 선술집. 밤

테이블 2개를 붙여서 쭉 둘러앉은, 변덕수 이재규 홍태오 공문수 장온유 차지혜 맹수아. 막 앉은 듯 물과 컵만 세팅되어 있다.

이재규 (핸드폰 보다가 고개 들고 문득) 근데 우리 창체부 회식이 왜 이렇게 거대해진 거예요?

#42. 회식 결성 몽타주. 낮

1. 맹수아 자리로 오는 변덕수 찡긋하며

변덕수 꼬셨스…

맹수아 오, 이사장님 오신대요?

변덕수 온대. 하던 일만 처리하고 있다가 온대.

차지혜 (옆자리에서 슥 끼어들며) 진학부랑 쪼인인 거 맞죠, 오늘 회식.

2. 윤지원의 자리에 교생실습 일지를 내려놓는 공문수. 옆자리에 변덕수 앉아 있다.

공문수 윤지원 선생님도 가시나요?

변덕수 가지.

공문수 (버럭) 그럼 저도 끼워주세요!

변덕수 (화들짝) 깜짝이야! 좋지. 와!

3. 공문수 신난 발걸음으로 나가고 나면, 변덕수 맞은편 파티션 위로 고개를 쏙 내미는 장온유. 수줍게 웃으면.

변덕수 와, 와. 공문수 보러 와.

장온유 (행복한) 네, 선생님!

일동(E)　창체부를 위하여!

#43. 선술집. 밤

그렇게 모인 7명의 소주잔이 공중에서 짠- 부딪힌다. 동시에 마시고 잔을 내려놓고, 탁자에 놓인 보쌈과 낙지볶음 등에 저마다 젓가락을 대는데 공문수만 고개가 뒤로 꺾인 채 그대로 있다.
변덕수 보쌈을 한입에 크게 넣고 우물거리는 순간,
공문수의 고개가 바로 돌아오나 싶더니 그대로 탁자에 엎어지는.
모두 놀라서 어어- 하는 데서.

#44. 상담실. 밤

담담한 얼굴로 앉아 있는 윤지원. 맞은편에 유미 모 별안간 서글픈 표정을 한다.

유미모　선생님, 제가 아이한테 심화반 얘길 듣고 한숨도 못 잤어요.
윤지원　(시작이구나. 애써 미소로) 어머니, 아직 모집도 시작 안 했는데요.
유미모　곧 하실 거잖아요. 저희 유미, 선생님이 책임지고 심화반 넣어주세요.
윤지원　(아득하다) …제가요…?

#45. 이사장실. 밤

책상 앞에 홀로 앉은 석지원. 앞에 놓인 서류를 집중해서 보고 있다.
윤지원이 제출한 심화 학습반 동아리 계획안이다.
문득 고개를 들어 벽에 걸린 시계를 보면, 6시다. 창밖이 어둑어둑하다.

#46. 이사장실 + 상담실 복도. 밤

이사장실 옆 옆이 상담실이다. 문을 열고 나오는 석지원.
텅 빈 복도. 괜히 스트레칭을 하며 걸어가다가 상담실 창문을 슬쩍 들여다보면 지친 얼굴의 윤지원, 휴지를 유미 모에게 건네고 유미 모, 눈가를 눌러 닦는다.

변덕수(E) 1학년부터 윤지원이 반 학생인데, 엄마가 좀 그래.
수틀리면 찾아와서 네 시간이고 다섯 시간이고 안 가.
빙빙 말을 돌리면서 말려 죽이는 거지. 선생은 화도 못 내고.
분명 심화반 땜에 왔을 거다. 애 성적이 간당간당하거든.

석지원 복잡한 얼굴로 보다가, 천천히 돌아 이사장실로 간다.

#47. 상담실. 밤

앞에 놓인 물컵을 들어 물을 들이켜는 윤지원. 지쳐서 눈이 풀렸다.
맞은편의 유미 모 쌩쌩하다. 하소연하는.

유미모 선생님, 제가 괜히 하는 말이 아니라, 우리 유미, 심화반 못 들어가도 저는 괜찮아요. 그런데 아이 아빠가... 화가 많이 났어요. 이렇게 기습적으로 심화반을 만드냐구요.
오늘도 직접 온다는 걸, 제가 말리느라 혼났어요. 정말.

윤지원 예... 심화반 모집 시작하면 그냥 아버님이 오시라고 해주세요.
제가 잘 설명을...

유미모 (말 끊으며) 제 말은, 계획을 하실 때부터 우리 유미를 고려를 좀 해주십사 하는 거예요, 선생님.

윤지원 어머니, 기준을 어떤 한 학생한테 맞춰서 잡을 수는 없습니다.

잘 아시잖아요?

유미모 (낭패라는 얼굴로) 아니, 애 아빠가 진짜 화가 났다니까요, 선생님?

윤지원, 작게 한숨을 내쉰다. 옆에 놓인 핸드폰을 보면 8시 반이다.

#48. 이사장실. 밤

고요하다. 석지원 책상에서 문까지 걸어갔다, 다시 걸어오기를 반복하고 있다.
시계를 힐끗 보면, 9시다. 결심한 듯 벌컥 문을 열고 나가는 데서.

#49. 이사장실 + 상담실 복도. 밤

거칠게 문을 열고 나오는 석지원. 그와 동시에 상담실 문도 열리면서 윤지원과 유미 모 나온다. 둘, 눈이 마주치면 당황하는 석지원.
후다닥 다시 이사장실로 들어간다.
윤지원, 샐쭉한 표정의 유미 모와 함께 복도를 걸어가는.
곧 이사장실의 불이 꺼지고, 재킷을 든 채 다시 복도로 나오는 석지원.
이미 복도 거의 끝까지 간 윤지원과 유미 모. 잰걸음으로 따라가는 석지원.

#50. 학교 일각. 밤

멀리 불이 켜진 사택이 보인다. 윤지원이 지친 걸음으로 걸어가고 한참 뒤에서 그 모습을 보고 있는 석지원.
후- 한숨을 내쉬고 돌아서는데, 울리는 전화벨. 변덕수다.

석지원 (받는다) 네, 선생님. 아… 그게 일은 끝났는데 제가 지금 좀 피곤하기도 하고… 집에 가서 볼 서류들도 좀 있고…

곤란한 듯 머리를 긁적이는데.

#51. 학교 내 샛길. 밤

걷던 윤지원, 허탈하고 지치고 화도 난다. 문득 발을 멈춘다.

윤지원 술… 술을 마셔야 돼. 술…! (휙 뒤돌아 달리기 시작하는)

#52. 학교 일각. 밤

여전히 통화 중인 석지원.

석지원 예? 아니 그렇다고 저를 다신 안 본다 그러시면…

하다, 자기 쪽으로 저벅저벅 돌아오고 있는 윤지원을 보고 화들짝 놀라 얼른 몸 돌려 걷기 시작한다.

석지원 예? 잡으… 잡으러 오시겠다고요?

#53. 교문 앞. 밤

석지원, 터덜터덜 걷고 있는데, 뒤에서 씩씩대며 오던 윤지원.
석지원을 발견하지만 무시하고 가는데, 걷다 보니 자꾸 같은 방향이다.

윤지원 (따라잡는) 어디 가십니까, 지금?
석지원 그걸 내가 왜 말해야 하는데요?
윤지원 ...창체부 회식 갑니까?
석지원 그렇다면요?
윤지원 (발 멈추고) 아니, 거길 왜 오세요? 오지 마세요.
석지원 거기 가시나 보죠? 근데 윤 선생님이 뭔데 오라 마랍니까?
윤지원 교사들 회식에 이사장님이 왜 오냐고요. 눈치 없으세요?
석지원 내가 가는 게 싫으면 윤 선생님이 그냥 집으로 가시죠?
윤지원 허, 내가 왜요? 우리 부서 회식인데?
석지원 나는 왜요? 정식으로 초대받았는데.
윤지원 회식에 무슨 정식 초대가 있어? 뭐 초대장이라도 받으셨어요?
석지원 ...아무튼 나는 가니까, 알아서 하세요.

윤지원을 지나쳐 가는 석지원. 씩씩대며 그런 석지원을 노려보는 윤지원에서.

변덕수(E) (취한) 그니까, 사귄다, 안 사귄다?

#54. 선술집. 밤

#43.에서 엎어진 모습 그대로 새근새근 자는 공문수.
옆에는 장온유가 걱정스러운 얼굴로 패딩을 덮어주고 있다.
맞은편에 석지원 피곤한 얼굴로 앉아 있다. 그 옆과 앞에 차지혜와 맹수아.
윤지원은 변덕수, 이재규, 홍태오가 앉은 테이블에서 맥주를 들이켠다.
늦게 온 둘을 빼고는 모두 얼큰하게 취해 있다.

석지원 저는 안 사귀죠. 사내에서, 아니 학교 안에서 무슨 연애를 합니까.

저는 공과 사 구분 못 하는 거 정말 딱 질색이라서요.

차지혜 (물끄러미 석지원을 보고 있다)

맹수아 (눈 풀려서) 아... 공과 사 구분 못 하는 그 맛이 또 짜릿한 건데...

변덕수 난 학교서 울 와이프 만나 결혼했는데?

이재규 (혀 꼬부라진다) 그래서 행복하십니까, 스앵님?

변덕수 (별안간 눈이 촉촉해지는) 그런 거 묻지 마. 아무튼! 행정실 박 주무관이랑 정 선생은 사귀는 거 맞아. 경험자인 내가 보면 알아!

이재규 윤쌤은 어때요? 학교 사람 만나는 거, 찬성? 반대?

윤지원 (!! 신나게 술을 들이켜다 홍태오와 눈이 마주친다. 쿨럭 기침하는)

홍태오 (어색한 미소로 휴지를 건네고)

윤지원 (받아서 입을 닦으며) 사... 사람만 좋으면 뭐...

석지원 (윤지원을 보는)

변덕수 사람이 뭐 얼마나 좋으면 돼? 여기 우리 홍태오쌤 정도면?

홍태오 아이, 무슨 그런 말씀을. 윤 선생님이 왜... (하다 아차, 입을 다물고)

윤지원 (시무룩해서 홍태오를 보는)

이재규 그럼 이사장님은 어때요? 어릴 적 친구고 미남이시고 능력도 있...

윤지원 (말 끊으며 버럭) 아유, 하여간! 회식만 했다 하면, 왜 다들 남자 여자 못 엮어서 안달이세요? 정말 너무 구시대적이고, 고리타분하고! 재미도 없고!

조용해지며 모두 놀라서 윤지원을 보고 있다.

윤지원 (너무 나갔나...) 뭐 그렇습니다. 제 생각은. ...바람 좀 쐬고 올게요.

비틀거리며 나가는 윤지원. 선생님들 다시 떠들기 시작하면, 홍태오 가만히 보다가 따라 나간다. 석지원 나가는 둘을 보다가, 술잔을 들어 마시는 데서.

#55. 편의점 앞. 밤

서 있는 윤지원. 홍태오 편의점에서 나온다. 손에는 꿀물 음료를 들었다.

홍태오 (뚜껑을 열어 건네며) 난 이걸 먹으면 술이 좀 깨더라구요.
윤지원 (받고) 감사합니다. (마시면)

홍태오, 결심한 듯 입을 열려는데 술에 취한 사람 서넛이 요란하게 편의점으로 들어간다.

홍태오 우리 좀 걸을까요, 조용한 데로?

#56. 선술집 옆 조용한 골목. 밤

석지원, 벽에 붙어서서 담배를 하나 꺼내 물고, 라이터를 켜는데 저만치서 윤지원과 홍태오 나란히 걸어온다. 당황해 불 끄고, 주변 둘러보면 막다른 골목이고, 몇 발자국 떨어진 곳에 상자와 드럼통들이 높이 쌓여 있다.
엉겁결에 그 안으로 몸을 숨기는. 윤지원과 홍태오 그 앞까지 걸어온다.

윤지원 (애써 웃는) 조용하네요. 이제 말씀하세요, 선생님.
저 들을 준비 됐습니다.
홍태오 예?
윤지원 제 고백에 대한 답하시려는 거 알아요.
홍태오 (긁적이며) 오래 답을 못 줘서 미안해요.
내가 생각이 좀 많아요, 늙어서. (웃는)
윤지원 (담담한 얼굴로 보고 있으면)
홍태오 먼저 나 같은 사람을 좋아해 줘서 고마워요, 윤 선생. 근데 윤 선생은 아직 젊고 좋은 사람이고 좋은 선생님이고... 날 만나기에는 너무 아까워요. 나는... 자격이 없어요. 아무리 생각해도 그래.

윤지원 (예상했던 답이라 끄덕이는데, 불쑥 눈물이 솟는)

홍태오 어어... 윤 선생, 울지 말아요. 내가 너무 미안해서 이거...

윤지원 아뇨... (하는데 목이 메어서 말을 못 잇고)

/

상자들 틈에서 석지원, 굳은 얼굴로 듣고 있다. 틈 사이로 윤지원의 우는 얼굴이 보이자 더욱 언짢아지는데.

/

홍태오 (어쩔 줄 몰라 하다, 손수건을 꺼내 건네면) 미안해요.

윤지원 (받아서 벅벅 눈물을 닦으며) 선생님, 제가 차여서 우는 게 아니고요.
그건 예상을 했어가지고 괜찮은데.
지금 우는 건 그냥 여러모로 요새 사는 게 너무 쪽팔려서...
그래서 그런 거니까 미안해하지 않으셔도 돼요. (훌쩍거리면)

/

석지원, 이유는 알 수 없지만 화가 나는 게 화가 나고.

/

홍태오 (어깨를 어설프게 토닥이며) 윤 선생...

윤지원 그러니까 죄송한데 먼저 좀 가주세요. 저 좀만 있다 들어갈게요.

홍태오 그러지 말고 같이...

윤지원 (코를 힝 풀고 훌쩍이며) 부탁드립니다.

홍태오, 어쩔 수 없이 윤지원을 두고, 연신 뒤돌아보며 멀어져 가면.
윤지원, 석지원이 숨은 상자에 머리를 쿵 박으며 스스로에게 짜증이 나는.

윤지원 아 진짜...! 술은 왜 먹어가지고! 고백은 왜 해가지고!!

/

상자 안쪽 석지원. 속상하고 짜증 나고 화도 난다.

윤지원에게 들키지 않기 위해 한 발 더 뒤로 물러나는데 뭔가에 발이 걸려 뒤로 휙 넘어지는. 놓였던 커다란 드럼통에 엉덩이가 쏙 빠지고 만다.
놀라서 억!! 소리 지르다 다급히 입을 틀어막는다.

#57. 상동. 밤

석지원의 비명에 윤지원, 으아악!! 소리 지르며 맞은편 벽으로 피한다.
/
석지원, 어떻게든 빠져나가려 이리저리 몸을 움직여보지만, 소용이 없다.
오히려 움직이는 바람에 엉덩이가 더 빠져 다리가 달랑 들린다. 미치겠고.
/
윤지원, 주변을 둘러보면 더럭 무섭다. 서둘러 걸음 옮기려는데 들리는 목소리.

석지원(E) (가냘프게) 윤 선생님…
윤지원 (!!! 놀라 우뚝 섰다가, 긴가민가… 다시 걸음을 옮기려는데)
석지원(E) (아주 조금 크게) 유… 윤지원…!

갸웃하는 윤지원. 천천히 상자 뒤로 돌아가 보면, 눈 질끈 감은 채 드럼통에 엉덩이가 낀 석지원이, 수치심에 파들파들 떨고 있다.

윤지원 (못 볼 걸 봤다는 듯) 미친…
석지원 (눈 뜨고, 뻔뻔하게 나가기로 한다. 손 내밀며 쿨하게)
그렇게 됐다. 좀 꺼내주라?
윤지원 이제 하다 하다… 여기 숨어서 엿들었니?

석지원 (순하게) 숨은 게 아니라 피한 거야. 갑자기 오니까…

윤지원 굳이 여기로 피해서 다 듣고 있었다?

석지원 (내민 손 애처롭게 흔들며) 일단 좀 꺼내줘, 나가서 얘기하자.

윤지원 (버럭) 다 들었냐고!

석지원 (버럭) 그래! 다 듣고 다 봤다! 다 늙은 아저씨한테 차이고, 울고!
아니 그 새끼는 뭔데 너를 차!

윤지원 (말없이 한참을 보다가) 꼭 니가 왔어야 했어?

석지원 말했잖아. 내가 먼저 와 있…

윤지원 굳이 우리 학교에 와야 했냐고. 내가 있는데.

석지원 (가만히 보는)

윤지원 아닌가, 내가 있어서 왔나, 내가 어떤 꼴로 있나 궁금해서?
보고 비웃어주려고?

석지원 (차갑게) 니가 뭔데. 니가 나한테 뭐라고, 내가 널 보러 여기까지 와?
착각 마세요. 윤 선생님.

윤지원 (이를 악물며) 날 보면 짜증이 난다고? 석지원, 나도 너 진짜 싫어.
끔찍해! 알아? (획 몸 돌려 간다)

가는 윤지원을 허탈하게 보는 석지원, 그 와중에 쿵- 하고 엉덩이가 한층 더 깊이 빠진다. 질끈 눈을 감는 석지원에서.

#58. 선술집 화장실. 밤

윤지원, 울었던 눈가를 물로 대충 적시고, 종이 타올로 눌러 닦는다.
거울을 보며 잠시 갈등하는 표정이 되지만, 곧 고개를 내저으며.

윤지원 알아서 하라지, 나쁜 새끼.

#59. 선술집 옆 조용한 골목. 밤

여전히 조용하고 아무도 없다. 정적 속에서 쿵- 윽- 하는 소리가 연이어 들려오고, 쌓여 있던 상자 두어 개가 투둑 무너진다.

#60. 선술집 창문 앞. 밤

허리를 짚은 채 천천히 걸어오는 석지원. 엉덩이와 팔과 허리가 온통 엉망이다.
이를 악물고 걸어오는데, 선술집 벽에 난 창문으로 소리가 새어 나온다.

윤지원(E) 와 진짜 집요하시네요. 예, 죽었다 깨어나도 이사장님이랑은 안 사귑니다. 사내고 교내고, 아니 이 지구에 저랑 이사장 둘만 남아도 안 사귈게요. 지구 끝과 끝에 살면서 평생 안 만나고 그냥 혼자 늙어 죽을 겁니다. 이사장님도 그럴걸요? 그니까 이제 진짜 그만! 좀 제발 그만!!

사람들 웃는 소리, '독하네', '그 정도로 싫은 거야?', '마셔!' 등등 연이어 들리면.
석지원, 주먹을 꽉 쥐며 삐뚤어진 웃음을 짓는다. 다시 걸음을 옮기는.

장온유(E) 미친 라일락이요?

#61. 선술집. 밤

호기심 가득한 얼굴의 장온유.

맹수아 (끄덕이는) 있어요. 학교 벤치 뒤에 있는 게 전부 라일락 나문데 그중

하나가 꽃이 피었다 말았다 하거든요.

장온유 그럴 수가 있어요?

인서트 > 1회 #61. 라일락 벤치. 낮

음료수를 마시며 앉아 있는 차지혜와 정민지.

저만치 끌고 나오려는 윤지원과 버티는 석지원이 보인다.

그 주위로 서 있는, 꽃이 활짝 핀 라일락 나무들.

그 사이에서 꽃이 피지 않은 앙상한 라일락 나무 한 그루가 보인다.

변덕수 웃긴다니까, 어느 해에는 펴. 근데 다음 해 안 펴서 죽었나 보다 하면 그다음 해에 또 보란 듯이 펴. 그래서 미친 라일락인데...

그때, 무심한 얼굴로 자리로 돌아오는 석지원.

윤지원, 저도 모르게 석지원을 힐끗 보지만 곧 눈길 거두고.

맹수아 어, 이사장님 바지가... 엉덩이가...

석지원 (못 들은 척 자리에 앉고)

차지혜 (작게) 어디 갔다 와?

석지원 ...담배 피러.

장온유 우와, 신기하다.

이재규 그래서 뭐 그 미친 라일락이 꽃을 피우는 해는 고3들 대학을 잘 가고, 아닌 해는 망이다. 이런 미신도 돌고 그랬지.

변덕수 대학은 지들이 공부를 열심히 해야 잘 가는 거지 뭔...

차지혜 올해는 피려나?

윤지원 (술 마시고 무심히) 이제 더는 안 피지 않을까? 할아버지가 애지중지 돌보시는데 4년째 안 폈어.

이재규 (자조적으로) 아, 그래서 우리 진학률이...

다들 와르르 웃는데.

석지원　(불쑥) 필 수도 있죠.

모두 응? 하는 얼굴로 보면,

석지원　필 수도 있잖아요.
윤지원　안 핀다니까요.
석지원　말라 죽은 건 아니잖아요. 윤 선생님은 어떻게 그렇게 확신합니까?
윤지원　4년째 안 폈다니까요?
석지원　40년도 아니고, 5년째인 올해 필 수도 있죠.
윤지원　안 핀다고요.
석지원　피면요.

선생님들, 이게 뭔가 다들 멀뚱멀뚱 보는데.

변덕수　아니 애들아, 이게 뭐라고. 니들 왜 그래에?
윤지원　안 펴요, 글쎄.
석지원　피면 어떡할래요?
윤지원　(흥, 비웃고) 안 피면 어떡하실 건데요?
석지원　어떡할까요, 안 피면?
윤지원　뭐 이사장 자리라도 내놓으실래요?
차지혜　윤쌤, 농담이 심하네. 무슨 그런,
석지원　내놓죠. 이사장 자리.
이재규　…미친 라일락에 이사장 자리를 거신다고요? 미친…(하다 입을 막는)
윤지원　(당황해서) 아니…
석지원　근데 피면요, 윤 선생님은 어떡하실래요?
윤지원　(갸웃하는, 이거 어디서 많이 본…) 피면…
석지원　(뚫어지게 윤지원을 보다가) 나랑, 연애합시다. 라일락꽃 피면.
윤지원　(!!!!)

모두 눈이 커다래진다. 다 같이 마법에 걸린 듯 얼어붙어 아무도 아무 말이 없다.
숨 막히는 정적 속에서, 자는 줄 알았던 공문수가 스윽 몸을 일으켜, 윤지원을 본다.
차지혜가 차갑게 굳은 얼굴로 석지원을 본다.

변덕수　(박수를 짝) 어! 기억났다! 기말고사 내기! 윤지원이가 이기면 졸업 때까지 누나라고 부르는 거였고, 석지원이가 이기면 …사귀자 그랬지! 윤지원이랑! 지금처럼!

맹수아　대박…! 누가 이겼어요?

변덕수　윤지원이.

맹수아　헐, 그럼 이사장님 윤쌤한테 누나라고 불렀어요?!

어린석지원(E)　(착잡한) 누나.

#62. 놀이터. 밤 (과거)

석지원이 윤지원의 그네를 잡아 멈추게 한 상황이다.
윤지원, 진심으로 싫은 표정으로 석지원을 보고 있다.

석지원　봐, 너도 싫지… 못 듣겠지? 누나 소리.

윤지원　(벌떡 일어나는) 완전 징그러! 그러게 누가 지래!
몰라 니가 져서 그런 거니까 앞으로 누나라고 불러! (가려는데)

석지원　(따라 일어나, 윤지원을 잡아 세워 마주 본다)

윤지원　됐어, 안 봐줘.

석지원　(진지하게) 누나 나랑 사귀어.

윤지원　(!!) 뭐?

석지원　내가 생각을 해봤어. 그때 내가 왜 너한테 이기면 사귀자고 했을까.

윤지원　나 엿 먹이려고.

석지원　(고개 젓고) 나한테 너는, 태어나 보니 옆에 있었고 엄마가 놀지 말라는데 놀고 싶었고, 너만 이기면 된다는데 져도 상관없었고, 만나면 싸우기만 하는데, 안 보면… 보고 싶었어.

윤지원　너 지금…

석지원　그래, 언제부터 뭐 때문에 좋아했는지 기억도 안 날 만큼,
이게 사랑이 맞는지 나도 헷갈릴 만큼 오래된 감정이야.

윤지원　(빨갛게 달아오른 얼굴로 눈만 껌벅이고 있으면)

석지원　내기 걸면서 확실히 알았어. 나는…

#63. 독목고 화장실. 낮 (과거)

세면대 앞에 선 석지원. 혼란스러운 표정으로 거울을 본다.

인서트 > 보건실. 낮 (1회 #64.에 이어지는)
문 앞에서 돌아보는 석지원.
윤지원의 교복 치마와 긴 머리가 바람에 나풀거린다.

세차게 고개를 흔들고는, 물을 틀어 마구 세수를 하는 석지원.

#64. 복도. 낮 (과거) (1회 #65.에 이어지는)

윤지원과 김동운을 놀리며 가는 학생회 아이들.
문 앞에 혼자 남아 문단속을 하는 석지원. 가는 아이들 틈에서 환하게 웃는 윤지원과 그 옆에 선 김동운을 멍하니 본다.

#65. 라일락 벤치 근처. 낮 (과거) (1회 #67.에 이어지는)

벤치에 앉은 윤지원과 김동운의 뒷모습 보이고, 두리번거리는 남학생. 옆 수풀에 웅크린 누군가의 등을 발견한다.

남학생 ...석지원?

석지원, 벌떡 일어나 공을 들고나오며 남학생을 냅다 벤치와 먼 쪽으로 밀기 시작하는.

남학생 뭐야, 공 찾으러 가서 여기서 뭐 하냐?
석지원 (괜히 미워서, 쥐어박으며) 찾았잖아! 방금 찾았어, 방금!

남학생을 끌고 가며 슬쩍 보면.
윤지원, 김동운에게 뭔가 열심히 말하고 있다.

#66. 학교 앞. 밤 (과거)

차지혜와 정민지 걷고 있고, 약간 뒤에 윤지원과 석지원이 나란히 간다.

석지원 (무심히) 주말에 비와.
윤지원 뭐?
석지원 집에 있으라고. 괜히 나돌아다니지 말고.
윤지원 뭔 상관?
차지혜 (돌아보며) 윤! 와봐!
윤지원 어! (하고 가려는데)
석지원 (잡으며) 말했다. 비온다고. (하고는 휙 먼저 걸어가 버린다)
윤지원 ...뭐래.

#67. 분식집. 밤 (과거) (1회 #71.에 이어지는)

기계적으로 돈가스를 먹는 석지원, 일을 하던 아주머니 둘이 놀란 얼굴로 TV 앞에 다가서는 모습을 본다. 뭐지 싶어 뒤돌아보는.
곧바로 하얗게 질려 벌떡 일어나는 석지원, 그대로 달려 나가는 데서.

#68. 병원 응급실. 밤 (과거)

사고로 다친 사람들과 경찰, 의료진, 구급대원들이 뒤엉켜 어수선한 응급실.
비를 흠뻑 맞은 채 달려 들어오는 석지원. 초조한 얼굴로 두리번거리며 사람들을 살피다가, 멈칫하는. 누군가를 보고는 다급히 그쪽으로 달려가는 데서.

#69. 구립도서관 정문. 밤 (과거)

불이 꺼진 구립도서관 주차장을 겸하는 마당이다. 비 내리는 소리만 요란하다.
새로 산 우산을 그냥 손에 들고 터벅터벅 걸어 들어오는 석지원.
저만치 지붕이 있는 자전거 보관소가 보이고, 두어 대 놓인 자판기와 벤치. 가방을 껴안고 벤치에 앉아 졸고 있는 윤지원이 있다. 고개가 뒤로 넘어갈 듯 말 듯.
멍하니 서서 한참 윤지원을 보는 석지원.

#70. 병원 응급실. 밤 (과거 #68.에 이어지는)

사람들을 헤치고 가 누군가의 어깨를 짚는 석지원.
돌아보는 사람, 간이침대에 앉아 있는 김동운이다. 팔에 깁스 정도만 하고 있다.

석지원 (목소리 떨리는) 윤지원은?

#71. 구립도서관 정문. 밤 (과거)

천천히 윤지원을 향해 걸음을 옮기는 석지원, 그 위로,

김동운(E) (풀 죽어서) 혼났어요. 기말고사가 코앞인데 무슨 서울이냐고. 전교 1등이 우습냐고... 주말 내내 도서관에 있을 거래요.

안도감과 허탈함으로 피식 웃는데, 석지원의 옆을 지나 주차장에 들어서는 자가용.
멈춰 서는 석지원.
차에서 윤재호와 윤호석이 내려 자는 윤지원을 깨운다. 눈을 비비며 차에 올라타는 윤지원.
석지원, 차가 다른 출구로 빠져나가는 모습을 보고 서 있다.

#72. 놀이터. 밤 (과거) (#62.와 이어지는)

석지원, 긴장했지만 단단한 얼굴로, 윤지원을 똑바로 본다.

석지원 ...나는 너 좋아해. 윤지원.
윤지원 (빤히 본다)

#73. 선술집. 밤 (현재) (#61.에 이어지는)

팽팽하게 서로를 보고 있는 석지원과 윤지원.

윤지원　지금 무슨 헛소릴 하시는 거예요?

석지원　(윤지원 보며) 꽃 피면 연애하자고요, 나랑.
난 이사장직을 거는데 윤 선생님도 죽기보다 하기 싫은 거 정도는 걸어야지. 안 그렇습니까?

윤지원　와 진짜…

석지원　왜요? 아… 겁나나 보다, 질까 봐.

윤지원　내가 왜 져요. 그 꽃 안 핀다고!

석지원　그러니까요. 내기를 해, 말아?

윤지원　(입술을 깨물고 보다가) 하, 해요! 합시다! 누가 뭐 겁나?

그 말에 한쪽 입꼬리만 올려 씨익 웃는 석지원.
눈에 힘을 주고 석지원을 노려보는 윤지원. 두 사람의 살벌한 눈싸움에서.

사랑은 외나무다리에서 2회 끝.

제 3 회

#1. 선술집. 밤

2회 엔딩에 이어, 서로를 노려보고 있는 석지원과 윤지원.
살벌한 침묵 속에서 선생님들 눈만 껌벅이고 있는 그때, 벌떡 일어나는 공문수.
모두의 시선이 향하는데, 공문수 윤지원을 똑바로 보며.

공문수 선생니…(하는데 토기가 치미는. 우욱 하며 입을 틀어막으면)

주변 선생님들 기겁하며 피하고, 홍태오와 이재규가 비틀거리는 공문수를 챙기느라 분위기 소란해진다.

#2. 상동. 밤

일부는 공문수를 데리고 나가고, 먼저 나간 사람들 짐을 챙기고 계산하느라 바쁜 선생님들. 그 와중에 여전히 대치하듯 마주 선 석지원과 윤지원.

이웃고 테이블에 둘만 남는다. 계산대 앞에 선 차지혜가 고개 돌려 두 사람을 본다.

윤지원 (겉옷 입으며) 치사하고 비겁하신 줄만 알았는데 유치하기까지 하시네요.

석지원 (짐 챙기며) 그 유치한 내기에 기꺼이 응하신 분이 누구시더라?

윤지원 (이 악물고) 재밌으세요?

석지원 (씩 웃으며) 글쎄요, 그 나무에 꽃이 피면 꽤 재밌을 것 같은데요?

윤지원 한 학기도 못 채우고 쫓겨날 때도 재밌을지 한번 봅시다.

석지원 (으쓱하며) 둘 중 하나는 무조건 재밌겠네요. 그럼 됐지 뭐.

둘, 잠시 더 노려보다가 동시에 문으로 향한다. 연신 서로 째려보며 먼저 나가겠다고 걸음 빨리하다가 동시에 문에 끼이면, 윤지원이 야무지게 석지원을 밀고 먼저 가게를 빠져나간다.

#3. 독목고 전경. 낮

등교하는 학생들로 붐비는 교문. 저만치서 석지원의 차가 서행해온다.

#4. 라일락 벤치. 낮

커피를 손에 들고 어이없다는 얼굴로 서 있는 윤지원.
보면 미친 라일락 앞을 범죄 현장의 폴리스라인 마냥 노란 테이프로 빙 둘러놓았다.
테이프에 '윤지원쌤 접근금지' 등 장난스러운 멘트들 적혀 있고.
신난 얼굴의 맹수아 다가오는.

맹수아 크으… 회식이 어젯밤이었는데. 우리 애들 참… 부지런하다 그치?

윤지원 이게 다 너 때문이야.

맹수아 왜 이래, 난 순수하게 이사장을 꼬시려고 회식에 불렀는데 거기서 뭐 꽃이 피면 연애를 하네 마네 하면서 내 작고 여린 흑심에 찬물을 끼얹은 게 누군데!

윤지원 꽃 같은 소리 하네. 내가 장담하는데 절대 안 피거든?
그니까 연애는 개뿔,

하는데, 저만치서 웅성대는 소리, 장난스러운 휘파람 소리 들린다.
보면 차에서 내린 석지원이 걷고 있다. 큭큭거리며 윤지원과 석지원을 번갈아 힐끗대는 학생들 사이를 뻔뻔한 얼굴로 스쳐 지나는 석지원.
맹수아와 짧게 인사를 주고받고는 간다.

윤지원 …저 자식이 굴욕적으로 이사장 자리에서 쫓겨나는 게 엔딩이야!

석지원 보란 듯 거침없이 노란 테이프를 뜯고 들어가 벤치에 털썩 앉는 윤지원.
거칠게 아이스 커피를 벌컥벌컥 마신다.

#5. 이사장실. 낮

눈을 감고 자리에 앉아 있는 석지원. 앞에는 지경훈이 곤란한 얼굴로 서 있다. 석지원의 앞에 놓인 핸드폰에서 석경태의 커다란 목소리가 흘러나온다.

석경태(F) 취임식 무조건 해. 무조건!! 마을 사람들 죄다 부를 거니까 크고 성대하게! 윤재호 그 양반 기가 팍 죽게!
(사이) 마, 너 듣고 있어?

석지원 아버지, 저는…
석경태(F) 아, 됐고! 행정실장 바꿔. (크게) 거기 있지?

지경훈 얼른 달려와, 핸드폰을 들어 귀에 댄다. 연신 예, 예, 대답을 하다 끊고는.

지경훈 그냥 참석만 하세요. 저희가 다 알아서 하겠습니다. 이사장님.
석지원 (피곤한) 네. 최대한 조용히 작게, 하는 둥 마는 둥 그렇게 해주세요.
지경훈 (미안하지만 그건 안 돼…) …최선을 다하겠습니다.

지경훈 나가고 나면, 석지원 두통이 오는 듯 찌푸리며 이마를 짚는다.

#6. 교무실. 낮

운동복 차림의 윤지원. 자리에 서서 이리저리 몸을 푼다. 출석부 등을 들고 가려는데 다가오는 이재규.

이재규 (폰을 들여다보며 다가온다) 윤쌤, 수업? 운동장?
윤지원 네, 지금 나가려고요.
이재규 (눈 피하며) 4교시니까 끝나고 점심 같이 먹을까, 우리 창체부? 의논할 일도 있고.
윤지원 네? 네… 뭐…
이재규 운동장 나가는 길이면 보건실 들러서 홍쌤도 점심시간에 식당으로 오라고 좀 해주라. 전활 안 받네.
윤지원 (!) 아… 네. (하다가 이재규 살피며) 선생님.
이재규 응?
윤지원 또 일 맡으셨죠?
이재규 (서글픈 얼굴로 끄덕이며) 다들 바쁘대. 우린 뭐 한가한가?

근데 내가 부장 중에 젤 막낸 걸 어떡하겠어…
윤지원 뭔데요, 이번엔?

#7. 보건실 앞. 낮

문 앞에 서 있는 윤지원.

윤지원 (다짐처럼 중얼) 나는 어색하지 않다. 아무렇지 않다…

크게 심호흡을 하고 비장하게 문을 연다.

#8. 보건실. 낮

문을 쾅 열며 세상 어색하게 들어오는 윤지원. 문 닫는 것도 잊었다.
캐비닛 앞에 서서 약들을 정리하던 홍태오가 문소리에 놀라 뒤돌아본다.

홍태오 오, 윤쌤, 왔어요?
윤지원 (외운 것처럼) 네, 저 왔습니다. 다름이 아니라, 이재규 선생님께서 창체부 점심 같이 하자세요. 이사장인지 뭔지 취임식을 또 우리가 맡았다네요?
홍태오 아… 그렇구나. (하다 윤지원 뒤쪽 보고 눈 커지는)
윤지원 (어색해서 아무 말) 하하, 정말 취임식은 무슨… 뭐 이쁘다고.
맨날 선생님들만 개고생이네요, 그쵸?
홍태오 (아니라고 절레절레 고개 흔들면)
윤지원 미친 라일락을 제가 확 뽑아버릴까 봐요? 그러면,
석지원(E) 그러면 반칙입니다.

윤지원, 놀라 돌아보면, 문에 삐딱하게 기대어 선 석지원.
홍태오. 머리만 긁적인다.

윤지원 (아무렇지 않은 척) 아니 왜 기척도 없이…

석지원 문이 활짝 열려 있어서 기척 할 새도 없이 복도에서부터 들리던데요. 이사장인지 뭔지가.

윤지원 (헛기침을 하며 눈을 피하면)

석지원 불만이 많으시네요, 제 취임식에.

윤지원 그렇다기보다… 걱정이 돼서요.

석지원 내 걱정?

윤지원 그렇잖아요, 괜히 취임식하고 금방 나가시게 되면 뭐랄까, 모양이 좀 우스워질 수도 있다… 뭐 그런?

석지원 (안타깝다는 듯) 아, 어제 그 내기를 계속 신경 쓰고 계셨구나. 난 깜박했었는데.

윤지원 뭐라고요?

석지원 (윤지원을 지나쳐 홍태오에게 가며) 그냥 결과 나오면 깨끗이 승복합시다. 꽃이 필까 말까 신경 쓰고, 잠 못 이루고, 하루 종일 그 생각만 하고, 그러지 말고요.

윤지원 내기에 거신 게 시시하셔서 그게 되시나 보다. 저는 진짜, 말 그대로 죽기보다 싫은 게 걸려 있어서 이사장님처럼 쿨하기가 어렵네요.

석지원 (보다가) 그건 뭐 제 알 바는 아니고. 나무는 건드리지 맙시다. 치사하고 비겁한 짓이니까.

윤지원 (애매하게 끄덕이고는, 고개 돌려 홍태오 보며) 선생님, 저 가볼게요.

홍태오 (미소로) 네, 이따 봐요.

홍태오, 윤지원이 나갈 때까지 보고 있다가, 눈을 돌리면
지그시 홍태오를 보고 있는 석지원. 홍태오 저도 모르게 흠칫한다.

cut.to

홍태오, 의자에 앉아 있는 석지원에게 두 개의 알약을 건네며, 눈을 피한다.

홍태오　드신다는 두통약은 처방약이라 보건실엔 없고, 급한 대로 이거 드세요.
석지원　(여전히 홍태오를 보며 받아서 물과 함께 먹는다) 감사합니다.

다 먹고도, 계속 앉아 보건실을 스윽 훑어보고는, 다시 홍태오를 물끄러미 본다.

홍태오　(부담스럽다) …뭐 더 필요하신 거라도…?
석지원　(말없이 본다)
홍태오　…아니면 저한테 하실 말씀이라도…
석지원　(뭔가 말할 듯 입을 달싹거리다가, 그냥 일어나며) 아닙니다. 수고하십시오, 그럼.

쉬는 시간이 끝남을 알리는 종이 울린다.
석지원, 나가고 나면 홍태오, 작게 한숨을 내쉬며 의자에 털썩 앉는데.
다시 똑똑 문 두드리는 소리, 얼른 돌아본다. 문 열리고 들어오는 여학생, 고해수다.
홍태오, 자리에서 벌떡 일어나는 뒷모습에서.

(E) 삑- 날카롭게 울리는 호루라기 소리.

#9. 운동장. 낮

호루라기를 입에 문 윤지원. 2-1반 학생들 어슬렁거리며 모이고 있다.

윤지원　(다시 한번 삑 불고) 얘들아, 빨리빨리 좀 모이자. 종 쳤잖아.

드디어 대열을 맞춰서 선 학생들.

윤지원 자, 오늘은 배구 서브를 배워볼 건데.

하는데, 뒤늦게 달려와 줄에 합류하는 고해수.
윤지원과 눈이 마주치면 죄송하다는 듯 고개를 숙인다.
윤지원도 주의를 주듯 고개 한 번 까딱하고는, 바닥에 놓아둔 공을 집어 드는 데서.

#10. 교직원 휴게실. 낮

둘러앉아 있는 창체부 선생님들, 윤지원, 맹수아, 홍태오.
이재규가 캔 커피를 하나씩 놓아주며 웃는다.

이재규 자, 그래서 취임식 누가 맡을래?
(윤지원 보며) 우리 윤 선생이 이런 행사 진짜 잘하긴 하는데.
맹수아 맨날 윤쌤만 시키니까 잘하게 된 거 아닐까요?
이재규 아니 뭘 또 그렇게 가나…
맹수아 제가 하겠습니다, 이건.
홍태오 저도 같이 할게요.
이재규 보건쌤이 달랑 한 명이라 보건실을 비울 수가 없는데 이런 행사를 어떻게 맡아요, 해 본 적도 없으시잖어.
맹수아 뭐, 혼자 가능합니다.
이재규 이번 주부터 차지혜 선생이랑 같이 수학 경시대회 출제한다면서?
장승조 선생이 수아 선생 이런 일 시키지 말래. 수학과 부장 되더니 아주 콧대가 장난 아냐. (아련하게 다시 윤지원을 보면)
윤지원 뭐예요, 그럼 저로 이미 낙점하고 오신 거네요?
싫습니다. 저도 진짜 바빠요, 선생님.

이재규　알지, 새 학긴데 윤 선생도 당연히 바쁘지. 그리고 윤 선생이 취임식 준비까지 하기에는 좀 그런 거 나도 알아, 아는데…

윤지원　(보고 있으면)

이재규　(결심한 듯 벌떡 일어나며) 그래, 해도 너무하네. 내가 교감쌤한테 다시 얘기해보께. 하지 마, 윤 선생 하지 말어!

호기롭게 나가는 이재규. 남은 셋, 기대감 없이 보고 있다.

맹수아　웬일이래. 밀어붙이실 줄 알았더니.

홍태오　오늘 주식장이 좋은가 보네요.

윤지원　(심란하다)

#11. 체육관. 낮

공문수, 공과 매트 등을 정리하고 있다. 윤지원, 한쪽 벽 앞에 서 있는데 벽 중간부터 물이 흐른 자국이 선명하다. 깔아 둔 걸레들로 바닥을 훔치는 윤지원.
제 일을 끝낸 공문수가 달려와 얼른 걸레질을 돕는데, 슬쩍슬쩍 윤지원을 본다.

윤지원　체육관이 낡아서 보수를 한다고 해도 비만 오면 이래.
새벽에 잠깐 내린 건데도 난리네.
그니까 여기 벽 아래에는 되도록 뭘 두지 마, 알았지?

공문수　(보며) 넵. (하고 계속 보면)

윤지원　…그냥 놀려. 궁금한 거 묻든가. 어제 자느라 못 봤을 거 아냐.

공문수　예?

윤지원　쌤들, 애들, 여사님들, 경비 아저씨까지 전부 한마디씩 하고 갔으니까 공쌤도 궁금한 거 있음 물으라고.

공문수 (씩 웃고) 어젯밤 그 내기요?
윤지원 (끄덕이면)
공문수 저 진짜로 궁금한 거 있는데 물어도 돼요, 선생님?
윤지원 말해. 백 명이 물으나 백 한 명이 물으나.
공문수 (빤히 윤지원을 보다가, 진지한 얼굴로 한발 다가오는)
윤지원 (살짝 긴장해서) …뭐?
공문수 (말할까… 망설이는 표정이다가, 탁 풀어지며) 내일 점심시간에 급식 말고 같이 나가서 돈가스 먹어도 돼요?
윤지원 …되겠니?
공문수 제가 사드려도요? 급식이 너무 맛이 없어요…
윤지원 되겠냐고.
공문수 (시무룩해지면)
윤지원 (절레절레 고개 흔들고 간다)
공문수 어디 가세요?
윤지원 골대 고치러.

#12. 사택. 마당. 낮

한편에 세워진 낡은 승용차. 목장갑을 낀 지경훈이 보닛을 열어 살피고 있고 그 옆에는 윤재호가 서 있다.

지경훈 (웃으며) 아버지, 너무 운행을 안 하셨는데요?
윤재호 (멋쩍은) 그렇지…? 어째 점점 겁이 나. 지원이 애비 에미 그리 가고 나서는 오히려 이 악물고 했는데…
지경훈 (표정이 가라앉은 채 계속 살피면)
윤재호 작년부턴가 운전석에 앉으면 괜히 울렁거리고 눈도 침침하구… 그냥 없앨까 싶다?
지경훈 (보닛 닫고 운전석 쪽으로 간다) 그래도 갑자기 필요한 일이 있을지도 모르잖아요.

#13. 차 안. 낮

지경훈 운전석에 앉아, 시동을 걸면 부드럽게 걸린다.
룸미러에 달랑거리는 작은 사진. 뒤로 〈양소 고속〉 현판 앞에서 60대인 윤재호와 30대인 윤호석, 지경훈이 활짝 웃으며 찍은 사진이다.
잠시 보다가 시동을 끄고 내리는 지경훈.

#14. 사택. 마당. 낮

차에서 내리는 지경훈.

지경훈 잘 걸리네요.
윤재호 (기특해서) 우리 호석이야 어려서부터 차 박사였다지만,
너는 재무팀장으로 앉혀 놨는데 언제 정비 기술까지 배웠냐?
머리가 좋은 놈은 뭐가 달라도 다르구만.
지경훈 호석이가 잘 가르쳐 줘서 그래요.
윤재호 고맙다. 오랜만에 세차나 한번 해야겠구나.
지경훈 가볼게요.
윤재호 그래 수고해라.

지경훈, 돌아서 가는 데서.

#15. 이사장실. 낮

고민이 많은 얼굴로 앉아 있는 석지원.
앞에는 <독목산 리조트&골프장 개발 사업계획서>가 놓여있다.
소파 자리에는 이기하도 앉아 컴퓨터를 들여다보며 빠르게 타이핑을 하고 있다.
석지원, 계획서를 넘겨 가며 심각한 얼굴로 보고 있다가, 문득 고개를 돌리면, 창밖으로 멀리 축구 골대에 윤지원과 공문수, 김 기사가 붙어서 골대를 수리하고 있다.
골대 고정팩을 힘 있게 꽂고 있는 윤지원. 힘들어 보이는 얼굴이다.

석지원 (저도 모르게 중얼) 아니 무슨 선생이 저런 걸...

하는데, 똑똑 문 두드리는 소리. 화들짝 놀라 얼른 시선 거두고 허둥댄다.
이기하 일어나며 "네!" 하고 대답하면. 문 열리고 들어서는 차지혜.

차지혜 (웃으며) 잠깐 시간 있어?

cut.to
석지원과 차지혜만 있다. 소파에 앉은 차지혜에게 티백이 담긴 잔을 놓아주고, 맞은편에 앉는 석지원. 마주 보는 두 사람에서.

#16. 라일락 벤치. 낮

지친 얼굴로 터벅터벅 걸어와 벤치에 덜렁 눕는 윤지원.
팔로 눈을 가리고 잠깐 숨을 고르는데, 그 위로 드리워지는 그림자.
기척을 느끼고, 팔을 거두는 윤지원. 보면 석지원이 서서 윤지원을 내려다보고 있다.

윤지원　(짜증 나서) …놀래라. 뭡니까?

석지원　(복잡한 눈으로 보다가) 너…

윤지원　너? 너어?

석지원　그래, 너 윤지원.

윤지원　(몸 반쯤 일으키며) 이보세요!

하는데 들리는 목소리.

강영재(E) (책망하듯) 윤지원 선생은 사람이 왜 그러나?

순간 당황하는 두 사람. 석지원 한 발 나가려는데, 윤지원 저도 모르게 석지원을 끌어 앉히고, 저도 다시 눕는다. 그사이 교감 강영재와 이재규가 약간 떨어진 벤치에 등을 보이고 앉는다.

석지원　(쪼그려 앉은 채) 이게 더 이상한 거 모릅니까?

윤지원　(조용하라고 입에 손가락을 갖다 대며) 아는데요. 지금 딱…

강영재(E) 아니, 뒷담화가 아니고 말이야.

석지원　(포기하고, 신경질 섞인 얼굴로 한숨을 내쉰다)

#17. 다른 벤치. 낮

교감과 이재규 나란히 앉아서.

강영재　사람이 공사를 구분할 줄 알아야지.
집안끼리 껄끄러운 건 껄끄러운 거고 본인밖에 시간이 안 되는걸,
개인적인 감정을 갖고 와서 하네 마네 응? 그게 맞냐는 말이야.
나 때는 말이야, 위에서 하라 그러면 밭도 매고 논도 갈았어.

이재규　교감 선생님 말씀이 맞죠. 다 맞는데… 윤 선생도 꼭 시간이 남아돌고

그런 건 아니거든요. 되게 바빠요, 하는 일이 얼마나 많은데요.

강영재 참 내… 비교과가 바빠 봤자 뭘 얼마나 바쁘다고.

이재규 (곤란한 웃음으로) 아유 교감 선생님, 그런 말씀하심 안 되세요! 윤 선생 이뻐하시면서. 체육과 아유, 할 일 많은 거 아시잖습니까.

#18. 라일락 벤치. 낮

석지원 일어나려는데, 있는 힘껏 잡는 윤지원. 석지원 고개 돌려 보면, 윤지원 무표정한 얼굴이다. 강영재와 이재규 일어나, 건물 쪽으로 걸어가며.

강영재(E) 군말 없이 일 잘할 때나 이쁘지.

이재규(E) 아무튼 이건 제가 교무부장님하고 다시 얘기해서 조정해 보겠습니다. 교감 선생님 신경 안 쓰시게.

강영재(E) 나나 이사장이 문제가 아냐, 회장님 뿌듯하시게 원하시는 대로 크고 화려하고 성대하게! 해야 한다고. 반드시!

이재규(E) 예, 예, 알죠. 압니다…

두 사람 멀어지면, 잡았던 석지원을 밀치듯 놓고, 몸을 일으키는 윤지원. 석지원도 일어난다. 잠시 눈이 마주치는 두 사람. 석지원 뭔가 말하려는데 벌게진 얼굴로 휙 지나쳐 가는 윤지원에서.

#19. 교무실. 낮

"수고하셨습니다", "가보겠습니다" 인사를 나누는 선생님들.
대부분 퇴근하고 교무실 한가한데. 맹수아, 퀭한 눈으로 노트북을 들여다보며 문제를 출제 중이다. 자리로 오는 윤지원.

윤지원 퇴근 안 해?

맹수아 야근 확정. (벌떡 일어나며 지갑을 챙긴다) 보건실 가지 않을래?
샌드위치 사 가지고. 내가 쏘께!

윤지원 맹쌤은 보건실이 그렇게 좋아?

맹수아 그거 알아? 홍쌤이 너한테는 다정한데 나한텐 좀 쌀쌀맞은 거.

윤지원 (씁쓸한) 알지. 나도 그런 줄 알았지…

맹수아 날 싫어하는 남자들이 많지 않거든. 흥미로워.
분명 내가 달갑지 않은데 천성이 다정해서 못 쳐내는 그 안절부절을 보는 재미? 얼른 가서 괴롭혀야지. 안 가?

윤지원 난 집에 갈 거야. 너-무 피곤해.

맹수아 알았어. 낼 봐!

맹수아, 나가고 나면, 윤지원 제 자리로 돌아와 책상을 대충 정리하기 시작하는데.
교무실로 들어오는 강영재. 휘둘러보다가 윤지원을 발견하고는 곧장 다가온다.

강영재 윤 선생님, 퇴근하시나?

윤지원 (돌아본다) 아, 네. 교감 선생님.

강영재 그러면은, 저기 내 부탁 하나만.

윤지원 부탁이요?

강영재 내일 우리 학교에서 교감 회의를 하는데, 맨날 과자 나부랭이나 올려놓으려니까 내가 면이 안 서. 중앙고 김 교감은 저번에 아니, 망고를 내놓더라고.

윤지원 네…

강영재 (카드를 툭 내밀며) 시내 나가서 과일 좋은 걸로 좀 사 와요.
배달시키지 말고. 경산청과 알죠? 거기 가서 직접 보고 좋은 걸로다가, 넉넉하게 사서 내일 준비 좀 해줘요.

윤지원 (보고 있으면)

강영재 (카드 살짝 흔들며 웃는) 공적인 부탁이잖어. 수고 좀 해줘요, 응?

윤지원 (카드를 받아 든다) 예. 알겠습니다.

#20. 교문 근처. 낮

천천히 걸어 나오는 윤지원. 잠깐 멈춰서 운동화 끈을 다시 묶는다.
그때 자전거를 타고 와 윤지원 곁에 서는 공문수.

공문수 선생님, 어디 가세요?

윤지원 (일어나며) 공쌤, 과일 좋아해?

공문수 저 수박 킬러예요. 그래서 빨리 여름이 왔음 좋겠어요.
지금은 철이 아니라서 수박이 엄청 비싸잖아요.

윤지원 수박...? 오케이.

공문수 갑자기 과일은 왜요?

윤지원 그냥 물어봤어. 퇴근해.

공문수 어디 가시는데요?

윤지원 (천천히 뛰기 시작한다) 심부름!

공문수 (자전거로 속도 맞추며) 저 심부름 되게 잘하는데, 같이 가요. 타세요!

#21. 동네 다리. 낮

놀란 얼굴의 공문수. 보면, 문수의 자전거와 비슷한 속도로 달리고 있는 윤지원.
윤지원, 이를 악물고 뛰고 있다.

#22. 교무실. 교감 자리. 낮

콧노래를 흥얼거리며 걸어오는 강영재. 흠칫 놀란다.
보면 강영재 자리에 앉아 있는 석지원과 서 있는 지경훈.

강영재　(활짝 웃으며) 아니, 우리 이사장님께서 무슨 일이십니까?
(살갑게) 어떻게, 저녁은 드셨,

석지원　(일어나며) 취임식 준비부터 진행 전부 외부에서 인력 데려와서 할 거니까, 행정실, 교사, 학생 아무도 참여시키지 마세요.

강영재　예? 그게 무슨… 아유 그런 거는 저희가 다 알아서,

석지원　하지 마시고 그냥 계십시오.

강영재　아니, 그래도 회장님께서…

석지원　(말없이 보면)

강영재　…알겠습니다. (지경훈 보고 눈을 껌벅껌벅)

지경훈　(모른다고, 고개 절레절레)

석지원, 그대로 짧게 인사하고 문을 열고 나가는 데서.

#23. 주차장. 오후

강영재, 차로 다가와 문을 여는 참인데, 문자 메시지가 오는 소리.
무심히 열어서 본다.

강영재　경산청과… 칠만 구천… (하다 눈이 커지는) 칠… 칠… 칠십구만 원?

#24. 연못가. 오후

주변이 나무들로 우거진 작은 저수지. 물가 작은 터에 낡은 의자 두어 개. 랜턴 하나. 물통 하나, 책 몇 권 있다. 마치 아지트 같다.

의자에 나란히 앉은 윤지원과 공문수. 공문수 품에 수박 하나를 들고 있다.
윤지원, 전화 진동이 오는데 슬쩍 보고는 받지 않고 그냥 엎어둔다.
두려운 얼굴로 이리저리 둘러보는 공문수.

윤지원 공쌤, 그만 가라니까? 무서워하면서 있지 말고.
공문수 물귀신이 나온다면서요. 이런 험한 데 선생님만 두고 어떻게 가요?
윤지원 나오라지. 여기 드나든 지 어언 18년.
나야말로 거의 지박령 아니야?
공문수 대체 왜… 혼자 이런 델 오시는 거예요…
윤지원 귀신이 나오니까. 사람이 아무도 안 오거든.
공문수 (보는)
윤지원 (지그시 눈을 감는다) 아… 춥고 좋다.

#25. 차 안. 오후

석지원 운전 중이다. 조수석에 앉은 이기하 노트북을 무릎에 펼치고 열심히 작업 중이다.

이기하 (석지원 보는) 그래도 운전은 제가 해야 되는데.
석지원 보고서 6시까지라며. 얼른 써.
이기하 감사합니다. 다 써가요.

신호에 걸려 차가 서면, 창밖을 내다보는 석지원.
도로 옆으로 펼쳐진 강을 물끄러미 본다.

인서트 > 연못가. 밤
고요한 물에 퐁당퐁당 던져지는 돌.

빵- 하고 울리는 경적. 석지원 화들짝 놀라, 다시 출발한다.

이기하 괜찮으십니까? 그냥 보고서 좀 늦게 내고 운전 제가...
석지원 됐어. 나 운전 좋아해. 그냥 잠깐 옛날 생각 하느라 그런 거야.
이기하 아... 여기가 고향이라고 하셨죠? 그리운 걸 떠올리셨나 봐요.
석지원 (씩 웃는) 응. 귀신이 나오는 연못인데.
이기하 귀신이요? 이 근처에 말씀이십니까?
석지원 응. 바로 옆이야.
이기하 (석지원의 표정을 물끄러미 보다가) 그럼 한번 가보시지,
뭘 그렇게 아련하게 떠올리기만 하십니까?
석지원 가도 될지 잘 모르겠어서.
이기하 그런 말이 있더라고요. 해도 후회, 안 해도 후회라면 해보고 후회하라.
석지원 (보고 피식 웃으면)
이기하 인터넷에서... 봤습니다.
석지원 진짜 그럴까?
이기하 후회는 같지만 안 가본 길에는 미련도 따라붙으니까요.
석지원 (다시 창밖 강을 물끄러미 본다)

#26. 연못가. 오후

윤지원과 공문수 가위바위보를 할 참이다.

공문수 그냥 같이 다녀오면...
윤지원 가위바위보!

동시에 내고, 공문수가 진다. 삐죽거리며 일어나면.

윤지원 아까 오는 길에 봤던 슈퍼로 가면 돼. 맥주 4캔에 만 원에 팔거든.

공문수 같이 가지…

윤지원, 단호히 고개를 저으면 두리번거리며 뒤돌아 걷는 공문수.

윤지원 참, 공쌤.
공문수 (고개 돌리려 하며) 예?
윤지원 (진지하게) 가는 길에 무슨 소리가 들려도 절대 뒤돌아보면 안 된다.
공문수 (헉) 아 진짜! 그만 놀리세요!

하면서도 목이 한껏 뻣뻣해져서 앞만 보고 가는 공문수. 윤지원 껄껄 웃는다.

#27. 상동. 오후

혼자 앉아 작게 일렁이는 물결을 멍하니 보고 있는 윤지원.
뒤에서 부스럭거리는 소리 들리면, 씩 웃으며 돌아본다.

윤지원 올, 빠른데? (하다 놀라서 그대로 굳는)

보면, 윤지원만큼이나 놀란 얼굴의 석지원이 서 있다.
윤지원이 드나든 흔적이 역력한 주변을 둘러보는 석지원.

윤지원 학교에서도 그렇고, 오늘 저 미행하시는 거 아니죠?
석지원 …여길 계속 왔었습니까?
윤지원 (멈칫했다가) 왜요, 오면 안 돼요? 뭐 이 땅도 그쪽 회사에서 사셨나? 그냥 한가한 데서 물멍이나 때리고 싶을 때 오는데요, 전?
석지원 …여기가, 그냥 한가한 데는 아니잖아요, 우리한테?
윤지원 (가만히 보다가, 차갑게) 이사장님. 우리라니, 그런 불쾌한 말씀 하지 마세요. 옛날 일 들먹이지 말자고 분명 서로 합의했던 거 같은데. 왜 사람들 앞에서 돼먹지 못한 내길 걸고, 또 여긴 왜 와서 찌질하게 구십니까? 뭐, 우리한테 뭔데요, 여기가.

노을이 진다. 둘 말없이 서로를 보고만 있다.
쨍하게 맑은 날씨인데 어디선가 비 내리는 소리가 들리기 시작하면서.

#28. 구립도서관 자전거 보관소. 밤 (과거)

벤치에 앉아 내리는 비를 보며 생각에 잠긴 윤지원.

윤지원(E) 넌 내가 왜 좋아?

#29. 라일락 벤치. 낮 (과거 1회 #67.에 이어지는)

풀 죽은 얼굴로 걸음을 옮기다 홱 뒤돌아보는 김동운. 눈이 촉촉하다.

김동운 실컷 차 놓고 그런 건 왜 물어요.
윤지원 …궁금해서. 나 본 지 얼마 되지도 않았잖아.
아는 것도 별로 없고. 근데 어떻게 니 마음을 그렇게 확신해?
김동운 (빤히 보다가) 아는 것도 없고, 만난 지도 얼마 안 됐고, 성격 드럽기로 유명한데…
윤지원 이 씨…
김동운 근데 자꾸 생각이 났어요. 처음 본 순간부터요. 정신 차려 보니까 하루에 삼천 번쯤 선배 생각을 하고 있던데요.
이게 좋아하는 게 아니면 뭐예요?
윤지원 (괜히 민망해서) 야, 하루가 스물네 시간인데, 삼천 번은 좀 오바…

김동운　아, 진짜!
윤지원　(눈 내리깔며 입을 다물면)
김동운　(원망스레 보다 다시 휙 몸을 돌려 간다)
윤지원　(심각한 얼굴로 생각에 잠기는)

#30. 구립도서관 자전거 보관소. 밤 (과거)

#28.의 표정 그대로 심각한 얼굴로 내리는 비를 보는 윤지원.

인서트 > 2회 #66. 학교 앞. 밤
석지원　*주말에 비와.*

질끈 눈을 감으며 한숨을 푹 내쉬는 윤지원. 가방에서 주섬주섬 단어장을 꺼낸다.
휙휙 넘기면 빽빽한 영어단어가 나오다가 어느 페이지부터 바를 정(正) 자가 무질서하게 그려져 있다. 맨 뒷장에는 페이지 가득 빽빽하다. 4획만 그어진 마지막 '정'에 5획을 찍 긋고, 신경질적으로 단어장을 덮는다.

윤지원　(짜증으로 고개를 홱 뒤로 젖혀 허공에 대고) 미쳤나 봐 진짜.
내가 이 자식을 왜… 언제부터? 무슨 이유로? 도대체 왜?! 왜!!

다시 질끈 눈을 감으며 크게 한숨을 내쉬는 데서.

#31. 놀이터. 밤 (과거 2회 #62.와 동일)

석지원　(고개 젓고) 나한테 너는, 태어나 보니 옆에 있었고 엄마가 놀지 말라는데 놀고 싶었고, 너만 이기면 된다는데 져도 상관없었고, 만나면 싸우기만 하는데, 안 보면… 보고 싶었어.

윤지원 똘, 너 지금…

석지원 그래, 언제부터 뭐 때문에 좋아했는지 기억도 안 날 만큼,
이게 사랑이 맞는지 나도 헷갈릴 만큼 오래된 감정이야.

윤지원 (빨갛게 달아오른 얼굴로 눈만 껌벅이고 있으면)

석지원 내기 걸면서 확실히 알았어. 나는…

윤지원 (빤히 본다)

석지원 나는 너 좋아해, 윤지원. 너는… 나 싫어?

윤지원 좋겠냐?

석지원 (실망으로 고개를 떨구는데)

윤지원 (눈 피하며) …조용히 고백하지. 전교생 앞에서 삭발하게 생겼잖아!!

석지원 (눈 커지는) 너 지금 그 말… 무슨 뜻이야? 그거… 지금 그 말…

윤지원 (답답해서 버럭) 무슨 뜻이긴! 사귀어! 사귀자고!

윤지원 말해 놓고 너무 부끄러워 빨개진 얼굴을 손으로 감싸 쥐고 몸을 돌리려는데,
그대로 와락 윤지원을 껴안는 석지원. 작게 웃기 시작한다.
곧이어 윤지원도 킥킥 웃는다. 서툴지만 진심을 다해 서로를 껴안은 두 사람에서.

#32. 교실. 낮 (과거)

칠판에 커다랗게 적힌 〈여름방학〉 교탁 앞에 선 선생님, 30대 초보 교사 변덕수다.
아이들은 방학에 들떠 벌써 가방 메고 시끌시끌하다.

변덕수 얘들아, 방학이라고 어디 위험한 데…(하는데)

아이들 (합창한다) 안 가요!!

변덕수 그… 그래. 너무 놀지만 말고, 이제 방학 끝남 2학기 금방 가고 너네…

아이들 (합창) 고3 된다!!

변덕수 그치. 고3 돼… 잘 아네… 그래, 다들 방학 건강하게 잘 보내고.
(눈짓하면)

윤지원 (벌떡 일어나 빠르게) 차렷! 인사!

아이들, 이미 달려 나가며, "감사합니다", "방학 잘 보내세요!" 인사하고.
짧게 한숨 한번 내쉬고 씩 웃으며 텅 빈 교실을 둘러보는 변덕수에서.

#33. 골목. 낮 (과거)

숨이 턱에 차게 뛰고 있는 윤지원. 잔뜩 신난 얼굴이다.
그때 윤지원의 옆으로 뛰어 들어오는 누군가, 고개 돌려 보면, 석지원이다.
윤지원만큼이나 활짝 웃고 있다. 함께 달리며 손깍지를 끼는 둘.
잡은 손을 보며 수줍고 행복하다. 같이 키득키득 웃으며 햇살 속을 달린다.

#34. 연못가. 낮 (과거)

주변이 나무로 우거진 커다란 못. 조용하고 아늑한 분위기.
커다란 나무 그늘에 앉은 윤지원과 석지원. 맴맴- 매미 소리가 들려온다.

석지원 음… 아무도 안 오는 데가 여기야?

윤지원 (해맑게 끄덕이며) 좋지? 여길 줄 생각도 못 했지?

석지원 여기서 물귀신 봤다는 사람이 하도 많아서, 그 진술이 너무 일관돼서 사람들이 알아서 발길을 끊었다는 거 너도 아는 거지?

윤지원 스릴 넘치고 좋잖아.

석지원 동네 빤한데 언제까지 숨어서 연애하냐?

윤지원 ...미안한데 우리 할아버지 너 되게 싫어해. 너희 할아버지 닮았다고.

석지원 울 아빠 아직도 술 취하시면 너랑 놀지 말라고 하셔.

윤지원 것 봐, 그리고 애들이 알면 나 진짜 큰일 나. 평생 놀림감이야. 그니까 티 내지 마.

석지원 나 티 안 내.

윤지원 어이구 그래서 학교에서 그렇게 쪼다처럼 피해 다녔냐 티 안 내려고?

석지원 어. 잘했지?

윤지원 (어이가 없어 웃는) 그래 자알 했다. 아주.

벌렁 눕는 윤지원. 햇살이 눈이 부셔 눈을 감는다. 석지원 가방에서 공책 하나를 꺼내 얼굴에 그늘을 만들어준다. 만족한 듯 윤지원이 웃으면, 슬쩍 공책을 치워 다시 햇볕을 쬐게 한다.

윤지원 (눈 못 뜨고, 입은 웃으며) 죽을래?

석지원 (계속 가렸다 말았다 장난을 치며) 우리 내일은 뭐 하지?

윤지원 (눈 감은 채 씩 웃는) 도서관.

석지원 (경악하는) 뭐어?

#35. 윤지원의 집. 정원. 아침 (과거)

정원 한편에서 잡초를 뽑느라 바쁜 윤재호와 지원 부, 지원 모.
현관문 열리고, 빨간 원피스에 작은 가방을 든 윤지원이 달려 나온다.

윤재호 아침부터 어디 가냐, 우리 손녀?

윤지원 (대문 열며, 신나게) 도서관이요! 다녀오겠습니다!

지원부　(멍하니 보다) 저 녀석이 우리를 바보로 아나?
지원모　방학 시작이니까 좀 봐줍시다.

세 사람 윤지원이 귀엽고 어이가 없어 웃는다.

#36. 기찻길. 낮 (과거)

초록이 난무하는 여름날. 기차가 시원하게 바람을 가르며 달린다.

#37. 여름 연애 몽타주

1. 기차 안. 낮

나란히 앉아 서로를 보며 재잘거리는 윤지원과 석지원.
석지원이 윤지원에게 귓속말을 하면, 꺄르르 웃는다.

2. 바닷가. 낮

맨발로 서로에게 물장구를 치며 노는 둘. 심취한 석지원, 힘 조절을 못 해 윤지원이 흠뻑 젖는다. 물을 뚝뚝 흘리며 토라진 척 휙 돌아서는 윤지원.
놀라 달래 주러 온 석지원을 냅다 밀어 물에 빠뜨리고 껄껄 웃는다.

3. 도서관. 밤 (다른 날)

나란히 앉아 공부에 열중한 두 사람.

4. 영화관. 밤 (다른 날)

손깍지를 끼고 영화 보는 둘. 윤지원 영화에 빠져 있고, 석지원은 윤지원을 본다.

5. 분식집. 낮 (다른 날)

마주 앉아, 떡볶이와 돈가스를 나눠 먹는다.

6. 놀이터. 낮 (다른 날)

화난 표정으로 석지원의 어깨를 때리고 뭐라 소리치고 돌아서는 윤지원.
놀던 꼬맹이들이 어리둥절해 쳐다본다.
마찬가지로 화가 나서 씩씩대다 반대 방향으로 휙 가는 석지원.

#38. 윤지원의 방. 밤 (과거)

우울한 표정으로 침대에 돌아누운 윤지원. 돌아누운 쪽에 커다란 창이 보이고 윤지원 창만 뚫어지게 보고 있다. 아무 일 없이 잠잠하면, 화가 치민 듯 협탁의 조명을 끄고 반대편으로 돌아눕는데.
그 순간 틱- 창문에 뭔가 부딪히는 소리 들리고, 윤지원, 뭔지 이미 알고 있다는 듯 벌떡 일어나 앉는다. 다시 한번 틱- 창문에 뭔가 날아와 부딪힌다.
삐져나오는 웃음을 참는데 틱- 틱- 연거푸 창문을 치는 소리 들리고.
조명을 켜고 창문 앞에 내려서면 다시 날아드는 돌멩이.
웃음기 지우고 새침한 표정으로 그제야 창문을 연다.
담벼락 아래 서 있는 석지원. 손에 작은 돌이 수북하다.

윤지원 (짐짓 퉁명스레) 뭔데?
석지원 (속삭이는) 다신 전화하지 말래서. 전화는 안 했다?
윤지원 (참다가 결국 웃고 마는) 치…
석지원 (손짓하며) 내려와!

#39. 연못가. 밤 (과거)

달이 밝다. 나무 아래 무릎을 세워 나란히 앉은 석지원과 윤지원.
윤지원, 돌을 집어 못에 퐁당퐁당 던진다.

윤지원　또 축구에 미쳐서 나랑 한 약속 잊고 그래라 엉?
석지원　나 올해는 그냥 축구 자체를 안 하려고. 너만 보려고.
윤지원　뺑치시네.
석지원　(씩 웃고) 다신 약속 안 잊을게. 근데 너도 약속 어겼어. 알어?
윤지원　내가 뭘?
석지원　원래 돌멩이 3번 던지기 전에 창문 열어주기로 했었잖아.
아무리 화가 나도 그러기로. 근데 오늘 일곱 번도 넘게 던졌거든.
나 울 뻔했어. 담엔 꼭 제때 창문 열어?
윤지원　(절레절레) 어이구 잘못을 안 할 생각을 안 하고…
석지원　(손가락 내밀며) 약속! 삼세번?
윤지원　(마지못해 걸어주면)
석지원　(빤히 윤지원을 보다 씩 웃는다)
윤지원　왜 웃어?
석지원　오랜만에 보니까 더 예뻐서.
윤지원　…반나절 안 봤거든.
석지원　어쨌든 예쁘다고.
윤지원　(장난으로) 어휴, 말만… 맨날 말로만. 예쁘면 예뻐해 주든가?

해놓고, 조용해서 보면, 석지원 진지한 얼굴로, 손을 뻗어 윤지원의 볼을 감싸고 슥 다가온다. 순간 바짝 긴장하는 윤지원. 눈만 껌벅이는데, 입술이 거의 닿을 듯 다가오자, 별안간 푸스스 웃음을 터뜨리는.

석지원　뭐 하는 거야…
윤지원　(참으려 하지만 계속 웃음이 나서) 아니 미안… 근데 기분이 너무 이상한데. 너무 웃긴데 너랑 키스를 한다는 게…
석지원　…나 안 해.

윤지원 (석지원 잡으며, 웃음기 지우고) 아이, 미안 미안. 안 웃을게.

석지원 (원망스레 보다, 다시 다가가는데)

윤지원 (다시 웃음 터지고)

석지원 아 진짜!

윤지원 미치겠네. 왜 웃기지? 아니 너는 안 웃겨?

석지원 (화난 말투로, 나직하게) 계속 웃을 수 있나 보자 너.

윤지원 웃긴데 웃지, 왜 못 웃…(하는데)

석지원, 웃고 있는 윤지원에게 곧바로 입을 맞춘다. 순간 흡- 하고 숨을 참는 윤지원. 입맞춤이 계속되자 석지원의 말대로 웃을 수가 없게 된다.
천천히 양팔로 석지원의 목을 감싸 안는 윤지원.
늦여름 바람이 불어 긴 윤지원의 머리가 바람에 날리고, 석지원이 그 머리칼을 쓰다듬는다. 세상에서 가장 소중한 것을 만지듯 황홀하게.

#40. 도서관 앞. 오후 (과거)

가방을 메고 나오는 윤지원. 핸드폰 진동이 느껴져서 꺼내 열어 보면, 석지원의 메시지 <애들이랑 있어. 근데 큰일 남> 윤지원, 답장을 쓴다. <왜?> 곧이어 오는 답장 <너 보고 싶어서. 어디야? 내가 갈게>
윤지원, 피식 웃고 답장한다. <할아버지 혼자 계셔서 집 감. 참아!>
하는데, 스윽 어깨 너머로 나타나는 차지혜.

차지혜 누구랑 문자 하는데 이렇게 좋아 죽지?

윤지원 (화들짝 놀라 핸드폰을 닫고) 어? 할아버지!

차지혜 쓰읍… 수상한데?

윤지원 (어색하게 웃으며) 뭐… 뭘… 수상해.

차지혜 됐고, 우리 강가에서 놀 건데 너도 가자!

윤지원 안 돼. 나 집에…

차지혜 (와락 어깨동무하며) 됐어! 방학 내내 얼굴 한 번 안 보여주고! 가, 무조건 가!

곤란해하는 윤지원을 막무가내로 끌고 가는 차지혜.

#41. 석경태의 회사 사무실. 낮 (과거)

무거운 표정으로 책상 앞에 앉아 있는 석경태.
문 열리고 들어서는 임원1(남, 50대) 표정이 좋지 않다.

임원1 대표님, 아무래도 구 사장이 땅을 윤재호 이사장한테 판 모양입니다, 연락을 전혀 안 받습니다.

석경태 (이를 악물고 벌떡 일어나려다 머리를 감싸 쥐며 다시 앉는다) 차 대기시켜요. 내가 갑니다.

임원1 괜찮으십니까?

석경태 (끄덕이고) 빨리!

#42. 마을 강가. 오후 (과거)

물이 깊지 않은 강의 하류다. 작은 텐트 하나 펼치고 돗자리도 넓게 펼쳐 놓았다.
콜라와 과자 따위가 널려 있다. 정민지와 유홍재가 돗자리에 앉아 얘기를 나누고,
석지원은 텐트에 상반신만 넣은 채 누워있다. 작게 음악이 흘러나온다.
그때 저만치서 걸어오는 차지혜와 윤지원.

정민지 (손들어 인사하며) 야 윤지원! 방학 내내 얼굴 보기가 왜케 힘드냐!

하는 순간, 움찔하는 석지원의 다리.

차지혜 지금도 안 온다는 걸 겨우 끌고 온 거야.
윤지원 (씩 웃으며) 부모님 여행 가시고 할아버지 혼자 계신다니까?
잘들 지냈냐?
유홍재 빨리도 묻는다. 내일이면 개학이거든?

꾸물꾸물 일어나 텐트 밖으로 나오는 석지원. 윤지원, 힐끗 보고는.

윤지원 똘도 있었네.
석지원 어. 어…
정민지 어쩜 좋아, 누나 눈을 아예 못 보네.
석지원 (어색하게 웃으며 유홍재 옆에 앉아, 괜히 콜라를 들이켜는데)
유홍재 방학 내내 둘이 한 번도 안 봤냐 설마?
윤지원 개학하면 보잖아, 학교에서.
석지원 …맞아.
차지혜 (절레절레) 뭔 이상한 내기 한 번 했다가 둘이 이게 뭐냐?
윤지원 (말 돌리듯) 아. 배고프다. 니들 배 안 고파?
유홍재 라면 끓여 먹을까? 각자 말한 거 챙겨 왔지?

#43. 마을 강가. 오후 (과거)

동그랗게 둘러앉은 다섯. 전부 어이없다는 얼굴이다. 보면 유홍재 앞에 버너, 차지혜 앞에는 냄비와 식기들, 정민지와 석지원 둘 다 작은 김치통 하나씩.

유홍재 (석지원 보며) 니가 라면이라고.

석지원 …김친 줄.

정민지 아 진짜! 정신을 어따 두고 사는 거야! 여기서 슈퍼 겁나 먼데!

차지혜 근데 지원이네 김치 진짜 맛있긴 해.

윤지원 (일어난다) 내가 사오께. 열 개면 되겠지?

유홍재 누나 멋있어요…!

저벅저벅 가는 윤지원. 정민지, 석지원을 툭 친다.

정민지 따라가.

석지원 어?

유홍재 그래, 가서 누나랑 화해 좀 하고 와.

석지원 아니 뭐…

차지혜 됐어. 내가…(하는데)

석지원 (벌떡 일어나며 중얼) 알았어! 뭐 어쩔 수 없지.
니들이 하도 가라고 하니까… 갔다 오께!

후다닥 윤지원을 따라잡는 석지원. 둘, 어정쩡하게 떨어져서 걸어가는 뒷모습에서.

#44. 마을 강가 일각. 오후 (과거)

서로 딴 곳을 보며 걷는 윤지원과 석지원. 동시에 슬쩍 뒤돌아보면 아이들 점처럼 작게 보인다. 배시시 웃으며 찰싹 붙어 손을 꼭 잡고 걷는 둘에서.

#45. 윤지원의 집 앞. 오후 (과거)

거칠게 와서 서는 차. 석경태 내린다. 분노와 절망으로 파랗게 질린 얼굴이다.
달려가 초인종을 누르는. 곧이어 대문을 쾅쾅 치기 시작한다.

석경태 이사장님! 이사장님...!!

하다 갑자기 밀려오는 두통에 잠시 대문에 머리를 기대고 거친 숨을 몰아쉰다.
다시 고개 들고 문을 두드리면, 툭 열리는 문. 이를 악물고 뛰어 들어가는 석경태.

#46. 슈퍼 앞. 오후 (과거)

라면이 든 커다란 봉지를 들고 발랄하게 나오는 윤지원. 순간 얼굴이 굳는다.
보면 저만치 앞에 서 있는 석지원과 한 여학생. 여학생이 수줍게 웃으며 편지와 작은 상자를 내밀면, 어색하게 웃으며 편지를 받는 석지원.

#47. 거리. 오후 (과거)

해가 지고 있다. 봉지 든 채 화가 나 걷는 윤지원과 따라 걷는 석지원.

윤지원 걘 니가 여기 있는 건 어떻게 알고 왔대?
석지원 아는 후배 친구야. 후배가 전화 와서 어디냐고 묻길래 말해준 거고.
윤지원 지극정성이네. 너 아주 좋아서 입이 찢어지더라?
석지원 아니라고 말했지. 그럼 어떡해. 주는걸?
윤지원 (목소리 커지려다, 겨우 이 악물고) 안 받음 되죠!

석지원 1학년이야. 어떻게 정색을 하냐. 마음은 거절한다고 했다니까?
윤지원 그게 무슨 거절이야, 여지를 준 거지!
석지원 그럼 너랑 사귀고 있다고 해? 말해?
윤지원 치사한 놈. 그 초콜릿 다 처먹고 이나 왕창 썩어라.
석지원 작작 해. 내가 아니라는데 너는 왜 내 말을 못 믿냐?
윤지원 뭘 작작 해. 내가 다 봤는데. 니가 못 믿게 하잖아?
석지원 아이 씨…
윤지원 아이 씨? (냅다 봉지를 휘둘러 석지원에게 던지고)
너 다신 연락하지 마. 그냥 하는 말 아냐,
진짜 진짜 다시는 나한테 연락하지 마!

휙 가버리는 윤지원. 석지원도 화가 나 봉지를 낚아채듯 주워 반대 방향으로 간다.

#48. 마을 강가. 저녁 (과거)

보글보글 끓고 있는 물. 그 곁에 모여 앉아 있는 유홍재와 차지혜, 정민지.
노을이 붉게 타고 있다.

정민지 아, 뭐야! 라면을 만들러 갔나, 이것들이!
유홍재 전화 계속 안 받아?
차지혜 메시지 남겼어. 야 일단 불 꺼. 물 다 쫄겠다.
정민지 (버너에 손을 뻗다가) 어! 온다!

보면, 걸어오는 석지원. 손에 커다란 봉지를 들고 있다.

정민지 왜케 늦게 와!

차지혜 윤은?

석지원 (굳은 얼굴로) 갔어.

유홍재 어딜?

석지원 집에.

차지혜 니들 또 싸웠구나.

석지원 아냐.

유홍재 뭐가 아냐. 너 지금 얼굴 씨뻘게 가지고... 맞았냐?

석지원 뭐래.

정민지 (유심히 본다) 어? 울었네? 맞고 운 거야?

석지원 (봉지 툭 내려놓고) 미친, 내가 왜 우냐? 더워서 그래 더워서!
슈퍼에서 여기까지 걸어오면 얼마나 더운지 알아?
(하고는 획 뒤돌아 걷기 시작한다)

차지혜 어디가?

석지원 (가면서) 약속 있는 걸 깜박했다. 내일 학교서 보자.

#49. 옛날 윤재호의 집. 서재. 밤 (과거. 2회 #33.과 동일)

대치하듯 서로를 노려보고 있는 윤재호와 석경태.

석경태 (머리가 핑 어지럽다. 참으며, 저주하듯) 언젠가 오늘 내게 준 모욕을 후회하실 겁니다, 이사장님.

윤재호 (한숨을 내쉬고) 경태야... (하는데)

석경태 (악을 쓰듯) 반드시!! 후회하게 만들...

하다, 극심한 두통에 머리를 짚으며 쓰러진다. 놀라서 일어나는 윤재호에서.

#50. 윤지원의 집 앞 골목. 밤 (과거)

홀쩍거리며 걸어오는 윤지원. 연신 손바닥으로 눈물을 닦아내며 걷고 있다.
그때 옆으로 요란한 사이렌을 울리며 지나가는 구급차.
멍하니 보다, 뭔가 불안한 예감에 달리기 시작한다.

#51. 윤지원의 집 앞. 밤 (과거)

달려오는 윤지원. 대문 앞에 서 있는 구급차. 서둘러 다가와 살피는데, 열린 문으로 들것에 실려 누워있는 석경태가 보인다. 그 옆에 앉아 있는 윤재호.
그리고 막 구급차에 오르는 또 한 사람, 얼굴이 하얗게 질린 석지원이다.
그 곁에 석지원의 핸드폰이 길바닥에 떨어지지만 아무도 보지 못하고.
마지막으로 올라타는 구급대원. 문을 닫는 찰나,
석지원과 윤지원의 눈이 짧게 마주친다. 혼란과 두려움으로 서로를 본다.

곧 쿵- 문이 닫히고 출발하는 구급차. 차 바퀴가 석지원의 핸드폰을 밟고 간다.
알아채지 못하고 멍하니 멀어지는 구급차를 보는 윤지원에서 암전.

#52. 교실. 낮 (과거)

가을이다. 춘추복을 입고 앉아 있는 학생들. 자습 시간인 듯 몇몇을 빼고는 다 자고 있는데, 무표정한 얼굴로 문제집을 풀던 윤지원, 고개를 돌려 보면 텅 비어 있는 석지원의 자리가 보인다.

#53. 버스 안. 밤 (과거)

나란히 앉아 하교하는 윤지원과 차지혜.

윤지원 (담담하게) 너한테도 전혀 연락 안 왔어?

차지혜 (끄덕이고. 속상한) 울 엄마 말이 아저씨 병원을 서울로 옮긴 것 같대. 회사도 결국 문 닫아서…
그 집 식구들 아무하고도 연락이 안 된다나 봐.

윤지원 (창밖으로 고개를 돌리면)

차지혜 (울먹이는) 그래도 그렇지. 어떻게 우리하고도 연락을 딱 끊을 수가 있냐… 석지원 진짜 너무해.

윤지원, 말없이 창밖만 본다. 어느새 나무들이 앙상한 겨울이다.

#54. 윤지원의 방. 밤 (과거)

책상 앞에 앉은 윤지원. 얼굴이 눈물범벅이다. 핸드폰으로 전화를 건다. 없는 번호라는 메시지가 흘러나오면, 종료 버튼을 눌렀다가 바로 다시 통화버튼을 누른다. 기계음만 들려오지만, 몇 번이고 전화를 걸어보는 윤지원.

#55. 상동. 아침 (과거)

문을 열고 들어오며 "너 아직도 자니?" 하는 지원 모. 깜짝 놀란다.
보면 윤지원이 책상에 엎드린 채 잠들어 있다.

지원모 (안쓰러워서) 지원아?

하며 조심스레 어깨를 잡아 흔드는데, 손길대로 축 늘어지는 윤지원. 이마에 땀에 흥건하다.

지원모 어머, 얘! 지원아. 여보! 여보!!

#56. 상동. 밤 (과거)

파리한 얼굴로 침대에 누워 잠들어 있는 윤지원. 협탁 위 조명만 켜져 어둑하다.
곁에 앉아 있던 지원 모가 이마를 짚어보고는, 조용히 일어나 방을 나간다.

#57. 서울. 핸드폰 대리점 앞. 밤 (과거)

핼쑥한 얼굴로 새 핸드폰을 들고나오는 석지원. 서둘러 어디론가 전화를 건다.

#58. 윤지원의 방. 밤 (과거)

협탁에 놓인 윤지원의 핸드폰이 진동한다. 천천히 뻗어오는 여자의 손에서.

#59. 석지원의 집. 베란다. 밤 (과거)

겨울이다. 낡은 연립 주택의 베란다에 서 있는 석지원.

믿을 수 없다는 눈으로 핸드폰의 메시지창을 보고 있다. 석지원이 보낸 메시지 〈윤지원. 나야. 여기로 전화해줘〉
그 아래 윤지원의 답장 〈다신 연락하지 말랬잖아〉
멍하니 보다 다시 전화를 거는데, 손이 덜덜 떨린다.
들려오는 소리 〈연결이 되지 않아 삐 소리 후…〉 하는 기계음. 재차 걸어보지만 마찬가지고.
절망으로 고개를 숙이는 석지원. 바닥으로 눈물이 뚝뚝 떨어진다. 암전.

#60. 윤지원의 집. 거실. 아침 (과거)

부엌에서 밥을 먹는 윤재호와 지원 부, 지원 모. 2층에서 내려오는 윤지원. 교복에 코트를 입었다. 가방을 메고 나가며.

윤지원 (담담하게) 다녀오겠습니다.
지원모 오늘 너 생일이니까 야자 하지 말고 와, 같이 저녁 먹게!
윤지원 응.

#61. 버스 안. 낮 (과거)

단어장을 들여다보며 앉아 있는 윤지원. 바깥 날씨가 흐리고 을씨년스럽다.
라디오에서 흘러나오는 기상 소식. - 저녁부터 서울에는 눈이 온다는 멘트.

학생1 여기도 눈 왔음 좋겠다.
학생2 그러게, 서울 바로 옆인데 서울만 오기 있냐?

윤지원, 고개를 들어 창밖을 본다.

#62. 놀이터. 밤 (과거, 여름)

쭈쭈바를 하나씩 입에 물고 그네를 타는 윤지원과 석지원.

석지원 아니 그니까, 안 헤어지면 되는데 왜 그런 가정을 해?
윤지원 혹시! 라고 했잖아. 혹시 우리가 어쩌다가 피치 못하게 헤어지더라도 첫눈이 오는 날에 무조건 남산 전망대에서 만나자고.
석지원 …왜?
윤지원 낭만적이잖아.
석지원 (갸웃) 우리가 헤어지는 게?
윤지원 아니 그건 아니지…
석지원 난 절대 안 헤어질 건데.
윤지원 하… 그래. 알겠다. 헤어지지 말자. 평생 보자 평생.
석지원 그냥 우리 서울로 대학 가면 같이 자물쇠나 달러 가자.
윤지원 그건 좀… 유치해서 별로.
석지원 쳇!

빼진 척하는 석지원의 그네를 마구 흔들며 장난을 치는 윤지원.

#63. 버스 안. 낮 (과거)

단어장을 가방에 집어넣고 천천히 일어나는 윤지원에서.

#64. 서울 버스 터미널. 낮 (과거)

흐리지만 눈이 오지는 않는다. 버스들이 줄지어 서 있고,
작은 종이가방을 들고 서서 버스를 기다리고 있는 석지원.

#65. 도서관 휴게실. 밤 (과거, 여름)

자판기 앞에서 콜라를 뽑아 마시는 석지원과 윤지원.
들고 있는 공책으로 석지원, 윤지원에게 부채질을 해주고 있다.

윤지원 우리 생일은 겨울인데 무슨 벌써 선물을 물어?
석지원 넉 달 반밖에 안 남았거든? 뭐 갖고 싶냐고.
윤지원 현금?
석지원 확!
윤지원 (큭큭 웃고) 그럼 목도리.
석지원 그래.
윤지원 (애교로) 직접 떠줘.
석지원 왜 이럴까 정말?
윤지원 빨간색으로, 직접 떠서 줘.
석지원 너는 학 천 마리 접어서 갖고 와라?
윤지원 콜.

어이가 없다는 듯이 웃는 석지원.

#66. 버스 안. 낮 (과거)

운전석 옆에 <양소행> 적혀 있는 시외버스다. 자리에 앉아 종이가방을 열어 빨간 목도리를 꺼낸다. 목도리라기엔 길이가 짧고 어딘가 엉성하다.

긴장한 얼굴로 한숨을 내쉬고는, 곱게 접어 다시 가방에 넣는다.
버스 출발하면, 커튼을 치고 고개를 기댄 후 눈을 감는 석지원.
커튼 사이로, 조금씩 눈발이 날리기 시작하는데 보지 못한다.

#67. 양소 터미널. 저녁 (과거)

버스에서 내리는 석지원. 눈은 내리지 않는다.

#68. 윤지원의 집 담벼락. 밤 (과거)

불이 켜진 윤지원의 창문을 올려다보고 있는 석지원. 복잡한 얼굴이다.
손에는 작은 돌멩이가 딱 3개 쥐어져 있다.
결심한 듯 하나를 집어서 던진다. 틱- 창에 맞고 떨어지는 돌멩이.
창문은 잠잠하다. 목이 아프게 창을 올려다보는 석지원.
뒤이어 두 번째 돌을 던진다. 틱- 창을 두드리는.

석지원 (간절한) 윤지원... 제발...

하지만, 창문은 여전히 고요하다. 마지막 하나를 던지려다, 차마 못 던지고 담벼락에 머리를 툭 갖다 대고 숨을 내쉬는. 돌을 쥔 손이 빨갛게 얼어간다.

#69. 남산 타워 앞 광장. 밤 (과거)

눈이 내리고 있다. 그 탓에 텅 비어 있는 을씨년스러운 광장의 모습.
저만치 앞에 기념품 가게가 셔터를 내리고 있다.

#70. 윤지원의 집 담벼락. 밤 (과거)

입술을 깨물고, 석지원이 마지막 돌멩이를 던지는데 그 순간,
윤지원의 방 불이 무심하게 툭 꺼진다. 깜깜한 창에 힘없이 닿았다가
떨어지는 돌.
석지원 믿을 수 없다는 듯 보다가, 무너지듯 담벼락에 주저앉는다.
양손으로 눈을 가리고 눈물을 참아보지만 곧 어깨를 들썩이며 서럽게
운다.

#71. 남산 타워 앞 광장. 밤 (과거)

희미한 가로등만 두어 개 켜져 있는 광장. 눈이 내린다.
사랑의 자물쇠들이 달린 철조망 앞 벤치에 윤지원이 앉아 있다.
윤지원, 울고 있다. 이를 악물고 참아보지만, 눈물이 멈추지 않고.
머리며 어깨, 발등에 속절없이 눈이 쌓여간다.

#72. 윤지원의 방. 밤 (과거)

불을 끄고 돌아서는 지원 모. 틱- 하는 작은 소리가 나지만 듣지 못한다.
문밖에 서 있는 지원 부.

지원부　얼른 나와요, 밥 먹게.
지원모　(나가며) 지지배 이제 컸다고 친구들하고 밤샘 파티를 해?
나 진짜 섭섭해요, 여보.

지원 부, 지원 모의 어깨를 감싸 데리고 가며, "우리끼리 신나게 먹읍시다."

#73. 남산 타워 앞 광장. 새벽 (과거)

더 이상 눈은 내리지 않는다. 어슴푸레 날이 밝아온다.
벤치에 멍하니 앉아 있던 윤지원이 옆으로 툭, 쓰러진다.

#74. 윤지원의 집 담벼락. 새벽 (과거)

아침이 밝아온다. 천천히 자리에서 일어나는 석지원.
표정이 지워진 얼굴이다. 후들거리는 다리로 천천히 걸어 나온다.
골목 한편에 세워진 쓰레기통에 목도리를 그대로 넣어버리고 가는 데서.

#75. 연못가. 저녁

여전히 마주 보고 서 있는 석지원과 윤지원.

윤지원　그런 눈으로도 좀 보지 마세요.
석지원　무슨 눈이요?
윤지원　내가 이사장님한테 무슨 잘못이라도 저지른 것처럼,
상처받은 그런 눈으로 보지 말라고요.
나야말로, 나는! 그쪽 덕분에 허구한 날 학교 사람들 입방아에 오르고
공과 사도 구분 못 하는 사람 취급받아도 참고 있으니까.
석지원　그건…
윤지원　취임식 준비? 하죠! 할게요! 학교 시다바리 경력이 차고 넘치는 제가
아주 잘 진행해 볼게요, 까짓거.
석지원　여기서 그 빌어먹을 취임식이 왜 나옵니까, 또?
윤지원　보여주려고요. 무슨 조선시대도 아닌데, 집안끼리 악연 운운하는 것도
솔직히 우습잖아요? 그러니 이사장님이랑 껄끄러울 것도 없고, 드럽

고 치사해도 월급 주는 학교, 시키는 일 착실히 하면서 열심히 다닐 거고, 죽기보다 싫어도 그쪽 얼굴 봐야 하면 볼 거고 그렇게 나는, 그쪽이랑 상관없이 잘 산다는 거 보여주려고요. 됐어요?

석지원 그래요?

윤지원 네!

석지원 알겠습니다. 그러세요, 그럼. 나야 마다할 이유가 없죠.

홱 돌아서서 가는 석지원.

#76. 연못가 근처. 저녁

화난 얼굴로 빠르게 걷고 있는 석지원. 그러다 작은 진흙 웅덩이에 발이 쑥 빠진다.
멈춰 서서 화를 억누르며 숨을 고르는 석지원.

#77. 이사장실. 낮 (회상. #15.에 이어지는)

마주 앉은 석지원과 차지혜.

차지혜 (미소로) 같은 학교에 있어도 얼굴 한 번 보기가 힘드네.
이렇게 내가 안 찾아오면.

석지원 곧 회사 복귀하니까 좀 바빴어.

차지혜 그래서 밖에서 저녁 한번 먹자니까 그렇게 거절했냐?

석지원 미안. 할 말이 뭔데.

차지혜 여기서 할 얘긴지 모르겠다.

석지원 해, 괜찮아.

차지혜 (잠시 보다가) 대체 왜 그런 내기를 또 걸었어, 윤지원한테?

석지원 그걸 왜 내가 너한테 설명해야 해?

차지혜 (서운한) 너 그렇게 전학 가고, 대학 입학했을 때,
내가 너 수소문해서 찾아갔던 거 기억하니?
그 뒤로도 무슨 날이면 전화해서 안부도 묻고, 졸업식에도 가고,
두바이 나갈 땐 공항까지 갔었어, 내가.

석지원 그래. 그러지 말라고 내가 매번 말해도.

차지혜 매번 밀어내도 버틴 이유가 뭐겠어? 내가 너 좋아하니까.
고1 때 같은 반 되고서부터 좋아했어. 쭉, 지금까지, 변함없이.

석지원 (눈을 질끈 감았다 뜨며) 지혜야.

차지혜 꽃이 피기라도 하면 어쩌게. 진짜 사귀기라도 할 거야? 옛날처럼?

석지원 (놀라서 굳은 얼굴로) ... 옛날처럼?

차지혜 (아차 싶지만, 곧 담담하게) 그래. 알고 있어. 그때 윤지원이랑 난 비밀이 없었으니까. 그래서 그 내기가 지금 윤지원하고 너한테 아무 의미도 없다는 것도 알아. 그치만 적어도 내 앞에서,

석지원 (혼란으로) 윤지원이 그걸 너한테 말했다고?

차지혜 ...그래.

석지원 윤지원이 우리 사이를 뭐라고 했는데?

차지혜 (가만히 보다가) 그때 둘이 아무도 몰래 사귀었다며. 고작 3개월.
니가 급하게 떠났으니까 그대로 끝이었고.

석지원 ...고작 3개월... 그대로 끝? 그렇게 말했어?

차지혜 왜, 뭐가 더 있어야 돼?

석지원 (차갑게) 넌 근데 그걸 알면서 나한테 그랬던 거고.

차지혜 그만큼 좋았어, 니가. 그러니까 이제 너도 날 진지하게 대해 줘.

석지원 (뭐라 말하려는데)

차지혜 거절하더라도 지금 하지 마. 시간을 들여서 날 신경 쓰고 불편해하고 생각해줘. 나한테 그 정도 예의는 지켜줄 수 있잖아.

석지원 (찌푸린 채 보고 있으면)

차지혜 (일어나며 투정처럼) 봐, 밖에서 저녁 먹자고 했지.
이런 말을 어떻게 학교 이사장실에서 하게 하니, 넌.

#78. 연못가 주변. 저녁

석지원, 신경질이 난 얼굴로 발을 빼내고, 괜히 근처에 있는 풀을 발로 차며 화풀이를 해 보다가, 문득 주변을 둘러보면, 어느새 어둑어둑하다. 휘잉- 하고, 비명 같은 바람이 분다. 그대로 걸음을 옮기려다가, 갈등하는 얼굴로 연못가 쪽을 돌아보며 고민하는 얼굴에서.

#79. 연못가. 저녁

씩씩거리며 서 있는 윤지원. 비닐봉지를 들고 공문수가 쭈뼛쭈뼛 다가온다.

공문수 (어색하게) 늦었죠, 제가. (맥주 꺼내서 따주며) 드세요, 선생님.
윤지원 (들었구나 싶고. 받으며) 고마워. 공쌤 건 안 샀어?
공문수 (음료수 꺼내며) 전 이거.
윤지원 마시자.

동시에 맥주와 콜라를 들이켜는 두 사람.

#80. 술집. 저녁

조용하고 작은 바. 혼자 앉아 술을 마시는 차지혜. 착잡한 표정이다.

#81. 윤지원의 방. (회상. #58.과 동일)

잠들었던 윤지원, 천천히 눈뜨면 침대 앞에 의자를 두고 앉아 있는 차지혜.

차지혜 (걱정으로) 깼어? 괜찮아?

윤지원 (물끄러미 보다) 너 야자는…

차지혜 (어이가 없어 웃는) 지금 야자가 문제야? 너 열나고 기절했대. 병원 갔다가 좀 전에 집에 온 거야. 기억나?

윤지원 (고개 젓고, 몸을 일으키며) 나 핸드폰 좀. 책상에 있어.

차지혜 (일어나 가져다주고)

윤지원 (열었다가 실망한 얼굴로 다시 닫는다)

차지혜 너 진짜 요새 왜 그러냐? 밥도 잘 안 먹고, 공부도 안 하고, 웃지도 않고.

윤지원 …전화를 안 해.

차지혜 응?

윤지원 (눈물이 그렁해서) 화났나 봐 나한테. 내가 다신 연락하지 말라고 마지막으로 한 말이… 다신 연락하지 말라고…

차지혜 누구 얘기하는 건데 지금?

윤지원 (무너지듯 지혜에게 안기며) 너무 보고 싶은데 전화를 안 해. 석지원은, 걔는 이제 나 미운가 봐. 우리 집 때문에 그렇게 돼서 이제 내가 싫은 거야.

차지혜 (충격으로 얼굴이 굳어서) 석지원…?

윤지원 (지혜의 품에 얼굴을 묻고 울음을 터뜨린다) 나 어떡하지, 지혜야…

차지혜 석지원이랑 너, 사귄 거야…?

윤지원 (정신이 없어 듣지도 못하고 울기만 한다)

차지혜 (한 손으로 윤지원의 등을 감싸 안지만, 얼굴 싸늘하다)

cut.to

잠들어 있는 윤지원. 의자에 멍하니 앉아 잠든 윤지원을 보고 있는 차지혜.

그때 윤지원의 핸드폰이 진동한다. 차지혜 들어서 보면 저장되지 않은 번호다.

보고만 있으면, 끊어지는 전화. 잠시 후 도착하는 메시지.
차지혜 천천히 핸드폰을 열어 확인하면, 〈지원아〉
메시지가 다시 온다. 〈윤지원 나야. 여기로 전화해줘〉
가만히 보던 차지혜 입술을 깨물고 떨리는 손으로 메시지에 답장을 한다. 곧이어 석지원의 메시지와 자신이 보낸 메시지 모두 삭제한다.
순간 작게 흐느끼며 뒤척이는 윤지원. 놀라 그런 윤지원을 보다, 조용해지면 통화 내역도 삭제하고, 걸려 온 번호를 수신 차단까지 한다.
핸드폰을 내려놓고, 천천히 일어나는 차지혜.
눈물이 툭 떨어지면 서둘러 닦고 방을 나간다.

#82. 거리. 저녁

비틀거리며 걷는 차지혜. 자괴감과 서글픔이 뒤섞인 얼굴이다.

차지혜　(취해서 내뱉듯) 니들이 나빴어. 나한테 그럼 안 됐어...

#83. 연못가. 저녁

윤지원 캔맥주를 따고 그대로 들이켠다. 끝까지 다 마시고 내려놓으면.

공문수　...선생님, 맥주 3개를 2분 만에 다 드셨어요.
윤지원　(넉살 떠는) 아, 왕년에는 1분 컷이었는데.
공문수　(놀라서) 예?
윤지원　(크크 웃고 일어나는데 살짝 눈이 풀려서) 가자, 그만. 해 지겠다.

살짝 비틀거리며 크게 기지개를 켜는데 그 바람에 물가 쪽으로 두어 발자국 내려서는 윤지원.

공문수　(수박 들며) 선생님, 위험해요, 이쪽으로…

하는데 주욱 미끄러지며 비명과 함께 그대로 물속으로 풍덩 빠지는 윤지원.
공문수, 놀라서 수박을 던지고, 주변을 둘러보다, 입고 있던 외투를 벗는 순간,
총알같이 달려와 그대로 연못에 몸을 날리는 석지원.
공문수 너무 놀라 보고 있고.

#84. 연못 물속. 저녁

허우적대는 윤지원, 그 옆으로 물보라를 일으키며 뛰어든 석지원.
두 사람의 눈이 마주치는 데서.

사랑은 외나무다리에서 3회 끝.

제 4 회

#1. 연못가 물속. 저녁

물속에서 눈을 꽉 감고 허우적대는 윤지원.

그때 그 곁으로 뛰어 들어온 석지원. 윤지원 놀라 눈을 뜨고 석지원을 보면, 석지원 윤지원을 향해 손을 뻗어 오는데.

#2. 연못가. 저녁

벗은 상의를 길쭉하게 엮어 물속에 막 던지려던 공문수.

그때 물속에서 윤지원의 얼굴이 쑥 올라오더니 벌떡 선다. 물 깊이는 허리 정도다.

벙찐 얼굴의 공문수. 들고 있던 팔을 내리면,

뻘쭘한 얼굴로 스윽 일어나는 석지원. 윤지원 어이없다는 표정으로 석지원을 보고, 석지원 눈을 피한다. 그 위로,

석지원(E) (단호) 저도 미끄러진 겁니다.

#3. 차 안. 밤

석지원의 차 안이다. 뒷좌석에 최대한 떨어져 앉은 윤지원과 석지원. 운전석에 앉은 공문수가 사 온 새 수건을 마구 뜯어 둘에게 건네주고 있다.

공문수 미끄러지셨다고요? 돌고래처럼 포물선을 그리면서 뛰어드시는 걸 제가 똑똑히 봤는데요.

석지원 …잘못 봤겠죠.

공문수 아무튼 다시 한번 말씀드리지만, 사람이 물에 빠졌을 때,
아무리 급하고 아무리 구하고 싶어도 냅다 뛰어드시면 절대 안 돼요.
주변에 잡을 수 있는 게 있음 던져주시고 그게 없으면,

석지원 힘이 빠질 때까지 기다렸다가 구할게요. 됐죠.

공문수 진짜… 아까 물이 안 깊어서 망정이지.

석지원 (창피하다. 수건으로 얼굴을 마구 문지른다)

윤지원 (혼잣말처럼) 거기 안 깊은 거 뻔히 알면서 왜…

석지원 (작게 웅얼) …미끄러졌다고요.

윤지원 (쳇) 공쌤, 미안해. 괜히 나 따라왔다가 못 볼 꼴을 봤네.

공문수 아니에요. 맥주 세 캔을 2분 만에 드실 때 말렸어야 했는데 제 탓이 커요.

윤지원 (마찬가지로 창피하다. 작게 한숨을 푹 쉰다)

창피한 두 사람, 슬쩍 눈이 마주치면 얼른 외면하는 데서.

#4. 독목고 회의실. 낮

멍한 얼굴로 둘러보는 강영재. 그 옆에 말간 얼굴로 선 윤지원.
보면 열 명 남짓한 자리가 세팅된 회의실. 각자의 자리마다 물과 작은 주전부리들.

그리고 수박, 멜론, 망고, 샤인머스캣 등등 지나치게 화려한 과일 접시가 놓여 있다.
윤지원, 강영재에게 공손하게 카드를 내민다.

강영재 (떨떠름) 수고... 했어요. 아니, 그런데...
윤지원 아닙니다. 좋은 걸로 다 넉넉하게 준비했을 뿐인데요.
교감 선생님께서 말씀하신 그대로요.
강영재 ...그렇구만. 나가 보세요.

깍듯하게 인사를 하고 나가는 윤지원. 털썩 자리에 앉는 강영재에서.

#5. 보건실. 낮

홍태오 자리에 앉아 노트북을 두고 서류를 작성 중이다. 앞에 놓이는 과일 접시.
고개를 들면 생긋 웃고 있는 맹수아. 앞에 놓인 의자에 앉는다.

홍태오 웬 과일이에요?
맹수아 (하나 집어 먹으며) 우리 윤쌤의 광기가 키워 낸 열매입니다.
홍태오 예?
맹수아 (하나 집어 입에 넣어주려 하며) 드세요. 무려 애플망고.
홍태오 (고개 돌리고 수아의 손을 밀어낸다) 제가 알아서 먹을게요.
맹수아 와, 딱히 두드린 적도 없는데 이 철벽 뭘까요. 흥미로운데?
홍태오 철벽 아닙니다. 그냥...
맹수아 그냥 부담스럽고 귀찮으니까 그만 좀 가라는 신호?
홍태오 (!!! 당황해서) 그, 그렇게까지 심하게 생각한 건 아니고.
맹수아 (시무룩해서 일어나며) 갈게요.
홍태오 (미안해서) 아니, 당장 가시란 뜻은 아닌데.

맹수아 (앉으며) 있을게요. 그럼?

홍태오 (곤란한 얼굴로 보다가, 한숨을 내쉬면)

맹수아 (크크 웃고 일어난다) 선생님은 정말 거짓말을 못 하시네요. 이렇게 순진하셔서 이 풍진 세상을 어찌 살아가시려고.

지친 표정의 홍태오를 두고 나가는 맹수아.

#6. 보건실 복도. 낮

맹수아 보건실 문을 열고 나오면, 앞에 서 있던 고해수가 얼른 인사를 한다.

맹수아 해수! 어디 아퍼?

고해수 두통이 좀 있어서요.

맹수아 (미소로) 그래 들어가 봐, 보건쌤 계셔. 참, 과일도 있어, 먹어.

고개 끄덕하고는 문 열고 들어가는 고해수. 맹수아 복도를 걸어가는 데서.

#7. 이사장실. 낮

상석에 석지원. 한쪽엔 지경훈과 강영재, 맞은편에 윤지원과 공문수가 앉았다.

지경훈 윤 선생님이 맡으신다고요?

강영재 (삐죽) 아니, 어젠 외부 인력 불러서 하신다고 선생님들 참여 말라고 그렇게 엄포를 놓으시더니…

윤지원 (내가 내 무덤을 팠구나!)

석지원 그럴까 했는데, 여기 윤 선생님께서 꼭, 본인이, 제 취임식을 맡고 싶다고 간곡히 부탁하셔서 마음을 바꿨습니다.

지경훈 (눈으로 진짜냐 물으면)

윤지원 (체념으로) ... 예, 제가 그랬네요...

지경훈 일이 또 그렇게... 그럼 윤 선생님하고 저하고 알아서 다 할 테니 이사장님은 아무 신경 안 쓰셔도,

석지원 아닙니다. 다들 이렇게 애써 주시는데 저도 너무 손 놓고 있기는 좀 그러네요. (윤지원 보며) 진행 상황 보고해주세요. 전부 다요. 윤 선생님께서 직접.

지경훈 (당황해서) 아, 저 이사장님...

윤지원 예, 알겠습니다!

석지원 (일어나 손을 내밀며) 그럼 잘 부탁합니다.

윤지원 (곧이어 일어나지만, 그냥 고개 숙여 인사하며) 나가보겠습니다.

석지원 (무안해진 손이 파르르 떨리면)

공문수 (벌떡 일어나 덥석 악수를 하더니) 취임식 파이팅...!

모두 일어나 방을 나간다.
석지원, 해사하게 웃으며 윤지원을 따라 나가는 공문수를 보는 데서.

#8. 사택. 윤지원의 방. 밤

편안한 차림의 윤지원 책상 앞에 앉아서 노트북을 전투적으로 두들기고 있다.
문 열리고 들어오는 윤재호.

윤재호 (안쓰러운) 학교 일은 너 혼자 다 하냐, 아직도?
못하겠다고 드러누워! 그놈 취임식을 왜 니가 맡어...

윤지원　(멈추고) 내가 하겠다고 나댄 거라 드러누울 수가 없네.
윤재호　왜 나섰어!
윤지원　(냅다 엎드리며) 몰라. 나도 내가 왜 그랬는지 모르겠어!
윤재호　...과일이라도 좀 깎아다 주랴?
윤지원　(고개 삐죽 들며, 어리광 부리듯) 사과 있어?
윤재호　(지원의 머리를 쓰다듬으며) 있지. 조금만 기다려라.

#9. 사택. 부엌. 밤

냉장고 문을 여는 윤재호, 작은 바구니에 사과와 귤이 옹기종기.
가만히 보다가 갸웃하는. 손을 뻗어 귤을 집어 드는 윤재호.

#10. 교사 식당. 낮

윤지원과 공문수, 맹수아가 함께 점심을 먹고 있다.
윤지원 밥을 오물거리며 A4용지를 넘겨보고, 공문수 반짝반짝 기대로 보고 있다.

공문수　어떠세요, 제가 쓴 취임식 계획서...
윤지원　(툭 내려놓으며) 공쌤... 취임식 축하 무대에 뉴진스를 어떻게 불러? 왜 이럴까, 정말...
맹수아　(빵 웃음이 터지면)
공문수　(시무룩) 이사장님 회사 돈 많잖아요.
윤지원　몇 번 말했지만 안 도와줘도 돼. 교생 일만 해도 정신없잖아.
공문수　그래도 우리는 한 팀인데 어떻게 그래요...
윤지원　말했지. 우린 그냥, 난 선생이고 넌 교생이지. 팀 같은 거 아니라고!
맹수아　귀엽다. 세상 물정 모르고 뻘소리 하는 거 너무 내 스타일인데?

공문수 … 예?

윤지원 스타일이 또 추가됐어.

맹수아 이사장님은 난 포기! 내가 백수도 만나고 마마보이도 품지만 친구랑 썸 타는 남자는 영 흥미가 안 가.

윤지원 (정색하며) 야.

맹수아 아이 뭐 그래그래 썸 아니고 쌈.
(싱긋 웃으며 공문수의 밥 위에 소시지를 하나 올려주면)

공문수 (재빨리 돌려주고)

윤지원 (두통이 밀려온다)

#11. 이사장실. 낮

석지원의 책상 앞에 선 윤지원. 화를 누르고 있는 표정이다.
무표정한 얼굴로 보고서를 넘겨보는 석지원. 마지막 장까지 넘겨보고는 다시 첫 장으로 돌아가더니, 지그시 눈을 감고 생각에 잠기면.

윤지원 외우시나요?

석지원 (깨어나는 시늉) 아, 구성이 너무 지루해서 깜빡 잠들 뻔.

윤지원 (비꼬는) 중간에 이사장님 장기자랑 시간이라도 좀 넣을까요?
뭐 노래 한 곡 하실래요?

석지원 (씩 웃는) 보고 싶어요?

윤지원 그럴 리가요.

석지원 취임식이 뭐 별것 있겠습니까만, 누구 말씀 누구 축사 취임사 이런 것만 연달아 있는 건 별롭니다. (보고서 내밀며) 다시.

윤지원 (사납게 휙 낚아챈다)

cut. to
두 사람 옷차림 바뀌었다. 석지원이 다시 보고서를 내민다.

석지원 취임사가 너무 길어요. 다시.
윤지원 (훽 가져간다)

cut. to
또 다른 날. 석지원 보고서를 내려놓으며.

석지원 음... 꽃 장식이 너무 유치한데. 다...
윤지원 (낚아채는 동시에 구기며 돌아선다)

#12. 게시판 앞. 낮

공문수가 게시판에 심화반 〈유레카〉 합격자 명단을 붙이고 있다.

#13. 심화반 앞 복도. 낮

조용히 문을 닫으며 나오는 윤지원. 뒤돌아서면 울먹울먹 서 있는 김유미.
윤지원 흠칫 놀랐다가 질끈 눈을 감는다.

김유미 (다가오며) 힝, 선생니임...(하는데)

헐레벌떡 달려오는 공문수.

공문수 윤 선생님! 지금 빨리 이사장실이요! 큰일 났어요!
윤지원 왜 왜 무슨 일인데?
공문수 빨리 오세요! 유미야 미안. 나중에!

어리둥절한 김유미를 두고, 윤지원을 끌고 다급히 가는 공문수에서.

#14. 라일락 벤치. 저녁

캔 콜라를 건네는 공문수의 손. 벤치에 앉아 올려다보는 윤지원의 어이없는 얼굴.

윤지원　뻥이라고?
공문수　(끄덕이고 콜라 따서 쥐여주며) 드세요. 드시고 좀 쉬세요.
윤지원　(얼떨결에 받고) 공쌤…
공문수　학교가 좀 이상해요. 바쁘고 힘든 사람은 계속 바쁘고 힘들고, 한가한 사람은 언제 봐도 한가하더라고요?
윤지원　(한 모금 마시고 깊은숨을 내쉰다) 세상이 원래 그래. 불공평하고 비합리적이고.
공문수　착한 사람이 피해 보고?
윤지원　나 안 착해. 그냥 귀찮은 거야. 따지고 싸우고 바로잡고 그런 거 싫거든. 착한 게 아니라 비겁한 거지. 선생이 그럼 안 되는데.
공문수　좀 비겁한데 착한 걸로 해요, 그럼.
윤지원　(피식 웃고 콜라를 마시며) 고마워.
공문수　(으스대는 얼굴로 보면)
윤지원　(콜라 들며) 콜라. 콜라 고맙다고. 내가 젤 좋아하는 거거든. 앞으로는 거짓말하고 그러지 마. 들키면 공쌤 곤란해지니까.

공문수, 뭔가 말하려는데 윤지원 핸드폰 메시지음이 울린다.
열어 보는 윤지원. 짜증 난 얼굴로 일어나는.

#15. 학교 일각. 저녁

석지원이 앞에 걷고 있고, 약간 뒤에서 걷는 윤지원과 공문수.
석식 시간을 알리는 종이 울린다.

공문수 취임식 체육관에서 하니까, 체육관 미리 보신다 그거예요?
윤지원 (끄덕이고) 가만 보면 취임식 싫다면서 젤 진심이야. 가증스러운 놈. 미리 봐서 지가 뭐 할 건데.
공문수 하필 딱 저녁 먹을 시간에...
윤지원 (아차) 어, 공쌤 그만 퇴근해. 집에 가서 밥 먹어.
공문수 그치만 우리는,
윤지원 팀 아니야.
석지원 (휙 돌아보며) 잡담 그만하시고 빨리 좀 가죠.
공문수 넵.

윤지원, 흥 하더니 걸음 빨리해 석지원을 앞지른다. 공문수도 얼른 윤지원을 따라잡으면, 석지원 질 수 없다. 걸음을 빨리한다. 셋이 앞서거니 뒤서거니 가는 데서.

#16. 라일락 벤치. 저녁

빵과 삼각김밥, 우유 따위를 펼쳐놓고 먹고 있는 고해수와 김유미.
김유미 시무룩한 얼굴로 빵을 조금씩 떼어먹다가 내려놓는다.

고해수 왜 또?
김유미 입맛도 없고... 자격도 없지 뭐.
고해수 뭐래. 너 또 심화반 얘기하려고 그러지?
김유미 어땠어? 꿀팁 엄청 주지?
고해수 (김밥 뜯으며) 첫날인데 뭐. 그닥...
김유미 치, 달라고 안 해. 치사해서.

고해수 말을 왜 그렇게 해. 치사하다니.

김유미 알려줄 거야, 그럼?

고해수 아니. 유출 불가야.

김유미 너는 친구라면서 심화반에 못 들어간 내가 불쌍하지도 않아?
나라면 미안해서라도, 다는 아니지만 쬐끔이라도,

고해수 그만 좀 징징대. 니가 심화반 못 들어간 거 내 탓도, 담임 탓도, 니네 엄마 탓도 아니야. 그냥 그게 니 실력인 거야.

김유미 (일어나는데 이미 눈물 고여서) 알아! 누가 그걸 몰라?
근데 말을 꼭 그렇게 해야 돼?

고해수 이렇게 안 하면 끝이 안 나잖아, 넌.

김유미 니가 내 징징을 뭐 얼마나 받아줬다고, 지금처럼 칼같이 쳐내면서.

김유미, 노려보다가 걸음 옮기면 따라 일어나 김유미를 잡는 고해수.

고해수 어디 가. 싸우자고 한 얘기 아니야.

김유미 이런 말을 면전에 대고 하면, 해수야. 보통 사람들은 싸워!
잘나고 이성적인 너는 아닐지 모르겠지만. 놔...

뿌리치고 가는 김유미를 보며 짜증과 후회로 한숨을 내쉬는 고해수.
주섬주섬 벤치를 치우는데 포물선을 그리며 날아와 해수의 머리를 강타하는 공.
비명도 없이 머리를 감싸 쥐며 천천히 돌아서는 고해수.
멀리서 엄기석이 달려온다. 천천히 몸을 굽혀 공을 집어 드는 고해수.

엄기석 반장, 괜... (하는데)

고해수, 양손으로 공을 잡고 엄기석의 머리를 세차게 내리치고는 튕긴 공을 탁 잡아 다시 엄기석의 가슴팍에 던지고 휙 돌아서 몇 걸음 걷는데,

윤지원 일행과 딱 마주친다. 서로 흠칫 놀라는.

윤지원 괘… 괜찮아, 반장?

고해수 …네.

엄기석 (뛰어와서) 야!

고해수 (경멸로 힐끗 보고는, 윤지원에게 꾸벅 인사하고 그냥 간다)

엄기석 저게, 진짜… 야!

윤지원 (말리며) 그러게 왜 맨날 공을 사람 머리에 차냐 너는!

엄기석 와, 진짜… 제가 안 찼다고요! 딴 애가 찼는데 우리 반 애라서 그냥 제가 온 건데. 아 저거…

석지원 (어쩐지 정이 가서) 거 좀 잘 알아보고 애를… (툭툭 엄기석의 머리를 정리해주면)

윤지원 …빨리 말했어야지 그럼.

엄기석 (억울하다. 뭐라 말하려는데)

석지원 말할 틈을 줬습니까, 저 여학생이?

엄기석 맞아요!

석지원 자, 얼른 가서 제대로 사과받으세요, 학생.

윤지원 (저도 모르게) 야… (하다가, 이 악물고) 이사장님.

엄기석 (결연하게 끄덕이고는 간다)

윤지원 기석아! 싸우지 말고 잘 얘기해서 오해 풀어, 알았지?

윤지원, 한심하다는 듯 석지원을 보면, 석지원 으쓱하더니, 다시 걸음을 옮기고.
저만치 가는 고해수를 향해 가는 엄기석. 분명 화가 났는데 어쩐지 웃음이 난다.

엄기석 (혼잣말로) 와 씨, 튕긴 공을 받아? 운동신경 쩌네.
축구부나 하지, 반장 말고. (뛰며 크게) 야! 반장, 너 거기 서!

#17. 체육관. 밤

뜀틀과 매트들이 어지럽게 놓인 체육관. 뒷짐을 지고 둘러보는 석지원. 그 뒤를 따르는 윤지원과 공문수. 석지원 비가 새서 얼룩이 진 벽 앞에 선다.

석지원 비가 샙니까?
윤지원 예.
석지원 (올려다보고) 천장은 괜찮은데...
윤지원 취임식 때 거슬리실 것 같으면 뭐 현수막 같은 걸로 덮어서...
석지원 (공문수 보며) 미안한데 사다리 좀 가져다줄 수 있겠습니까?
공문수 (흔쾌히) 넵.
윤지원 김 기사님께 말씀드리면, 아니다. 그냥 내가...
공문수 (웃으며) 그런 것도 선생님이 다 하시면 제가 이렇게 따라다니는 보람이 없잖아요. (장난스레 거수경례하며) 다녀오겠습니다!

공문수 나가면, 체육관 조용하다. 둘 괜히 이리저리 둘러보다가 눈이 마주치는 데서.

#18. 학교 일각. 밤

커다란 사다리의 한쪽을 들고 빠르게 가는 공문수. 한쪽은 맹수아가 들었다.

공문수 저 혼자 들 수 있는데.
맹수아 도와주고 싶어서 그러지. (버거운) 근데 좀만 천천히 가자.
공문수 싸우고 계실 거 같아서...
맹수아 싸워?

공문수 둘이 있음 꼭 싸우시더라고요.

#19. 체육관. 밤

맹수아 문을 열면, 사다리를 들고 들어오는 공문수.
보면 석지원과 윤지원 벽 앞에 서서 싸우고 있다. 맹수아, 공문수에게 엄지를 척!

윤지원 그니까 해수는 오해를 할 수밖에 없는 상황이죠.
공 그거 맞아 보셨어요? 아픈 건 둘째치고 진짜 기분 나쁘거든요.

석지원 그 공을 남학생이 찬 게 아니라잖습니까?

윤지원 그럼 얼른 사실을 밝히고 오해를 풀면 그만인데, 가서 사과를 받아내라는 둥… 왜 아주 그냥 쫓아가서 복수를 하라 그러시지.

석지원 안 그래도 잠깐 그럴까 생각했습니다. 말할 기회도 안 주고 냅다 머리부터 갈기고. 누가 봐도 잘못은 여학생이 했잖아요?

윤지원 잘못을 했으니 복수를 한다?

석지원 할 수 있다면요.

윤지원 아, 그렇군요.

석지원 (이게 아닌데) 아니, (하는데)

공문수 자~ 사다리 왔습니다!

두 사람, 보면 어색하게 웃고 있는 공문수와 맹수아.

맹수아 (손 들어 인사하며) 저도 왔습니다!

석지원, 말없이 사다리를 받아 펼치기 시작한다.
윤지원, 잠시 보다가 매트를 치우기 시작하고 공문수도 뜀틀을 해체한다.

구석에 자리를 잡고 털썩 앉는 맹수아. 석지원이 오르던 사다리가 살짝 흔들하자 옆에 있던 윤지원, 매트를 놓고 반사적으로 어어- 하며 사다리를 잡는다.

석지원 괜찮습니다.

윤지원 (얼른 손 떼고 다시 매트를 옮긴다)

맹수아 냉랭하구만. 드라마 같은 데서 보면 말이죠, 저럴 때 이제 남자가 별안간 떨어진다구. 그럼 여자가 비키면 될 걸 괜히 어어어- 하면서 얼쩡거리다가 둘이 같이 넘어져요?
그러고는 슬로우 모션으로 차라락~ 눈이 맞으면서... 그날부터 어쩐지 막 서로가 신경 쓰이기 시작하면서,

말끝에 석식 시간 끝을 알리는 종소리가 울려 퍼지고.

석지원 안 떨어집니다. 제가 두바이에 지은 건물이 몇 층짜린 줄 아십니까?

맹수아 161층.

석지원 (당황해서) 예? 맞습니다...

맹수아 다 찾아봤었죠... 과거형이지만.

석지원 아무튼 제가 건축 밥을 먹은 게 몇 년인데 이깟 사다리에서 떨어지겠습니까. 사다리가 흔들릴 때는 이 두 다리로,

윤지원 (말 끊고 궁시렁) 누가 보면 161층까지 사다리로 올라가서 지은 줄.

석지원 (한번 째려보고는 사다리 꼭대기까지 올라 벽을 살핀다)

윤지원 (수아 보며) 너도 이상한 소리 계속할 거면 그냥 가.

맹수아 아니 나는 드라마에서...

윤지원 (매트 하나를 잡고 끌며) 하여간 드라마 작가들도 반성해야 돼.
그게 현실적으로 말이 돼? 피하면 그만이지. 그리고 그렇게 사람이 사람 위로 떨어지면 다쳐요! 눈이 맞는 게 아니고 다친다고.

맹수아 ...내가 안 썼어.

그때 체육관 문이 거칠게 열리며 엄기석을 비롯한 남학생 서너 명이 축구공, 농구공 따위를 들고 뛰어 들어온다.

맹수아 자식들아! 석식 끝나기 전에 반납 안 하고 꼭 종 치면 오지!

아이들, '죄송함다!' 우르르 달려와 공을 내려놓는다. 그때 마지막으로 공을 놓고 나가던 엄기석이 석지원의 사다리를 슬쩍 건드리고. 사다리가 사정없이 흔들린다.
석지원 어어어- 하며 중심을 잡으려 애쓰고,
놀란 공문수가 달려온다. 엄기석도 사다리를 잡으려 손을 뻗고,
맹수아도 놀라 일어난다.
마침 매트를 끌며 사다리 아래를 지나고 있던 윤지원,
위를 올려보며 어어어- 하는 사이에 중심을 잃고 떨어지는 석지원.
윤지원 최선을 다해 매트를 사다리 아래까지 끌고 오지만 그 결에 풀썩 매트 위로 쓰러지고 만다. 위에서 떨어지는 석지원과 눈이 마주치면 민첩하게 몸을 굴려보지만 석지원 역시 같은 방향으로 몸을 틀어 결국 매트 위에서 포개지는 둘.
천천히 고개를 드는 석지원. 아래에 있는 윤지원과 눈이 딱 마주친다.
뚫어져라 서로를 보고 있는 그 순간 들리는 찰칵- 셔터 소리.
보면 남학생 하나가 사진을 찍으며 "대박!", 나머지는 얼이 빠진 채 둘을 보고 있고.

석,윤 (동시에) 아유, 진짜!!!!

몸을 굴려 재빨리 서로에게서 떨어지며 벌떡 일어난다.

맹수아 (중얼) 눈 맞는구만 뭘.

#20. 체육관 앞. 밤

쭈뼛거리며 차례로 나오는 석지원과 윤지원, 맹수아, 사다리를 든 공문수.

공문수 저는 그럼 이거 가져다 놓고 퇴근... (하는데 배에서 꼬르륵 소리)
윤지원 (미안한) 이왕 늦은 거 공쌤 우리 집 가서 밥 먹고 갈래?
사다리는 여기 둬. 월요일에 반납하지 뭐.
공문수 (망설임 없이) 사택에서요? 완전 좋아요!
윤지원 맹, 너는?
맹수아 난 약속 있어. 아쉽다 공쌤. 그치?
공문수 (입만 웃고는, 윤지원 눈치 살피며) 그럼 이사장님도 같이...
석지원 (못 이기는 척) 뭐, 그럴...(까요)
윤지원 (얼른) 퇴근하셔야죠.
석지원 ...필요 없겠죠. 전 바쁩니다.
윤지원 (대충 꾸벅 인사하고) 그럼 들어가세요. 가자 공쌤.
공문수 (꾸벅하고는) 내일 뵙겠습니다!

윤지원과 공문수, 사택 쪽으로 발걸음을 옮긴다. 물끄러미 보다가 반대쪽으로 발길을 돌리는 석지원. 맹수아, 으쓱하고는 걸음을 떼는 데서.

#21. 라일락 벤치. 밤

생수병 하나를 들고 나무 앞에 서 있는 석지원. 물병을 열려다가, 멈칫하며 찌푸린다. 와이셔츠 걷어보면 팔목이 살짝 부었다. 피식 웃는 석지원.
반대 손으로 물병을 열고 한 모금 마신다. 라일락 나무들에 작게 꽃봉오리가 맺히고 있는데 미친 라일락만이 홀로 앙상하다.

가만히 보다 돌아서는 석지원, 몇 걸음 걷다가 다시 와서 미친 라일락에 남은 생수를 쪼르르 부어준다.

#22. 사택 전경. 밤

따뜻한 불빛이 새어 나오는 위로, 윤재호의 호탕한 웃음소리가 들린다.

#23. 사택. 부엌. 밤

식탁에 반찬통들을 꺼내면서 어이없다는 듯 웃고 있는 윤지원.
보면 가스레인지 앞에 선 공문수와 윤재호. 공문수, 찌개를 끓이고 있다.

윤재호 (파를 썰면서) 늙은이 놀리면 못 써!
공문수 (윤재호가 썬 파를 찌개에 넣으며) 진짜예요. 아까 첨 뵈었을 때 너무 동안이셔서 형이라고 부를 뻔했다니까요?
윤재호 (미소 숨기지 못한다) 혀엉? 아이구 이 친구! 이 친구 정말!
공문수 (숟가락으로 찌개를 떠서 호호 불고) 맛보세요.
윤재호 (먹고 놀라 지원 돌아보며) 얘, 느이 할머니가 해준 맛이랑 똑같다.
윤지원 에이, 할아버지 지금 형 소리에 기분 너무 좋으셔서 미각이 살짝…
윤재호 먹어 봐, 와서 먹어 봐!
윤지원 (칫 하며 다가와, 맛보고는 깜짝 놀라) 어! 뭐야. 공쌤? 뭐 넣었어? 진짜 맛있는데?
공문수 (배시시 웃는) 중요한 건 뭘 넣느냐가 아니고, 얼만큼 넣느냐 거든요.
윤재호 (눈에서 꿀이 뚝뚝 떨어진다) 어서 가서 먹자. 배고프겠다, 우리 공쌤.

공문수, 뚝배기를 조심스럽게 들고 가고 호위하듯 발을 맞춰 걷는 윤재호.

윤지원, 고개를 절레절레 저으며 웃는다.

#24. 사택. 거실. 밤

세수를 하고 욕실에서 나오는 윤지원. 질겁한다.
소파에 마주 앉은 윤재호와 공문수 막 막걸리를 한 잔씩 들이켜는 중이다.

윤지원 안 돼요, 할아버지! 공쌤 술 한 잔만 마셔도…
공문수 (캬- 잔을 내려놓는데 말똥말똥하다) 어?
윤지원 어? 원래 한 잔에 바로 기절이라고 하지 않았어?
공문수 그랬는데… (환희로) 막걸리는…!
윤재호 봐, 내 뭐랬어. 막걸리는 다르다니까! (더 따라주면)
공문수 (맛있게 마시고는 문득) 그런데 몇 시예요? 내 막차…!

셋, 동시에 거실에 걸린 괘종시계를 본다. 11시다.

#25. 버스 정류장. 밤

캄캄하다. 서둘러 달려오는 윤지원과 공문수. 정류장에 놓인 벤치에 털썩 앉아 숨을 고른다.

공문수 안 데려다주셔도 되는데.
윤지원 지름길로 와서 버스 안 놓친 거야. 정문에서 오는 길이랑 달라.
공문수 너무 깜깜하니까 나중에 집에 가실 때 좀…
윤지원 됐네요. 근데 집이 이렇게 멀어서 출퇴근 힘들지 않아?
공문수 힘들어요. 맨날 버스에서 자다가 정류장 지나치고.

윤지원 그니까 앞으로는 정시 퇴근해.
공문수 근데 힘들어도 좋아요. 재밌고.
윤지원 (이해할 수 없는) 진짜? 왜?!
공문수 힘든데도 좋으면 그건 진짜 좋아하는 거예요.
전 좋아요. …이 학교가.
윤지원 (입을 떡 벌리고 고개를 젓다가 문득 뭔가 떠오르는)
힘든데 좋으면 진짜 좋은 거다… 나 이 얘기 어디서 들었는데…
어디서 들었지… (갸웃하는데 생각이 날 듯 말 듯)

공문수 씩 웃는데, 저만치서 버스가 온다. 일어나는 둘.
공문수 지갑을 꺼내 챙겨 들고, 윤지원 계속 생각 중이다. "어디서 들었더라…"
버스가 와 선다.

공문수 조심해서 들어가세요, 선생님! (하고 타려는데)
윤지원 (생각났다. 나직하게) 옥상.
공문수 (멈칫. 뒤돌아보며 환하게 웃는다)
윤지원 맞지?

공문수, 버스 기사님께 뭐라고 말하고 돌아서 내려오면 버스 떠난다.

인서트 > 2회 #36. 교무실. 낮
공문수 *(윤지원 보며) 저… 모르시겠어요?*

벤치에 다시 앉은 둘.

윤지원 (반갑기도, 신기하기도 하다) 공쌤은 나 보자마자 알았구나.
근데 왜 말 안 했어?
공문수 그냥 혹시라도 떠올리고 싶지 않은 기억이실까 봐요.

윤지원 뭘… 그런 거 아냐. 그땐 어… 내가 진짜 눈에 뵈는 게 없을 때라 공쌤 얼굴을 기억 못 한 거야.

의사1(E) 안경을 맞추셔야 할 것 같아요.

#26. 대학병원 안과 진료실. 낮 (과거)

스물넷 윤지원이 검사 기계에서 눈을 뗀다. 환자복을 입었다. 파리한 안색, 아무렇게나 묶은 머리. 정수리를 중심으로 오른쪽이 하얗게 셌다.

의사1 눈이 원래는 좋았다 그랬죠?

윤지원 네.

의사1 (힐끗 보고) 흰머리도 갑자기 생겼고요?

윤지원 (끄덕인다)

의사1 음… 정신적인 충격 때문인 것 같은데. 시력이 꽤 많이 떨어져서 굉장히 불편할 거예요. 아까 말한 대로 안경을.

윤지원 (멍하게 보고만 있으면)

의사1 (딱하게 보다가) 정신과를 좀 연결해 드릴게요.

#27. 대학병원 정신과 진료실. 낮 (과거)

의사2와 마주 앉아 있는 윤지원. 무표정하다. 정신과전문의 〈김명희〉 명패 보이고.

의사2 지금 지원 씨를 가장 힘들게 하는 게 뭔가요?

윤지원 (한참 침묵하다가) 제가 3개월 전에 학교를 졸업하고 취업했어요.

되게 행복했거든요. 꼭 들어가고 싶던 회사여서.

의사2 그랬군요. 그런데?

윤지원 같이 입사한 동기가 대표한테 성추행을 당했어요. 저는 잘못된 일엔 맞서야 한다고 생각해서, 바보처럼 그게 옳다고 믿어서 동기랑 같이 공론화했는데… 동기가 말을 바꿨어요. 그런 일은 없었다고.
그러고는 미국 지사로 가버리더라구요. 저는 해고됐고 대표가 명예훼손으로 절 고소했어요. 그게 한 달 전쯤 일이에요.

의사2 배신감과 분노가 컸겠군요.

윤지원 (불쑥 눈물이 솟는데 겨우 삼키고) 더 들어보세요. 열흘 전에는 부모님 두 분을 사고로 모두 잃었어요.

의사2 (책상 위 휴지를 뽑아서 건네는데)

윤지원 (받지 않고) 그리고 장례식장에서 아버지가 회사와 할아버지 재단의 돈을 횡령했다는 걸 뉴스로 알았는데요.
어떤 일이 제일 힘들어야 할까요, 선생님. 저는 모르겠어요.

의사2 (가만히 보다) 일단 약을 좀 처방해 드릴게요.

#28. 병원 휴게실. 낮 (과거)

중앙에 커다란 텔레비전이 켜져 있고. 드문드문 사람들이 앉아 있는 휴게실이다.
윤지원이 앉아서 멍하니 텔레비전을 본다. 한 칸 떨어진 자리에 모자를 눌러 쓴 열일곱 공문수가 앉아 있다. 역시 환자복을 입었다.
윤지원 약봉지를 뜯어 한 알을 입에 넣고 씹는다. 텔레비전에서는 르포 프로그램이 방영 중이다. <불운의 수영천재 공문수, 충격 근황 최초 공개> 커다랗게 제목이 뜨고, 시원하게 물살을 가르는 선수 시절 공문수가 나온다.
공문수가 슬쩍 웃는데 눈물이 그렁그렁하다.
윤지원은 약을 하나 더 입에 넣고 씹으며 천천히 자리에서 일어나 걸어간다.
공문수는 몸을 앞으로 숙여 텔레비전에 집중한다. 금메달을 따고 환호하는 자신의 모습을 뚫어져라 보는데, 중년의 환자 둘이 바삐 나와 앉으면 함께 나온 간호사가 채널을 바꿔준다. 드라마가 시작한다. 시무룩해서 일어나는 공문수.

#29. 병원 일각. 낮 (과거)

병원 옥상 정원을 조성하여 개방한다는 홍보 배너가 서 있다.
윤지원 얼굴을 가까이 대고 잠시 보고는 다시 걸음을 옮긴다.
잠시 후 공문수도 배너 앞에 걸음을 멈추고 유심히 보는 데서.

#30. 병원 옥상. 밤 (과거)

조용히 문을 열고 들어오는 공문수. 문을 잡은 손이 바들바들 떨린다.
주머니에는 맥주 한 캔이 힘겹게 들어가 있다. 천천히 난간으로 다가가는데,
누군가 서서 한쪽 발을 힘겹게 난간에 올리고 있다. 윤지원이다.
한편에 세워진 희미한 가로등 불빛에 하얗게 센 윤지원의 머리가 겨우 보이고.

공문수 (놀라서) 하, 하… 할머니!

윤지원, 할머니 소리에 멈칫. 그 와중에 기분이 좀 나쁜데. 그것보단 누가 왔다는 사실에 마음이 급해서 재차 다리를 올리고 힘을 준다.

공문수(E) (조금 더 크게) 저기, 할머니…!

윤지원, 그 목소리에 다리가 죽 미끄러져 주저앉는다.
실패에 대한 짜증과 이름 모를 서러움이 밀려와 벌떡 일어나 돌아보며,

윤지원　(버럭) 할머니 아니거든요!

등 바로 뒤까지 온 공문수와 눈이 마주친다. 공문수 놀란다.

공문수　죄송합니다. 제가 머리… 머리만 보여서.
윤지원　(씩씩대며 노려보는데, 주룩 눈물이 흐른다. 손으로 거칠게 문질러 닦고는 다시 몸 돌려 난간에 손을 짚는다)
공문수　(가만히 보다가, 슬픈 목소리로) 도와 드릴까요?

#31. 상동. 밤 (과거)

난간에 나란히 앉은 윤지원과 공문수. 공문수 옆에는 맥주 캔이 덜렁 놓여 있다.
공문수 눈만 내려 아래를 보는데 아찔하다. 윤지원 앞만 보고 있지만 덜덜 떨려온다.

공문수　이 순간을 진짜 많이 생각했는데… 생각보다… 너무…
윤지원　…너무 무섭네요.

말해놓고도 어이가 없어서 황망한 표정으로 서로를 보는.

공문수　그러면 얘기를 좀 하다가, 진정이 좀 되면 그때…
윤지원　무슨 얘기요?
공문수　아무… (하다가 바람이 휭 불면) 어으아아… 얘기나.

윤지원, 뭐야 하는 얼굴로 보면, 공문수, 윤지원의 환자복 자락을 꽉 붙잡고 있다.

cut. to

시간이 흐른 듯 둘 약간 붙어 앉아 있다.

윤지원 어. 또 무슨 얘기하지?
공문수 (고민하다가) 뭐 좋아해요?
윤지원 콜라. 돈가스... 떡볶이.
공문수 (!) 아, 그런 거.
윤지원 뭐 좋아하는데요?
공문수 저는 좋아하는 거, 두려워하는 거, 힘든 거 그 셋이 똑같아요.
윤지원 힘들고 두려운데 왜 좋아해요.
공문수 죽을 만큼 힘든데 죽을 만큼 좋아요. 그게 진짜예요.
그러면 진짜 좋아하는 거예요. 저는 진짜 수영이 좋아요. 좋았어요.
다신 못하지만.
윤지원 (가만 생각한다) 그럴 수 있겠다. 나도 그런 거 있어요.
좋은데 밉고, 보고 싶은데 보기 싫은 새끼.

말끝에 희미하던 가로등이 몇 번 깜박이다 툭, 꺼지면.
한동안 침묵하다가 둘, 동시에 서로를 보고는 고개를 끄덕인다.

윤지원 더는 할 얘기도 없다. 그죠?
공문수 (목소리 덜덜 떨리며) 예... 그럼, 하나, 둘, 셋 하면...
윤지원 네.
공문수 자... 잠시만요. (맥주 겨우 따서) 이거 마시고요.
윤지원 ...근데 몇 살이에요?

공문수, 답 없이 맥주 쭉 들이켜는데, 고개 넘어간 상태에서 눈이 스르르 풀린다.
그러다 두 사람, 누가 잡아당기기라도 한 듯 동시에 뒤로 휙 넘어간다. 공문수 그대로 눈이 감기고, 윤지원, 너무 놀라 소리를 지르다가 정신을 잃는다.

#32. 버스 정류장. 밤 (현재)

둘, 의문으로 서로를 보며 갸웃하고 있다.

윤지원 아니야, 공쌤이 하나, 둘, 셋 한다고 해놓고 내 목덜미를 잡아서 뒤로 확 재꼈잖아?

공문수 아닌데요. 제가 맥주를 마시면서 정신을 잃으니까 선생님이 제 목덜미를 잡고 뒤로 같이 떨어졌잖아요.

윤지원 내가?

공문수 네!

윤지원 아니, 잠깐 근데 그때 열일곱이 맥주를 마신 거야?

공문수 아이, 그때는… 너무 겁이 나서 그거라도 마시면 좀 나을까 해서… 그게 문제가 아니라, 선생님이 절 구하신 게 맞잖아요. 그쵸?

윤지원 내가…?

둘, 다시 갸웃하는데, 멀리서 비치는 손전등 불빛. 윤재호가 다가온다.

윤재호 막차 놓친 거야?

윤지원 (아차! 일어나며) 어어. 미안해 할아버지! 핸드폰 두고 왔지 내가!

공문수 죄송해요. 차 놓치고 얘기를 좀 하느라.

윤재호 (웃는) 걱정했잖어. 어여들 와. 자고 가야지 뭐.

#33. 석지원의 방. 낮

침대에서 천천히 몸을 일으키는 석지원. 편한 트레이닝복 차림에 헝클어진 머리가 삐죽 솟아 있다. 잠시 멍하게 앉아 있다 일어나서 나가는.

#34. 석지원의 집. 부엌. 낮

싱크대 앞에서 분주한 석지원의 엄마 한영은과 가사도우미 장 여사. 들어오는 석지원. 물을 따라 마시며.

석지원 안녕히 주무셨어요...
장여사 (돌아보며 인사를 하고)
한영은 어, 아들 앉아. 밥 먹자.
석지원 (보면 2인분만 차려져 있다) 아버지 어제 퇴원하셨잖아요. 어디 가셨어요?
한영은 (돌아보며, 속상한) 새벽 댓바람부터 양소 간다고 나갔다.
석지원 양소... 학교에요? 왜요?
한영은 윤가네 그 어르신 뵈러 간 거 같아.
석지원 윤지원 할아버지를요? 아버지가 왜요?
한영은 왜겠니. 너 취임식 때 그 어르신 앉혀놓고 마을 사람들 죄다 불러 망신 주려고. 그거 작당하러 갔지.
석지원 (미치겠다) 그걸 진짜 하신다고요?
한영은 말리는데도 휠체어 끌고 기어이 갔다니까.

물잔 내려놓고, 그대로 몸 돌려 나가는 석지원에서.

#35. 학교 주차장. 낮

들어오는 석지원의 차. 주차장 멀리 구석에 석경태의 차가 보이고. 안은 보이지 않는다. 문을 열고 내리는 석지원. 앞 씬 옷과 머리 그대로다.
멀리 아버지 차를 힐끗 보고는 사택 쪽으로 뛰어간다.

#36. 사택. 낮

곤란한 얼굴로 오는 석지원. 잠시 망설이다 현관문을 똑똑 두드린다. 아무 기척이 없어 재차 두드리면, 낡은 손잡이가 스르르 돌아가며 삐죽 열린다.
조심스럽게 문을 여는 석지원.

#37. 사택. 거실. 낮

현관으로 막 들어서는 석지원. 거실은 텅 비어 있다.
두리번거리며 입을 열려는데, 방문이 열리며 학교 체육복을 입은, 자다 깬 윤지원이 나온다. 둘 눈이 마주치고 서로 깜짝 놀라는.

윤지원 너… 아니, 이사장님 여기서 뭐 하세요?
석지원 (대충 머리를 만지면서) 아니 저, 어르신…(하는데)

다른 문이 열리며, 역시나 학교 체육복 차림의 부스스한 얼굴의 공문수가 걸어 나오다, 석지원을 보고 움찔한다. 석지원, 소스라치게 놀라는데.

공문수 (당황했다가, 곧 밝게 웃으며) 어… 이사장님, 안녕하세요?
석지원 그쪽이 여기 이 시간에 왜 어떻게…

윤지원　(당황해서) 막차가 끊겨서. 아니 근데 이사장님이야말로 왜 왔냐고요. 주말 아침부터 연락도 없이… (훑어보고) 그 꼴로?

석지원　(중얼) 막차가 끊겼으면 택시를 타든가…

하는데, 문 열리고 들어오는 윤재호. 돌아보는 석지원과 눈이 마주친다.

#38. 석경태의 차 안. 낮 (회상)

뒷좌석에 나란히 앉아 있는 석경태와 윤재호. 운전석에는 운전기사. 석경태 한쪽 다리에 아직 깁스를 했다. 윤재호는 독목고 낡은 체육복 차림이다.

윤재호　그러니까 아들내미 취임식에 참석해 달라고 아침부터 달려온 겐가, 그 꼬라지를 하고? 내가 참석할 것 같나, 자네는?

석경태　(여유로) 하셔야 할걸요?

윤재호　뭐?

석경태　18년 전에 제가 골프장 짓는 문제로 몇 번이나 어르신 댁을 찾았다가 문전박대를 당한 거 기억하시죠? 그렇게 제 말 좀 들어달라 읍소를 했었는데. 야… 정말 매정하셨어.

윤재호　(매섭게 보면)

석경태　저는 어르신과 달리 반대하는 사람들 의견도 들어볼 참인데. 그냥 확 다 밀어버리고 지을 수도 있지만 말이죠.

윤재호　아이고, 참 관대하시구먼.

석경태　어르신 태도에 달렸다 이 말입니다.

윤재호　내가 안 가면 그냥 확 다 밀어버린다?

석경태　싹 다.

윤재호　(물끄러미 보다가 픽 웃는) 가지. 내 자네 뜻대로 창피 한번 당함세. 그게 뭐 어렵나? 대신 약속 꼭 지켜.

석경태 잘 생각하셨습니다.

윤재호 (물끄러미 석경태를 본다)

석경태 왜 그렇게 보십니까?

윤재호 (내리려 문을 열며 혼잣말) 그냥… 옛날엔 경망스러워도 사람은 착했던 것 같은데 싶어서.

석경태 (제대로 못 듣고) 예?

윤재호 으응, 별말 아니야. 그날 보자구. (내리면)

석경태 (창문을 지익 올린다)

#39. 사택. 거실. 낮

거실 커다란 통창 앞에 나란히 서서 밖을 내다보고 있는 윤지원과 공문수.
평상에 나란히 앉은 윤재호와 석지원. 윤지원 의심 가득한 얼굴이다.

#40. 식당 앞. 낮

주차된 석경태의 차 옆으로 들어오는 석지원의 차.
창문을 내리고 보면, 식당 안에서 마을 사람들 열댓 명과 술잔을 부딪치며 즐거운 석경태의 모습이 보인다. 한숨을 푹 내쉬고는 다시 차를 몰아 나가는 데서.

#41. 석경태의 서재. 낮

태연한 얼굴로 앉아, 컴퓨터를 들여다보며 독수리 타법으로 뭔가를 적고 있는 석경태.

앞에 삐딱하게 서 있는 석지원.

석지원　진심이셨던 거예요? 그 옹졸한 계획이?
석경태　내가 말했잖냐. 나는 한다면 해.
석지원　다 나으시면 저 내보내고 직접 이사장 하신다는 것도요?
석경태　(청심환 하나 꺼내 씹으며 끄덕인다)
석지원　그럼 그냥 그때 하시죠, 왜 취임식 하라고 닦달을 하셨어요?
석경태　지금 해야, 내 자랑도 하고 니 자랑도 하지. 원래 자식이 부모의 젤 큰 트로피다. 그 집 그 잘난 애는 학교 선생이나 한다며?
석지원　(화가 나서) 아버지!
석경태　어쭙잖은 동정심 갖지 마라. 윤재호, 그 손녀 둘 다 그냥 우리 집안 고용인 중 하나야. 난 그걸 확실히 보여주고 싶은 거다.
윤재호의 말 한마디에 사업이 망하고 야반도주를 해야 했던 석경태가 아니라는 걸 모두 앞에서 확실히! 대체 그게 왜 나쁘냐?
석지원　(실망스럽고 화도 난다) 아버지 정말…
석경태　스물한 명 온다니까, 아, 윤재호까지 하면 스물둘.
대충 하지 말고 케이터링 불러서 확실히 모셔. 술도 넉넉히 준비하고.
장 여사 회사에서 준비해주기로 했으니까 의논해.
(다시 자판을 두드리며) 나가 봐라. 나 축사 써야 되니까.
석지원　축사도 하시게요?
석경태　하이라이트지. (방긋 웃으면)

석지원, 환멸로 보다가 휙 돌아 나간다.

#42. 석지원의 집. 부엌. 낮

한영은, 석지원, 식탁에 앉아 쪽파를 다듬고 있다.
석지원 빠른 속도로 익숙하게 파를 까는데, 뭔가 골똘히 생각에 잠긴 얼굴이다.
파를 한 아름 들고 들어오는 장 여사. 내려놓고는, 석지원에게 명함을 한 장 건넨다.

장여사 아드님, 이거 회장님이 말씀하신 거요.
우리 업체라서가 아니고, 케이터링 도시락 다 잘해요.
내가 미리 얘기해놨으니까 내 이름 대면 돼요.
석지원 예. 감사합니다. 제가 연락드려서 준비할게요.
장여사 그래요.
한영은 어머나, 아들. 느이 아빠 그 치졸한 계획에 동참하기로 한 거니?
석지원 (답 없이 파 까기에 열중한다)

#43. 한강. 저녁

노을이 진다. 달리는 석지원. 무표정한 얼굴인데
옆으로 슬쩍 들어오는 누군가, 힐끗 보면 **#37.**의 부스스한 공문수가 뛰고 있다.
화들짝 놀라 다시 보면 없다. 짜증 난 얼굴로 속도를 높이는 석지원에서.

#44. 교생실. 낮

책상 여러 개가 놓여 있는 공간. 그중 한 책상에 공문수가 앉아서 교생 일지를 적느라 분주하다. 한참 집중하다가 뭔가 싸한 기분에 번뜩 고개를 들면 창문에서 후다닥 떨어지는 그림자. 일어나는 공문수.
문으로 다가가 벌컥 열고 내다보면, 코너를 도는 누군가의 슈트 자락만 살짝. 갸웃하는 공문수.

#45. 이사장실. 낮

책상에 앉아, 서류를 들여다보는 슈트 차림의 석지원.
집중해서 넘겨보다, 뭔가 체크하고 메모하기도 한다. 그러다 문득 고개를 들면 책상 모서리에 앉아 있는 부스스한 체육복 공문수.

석지원 (볼펜을 던지듯 놓으며) 대체 왜! 택시를 안 타냔 말이야!
(하다가, 자괴감에 다시 볼펜 주우며 다짐처럼) 무슨 상관이야, 나랑. 아무 상관도 없어. 뭘 하든 누구랑 있든!

다시 집중해보려다, 핸드폰을 들어 전화를 거는.

석지원 지금 내 방으로 좀 오시죠.

#46. 상동. 낮

보고서를 보는 석지원. 그 앞에 선 윤지원.

윤지원 그게 최종 식순이고요. 금요일 CA 시간을 1교시로 조정해서 조례 및 1교시에 행사 진행할 겁니다. 내빈은, 석경태 회장님 비롯해서 일곱 분 맞으시죠.
석지원 (계속 넘겨보며) ...맞습니다.
윤지원 더 시비, 아니 더 말씀하실 거 있으십니까?
석지원 (보고서 덮고 보는) 없습니다.
윤지원 그럼 제가 뭐 하나 여쭤볼게요.
석지원 아니요.
윤지원 토요일에 대체 왜 오신 거예요? 할아버지도 말도 안 되는 얘기만 하시던데.

석지원 대답해야 할 의무가 있나요, 제가?

윤지원 하, 없죠. 알겠습니다. 그럼. (숙이는 둥 마는 둥 하고 돌아서는데)

석지원 (도저히 못 참고) 그 교생은! 꼭 사택에서 자야 했습니까?

윤지원 (삐뚤어진 미소로 돌아보면)

석지원 …없죠. 대답할 의무.

윤지원 수고하십쇼.

그대로 나가는 윤지원을 보며 질끈 눈을 감는 석지원.
잠시 후, 전화벨이 울리면 받는 석지원.

석지원 네. 맞습니다. 금요일. 네. 스물한 분이고요.
금액 상관없으니까 최고급으로 준비해주세요.
오전 여덟 시 반이요. 네. 알겠습니다.

전화 끊고, 작게 한숨을 내쉰다.

#47. 사택. 윤재호의 방. 밤

윤재호, 다리미판을 세워두고 양복을 다린다. 그때 벌컥 문 열리며 윤지원 들어온다.

윤지원 할아버지, 불목인데 막걸리 한잔하까…? (하다가) 양복은 왜?

윤재호 (계속 다리며) 낼 아침에 행사도 있는데 무슨 술이야?

윤지원 막걸리는 약이라며. 아니 근데 할아버지 뭐 하시냐니까?

윤재호 보면 몰라?

윤지원 …설마 내일 취임식에 오시려고?

윤재호 가려고.

윤지원 왜!

윤재호 가고 싶어서.

윤지원 왜 이러셔 정말. 거길 할아버지가 왜 와?

윤재호 원래 미스코리아도 전년도 수상자가 가서 왕관도 얹어주고…

윤지원 아니 무슨 말도 안 되는… (양복 뺏어서 둘둘 말아 옷장에 넣고)
안 오셔도 돼. 아니 오시지 마. 절대!

윤재호 (긁적이고 있으면)

윤지원 오시기만 해 진짜! (방문 쾅 닫고 나가는)

#48. 체육관 근처. 새벽

눈을 반만 뜬 윤지원. 비척비척 걷고 있다. 멀리서 들리는 탕-탕- 뭔가 치는 소리.

윤지원 뭔 소리야…

계속 걸어가는데 저만치 보이는 체육관 문이 열려있고,
작업복 차림의 사람들이 오가고 있다. 놀라서 뛰어가는 윤지원.

#49. 체육관. 새벽

뛰어 들어오는 윤지원. 보면 깨끗하게 비워진 체육관. 석반건설 작업복에 안전모를 쓴 사람들이 공사 준비에 한창이다. 지경훈이 멍하니 그 광경을 보고 있다.

윤지원 (지경훈 보며) 아저씨, 이게 다 뭐예요? 세팅 다 했는데 이게 무슨…

지경훈 아니, 나도 방금 나왔는데…

석지원(E) 취임식은 운동장에서 합니다.

돌아보면, 작업복 차림의 석지원, 다가온다.

윤지원 운동장이요?

석지원 세팅한 거 운동장으로 그대로 다 옮겨놨고요.

윤지원 누가요?

석지원 우리 직원들이요.

석지원 뒤로, 젊은 직원 하나가 입을 삐죽삐죽 석지원을 째려보며 지난다.

윤지원 왜요?

석지원 비 새는 것도 새는 건데, 전반적으로 상태가 영 말이 아니더라고요. 학생들 안전과 직결되는데, 후딱 고치기로 했습니다.

윤지원 아니 그걸 묻는 게 아니라, 왜 하필 오늘부터?

지경훈 운동장은 먼지도 많이 날리고. 회장님도 오시는데…

석지원 그러니까요.

지경훈 예? (하는데)

석지원, 그대로 둘을 지나쳐 공사 중인 직원들과 뭔가 얘기를 나눈다. 황당한 얼굴로 마주 보는 윤지원과 지경훈.

#50. 운동장. 낮

구령대 앞으로 쫙 깔린 의자에 학생들 앉아서 떠들고 있고. 선생님들, 학생들을 통솔하느라 바쁘게 오간다. 취임식 현수막이 바람에 휘날리고. 단상을 갖다 놓고 마이크를 세팅하는 석반건설 직원들.
어이가 없단 얼굴로 보고 있는 윤지원 옆으로 맹수아가 온다.

맹수아 갑자기 웬 운동장?
윤지원 쟤 돌았나 봐.

하는데, 다가오는 변덕수. 떨떠름한 얼굴이다.

변덕수 윤쌤아, 아니 이게 맞는 거냐?
윤지원 모르겠어요. 갑자기 왜 저러...
변덕수 아니! 취임식에 마을 사람들을 왜 불러?
전 이사장님도 참석하신다는데.
맹수아 뭐야, 이거 완전 멕이는 거 아냐?
윤지원 ...마을 사람들이요?
변덕수 스무 명도 넘게 온댄다. 참 내, 이게 이게...

굳은 얼굴로 몸을 돌려 달려가는 윤지원.

#51. 사택. 윤재호 방. 낮

뛰어 들어오는 윤지원. 방은 비어 있다. 옷장 문을 열어 보면, 양복도 없다.
다시 뛰어나가는 윤지원.

#52. 마을 일각. 낮

마을 사람들 스무 명 남짓이 담소를 나누며 걸어오는 중이다.

#53. 학교 일각. 낮

양복을 입고 서 있는 윤재호. 준비로 바쁜 운동장을 가만히 내려다본다.
취임식 현수막을 물끄러미 보다가, 몸을 돌려 낡은 건물과 나무들을 천천히 눈에 담아본다.
회한의 한숨을 크게 한번 내쉬고는 착잡한 얼굴로 걸음을 옮긴다.

#54. 학교 일각. 낮

달리면서 시계를 보는 윤지원. 여덟 시 십 분이다.

윤지원　나쁜 새끼…

멀리 교문이 보인다. 속도를 높이는 윤지원.

#55. 교문 앞. 낮

윤지원 달려오면, 슈트로 갈아입고 서 있는 석지원의 뒷모습 보인다.
이를 악물고 달려가는데, 그 옆으로 커다란 관광버스 한 대가 서 있고 어리둥절한 표정의 마을 사람들이 차례로 버스에 오르고 있다.
발을 멈추는 윤지원. 마지막으로 김 영감이 버스에 오르려다가 멈추고.

김영감　(의문으로) 근데 회장님은 취임식에 오라셨는데 왜 우리가 꽃놀이를 가나? 꽃이 다 피지도…
석지원　(얼른) 날이 좋지 않습니까, 어르신? 취임식은 지루하기만 하죠.
김영감　그렇긴 한데.
석지원　(품에서 흰 봉투 하나 꺼내 건네며) 도시락 좋은 걸로 넉넉히 넣었으니까 맛있게 드시고요. 이건 다녀오셔서 오후에 술 한잔씩 하십시오. 취임 축하해주시는 마음이 감사해서, 약소하나마…

김영감 (함박웃음으로 받아 열어 보고는, 석지원을 껴안을 기세로) 아이구! 축하허지. 하고말고! 잘 다녀오겠네, 그럼!

김 영감까지 타고 나면, 천천히 버스가 교문 앞을 떠난다.
작게 한숨을 내쉬며 몸을 돌리는 석지원. 서 있는 윤지원과 눈이 마주치면 '뭐?' 하듯 고개를 까딱하고는 윤지원을 지나쳐 간다.

#56. 석경태의 차 안. 낮

구성진 트로트가 울려 퍼진다. 따라 흥얼거리며, 청심환을 까먹고 있는 석경태.
그 옆을 유유히 지나는 관광버스. 보지 못하고 점점 더 흥이 오르는 석경태에서.

#57. 운동장. 낮

급격히 어두워진 석경태의 얼굴. 내빈석에 앉아 있다. 달려오는 지경훈.

석경태 어떻게 됐어?
지경훈 …고, 고속도로 탔답니다.
석경태 이놈 어딨어!

하는데, 찰칵찰칵 사진 찍는 소리. 보면 석지원과 함께 오는 기자와 촬영기사.
연신 셔터를 눌러대며 온다.

석지원 (석경태 보고 다가와, 미소로) 저희 아버지세요.

아버지, 여긴 정원일보 김경수 기자님이시고요.

김경수 (손 내밀며) 처음 뵙겠습니다. 김경수 기잡니다.

석경태 기자...?

김경수 (명함 주고) 독목고 재단 자금난이 심각했는데, 좋은 일 하십니다, 회장님. 고향이시라면서요? 이사장님 모교이시고.

석경태 아, 예...

김경수 좋은 기사 하나 나오겠는데요? 두 분 사진 한 장?

석지원 (석경태 옆에 앉아 얼굴 바짝 들이밀며) 아버지, 웃으세요.

석지원 환하게 웃고. 석경태도 웃는데 입꼬리에 경련이 일어날 것 같다.
찰칵찰칵 연신 셔터가 터진다.

#58. 엉망진창 취임식 몽타주. 낮

1. 사회를 보는 지경훈. 마이크에 대고 "지금부터..." 하는 순간 삐-
사람들 귀를 막으며 괴로워한다.

2. 교감 강영재. 단상에서 학생1에게 장학금을 전달하는 중인데,
붙여놓은 취임식 현수막이 바람에 날려 강영재의 얼굴을 덮어버린다.
학생들은 와르르 웃고, 지경훈과 윤지원이 뛰어 올라와 현수막을 치운다.

3. 축하공연. 엄기석이 보컬로 있는 교내 밴드가 멋지게 공연을 시작하는데. 노래가 흘러나오면 다들 웅성웅성...
"독목산 정기 받은~~~" 교가다. 창법만 락이다.
구령대 밑에 늘어선 선생님들, 다들 당황해서 서로 얼굴만 보는데.

맹수아 뭐야 지금?

윤지원　...뭐지 저거?

공문수　어제 리허설 하는 거 우연히 봤는데 이사장님이 밴드부 찾아가서 교가 불러 달라고 했대요. 좋아하는 노래라고.

맹수아　헐.

공문수　근데 교가 저도 좀 좋은 거 같아요.

윤지원 고개를 돌려 단상 위에 앉은 석지원을 보면,
태연한 얼굴로 발까지 까딱이며 듣고 있다.

4. 취임사. 석지원이 무표정한 얼굴로 취임사를 읊고 있다.
그러므로 / 그래서 / 그러나 / 끝으로 / 에... 마지막으로 / 덧붙이자면...
등등 한없이 길어지는 연설이 컷컷 보여지고.
학생들 얼굴에 짜증이 가득하다. 서 있는 선생님들도 다리가 아프고.
내빈석에 앉은 윤재호가 살짝 졸다가 퍼뜩 정신을 차린다.
민망한 얼굴로 괜히 둘러보다가 석경태와 눈이 마주치면, 방긋 웃는 윤재호.
석경태 외면하며 질끈 눈을 감는다.

5. 지경훈이 마이크 앞에 다시 서 있고.

지경훈　자 마지막으로 석반건설 석경태 회장님의 축사...

하는데, 참다못한 학생들의 비명 같은 야유가 흘러나오고. 선생님들은 말리느라 어수선하다. 지경훈 곤란한 얼굴로 돌아보면, 석경태 다 귀찮다는 듯 손을 휘- 내저으며 고개를 흔든다.

지경훈　(얼른) ...는 생략하고 이상 취임식을 마치겠습니다.

#59. 선술집. 밤

뒤풀이 회식이 한창이다. 술병과 이미 비워진 안주 접시 등으로 어지러운 테이블에 석지원, 윤지원, 공문수, 맹수아, 차지혜, 장온유 앉아 있고, 다른 테이블에 앉은 교감 강영재, 지경훈, 변덕수.

맹수아 그니까 둘이 십수 년 전에 만난 적이 있단 거야?
윤지원 (맥주 마시며) 그렇더라니까.
장온유 (시무룩) 어디서요?
공문수 (막걸리를 맛나게 마시고) 그건 비밀이에요.

골똘히 뭔가를 생각하며, 공문수와 윤지원을 보는 석지원.

맹수아 (한숨 푹 쉬며) 아… 나 요새 회식만 하면 상처받네.
이런 식의 운명적 만남… 좋지 않은데.
윤지원 그냥 옛날 일이지 뭐. (문수 가리키며) 열일곱 애였어.
공문수 (배시시 웃으며) 전 운명 같은데.
차지혜 (석지원 힐끗 보고) 운명 맞죠. 뭐. 어디서 어떻게 만났는지 모르지만 십 년 만에 이렇게 학교에서 다시 만날 확률이 얼마나 되겠어요?
석지원 (무심히 잔 들며) 자, 오늘 다들 수고하셨습니다. 건배할까요.
뭐… 운명을 위해?

다 같이 건배하고, 다시 왁자지껄해진다. 변덕수가 와 석지원 옆에 앉아 신나게 뭔가를 얘기하며 술을 따라주면, 마시면서 연신 끄덕이는 석지원.
피곤한지 손으로 눈을 비빈다. 윤지원 물끄러미 그런 석지원을 보는.

#60. 상동. 밤

지경훈과 강영재가 앉은 테이블.

강영재　(석지원 힐끗 보며) 여우야, 완전.

지경훈　이사장님이요?

강영재　자기 아버지 뻘짓 하려고 하니까 원천 봉쇄하는 것 좀 보세요.

지경훈　(웃으며) 그것 땜에 저만 죽을 뻔했습니다.

강영재　거기다 기자 불러가지고 기사 내버리면, 석경태 회장도 나중에 아무 이유 없이 이사장을 냅다 갈아치우는 건 좀 부담이그든요.
(잔을 내밀면)

지경훈　(짠 하고 마시며 끄덕끄덕) 여우 맞네요.

#61. 선술집 앞. 밤

공문수가 취한 석지원을 업고 있다. 사람들 흩어지며 택시를 잡고, 인사를 하느라 바쁘다.

윤지원　괜찮겠어?

공문수　같은 서울인데 같이 택시 타고 가면 좋죠.

윤지원　저기, 근데 공쌤은 진짜 사택에서 사는 거 괜찮아?

석지원, 으음… 하며 몸을 뒤척인다.

공문수　전 너무 좋아요. 출퇴근 지옥인데. 선생님 혹시 불편하세요?
제가 너무 할아버지랑 둘이서만 신나서 정해버렸나…?

윤지원　그건 아닌데. 뭐 사택이 원래 집 먼 선생님이나 교직원들 살라고 만든 곳이기도 하고.

공문수　제가 청소 빨래 밥 다 할게요.

윤지원　그러느니 서울로 출퇴근을 하겠다. (하다 핸드폰 보고)

어, 택시 왔어!

공문수 (흘러내리는 석지원을 읏챠 다시 업으며) 들어가세요. 내일 일찍 갈게요.

윤지원, 끄덕이며 손을 흔들면, 공문수, 약간 앞에 세워진 택시를 향해 걸어간다.

#62. 사택. 거실. 낮

체육복 차림의 윤지원, TV를 보고 있다. 일어난 지 얼마 안 된 듯 하품을 한다.
똑똑- 문 두드리는 소리가 들리면, 윤지원이 일어나기도 전에 부엌에서 달려 나오는 윤재호.

윤재호 우리 문수 왔구나...!

현관으로 내려서서 얼른 문을 연다.

#63. 석지원의 집. 부엌. 낮

아침을 먹는 석경태와 한영은.

석경태 (화난) 이 자식 어제 안 들어왔어?
한영은 들어왔죠. 아침에 나갔고.
석경태 (국 뜨며) 현관 비밀번호 바꿔. 내쫓아.
한영은 (까르르 웃는) 아이구 여보, 석경태 씨. 당신 아들 열여섯 아니고 서른 여섯이야. 걔가 돈이 없어? 차고 넘쳐.

석경태	뭔 소리야, 지금.

한영은	아침에 짐 다 싸서 나갔어. 당신 머리 꼭대기에 있다고.

석경태	뭐야? 어디! 어디로 갔어!!

#64. 사택. 현관. 낮

윤재호 문을 연 채 서 있다. 윤지원 "이야, 벌써 우리 문수가 되셨어?" 하며 오는데.

윤재호의 표정이 묘하다. '응?' 하며 보면, 문 앞에 큰 배낭을 메고 서 있는 공문수. 공문수의 표정도 묘하다.

윤지원	왜? 안 들어오고?

공문수	그게…(하며 고개를 돌리면)

스읔, 공문수의 뒤에서 모습을 드러내는 석지원, 윤지원을 똑바로 보는 데서 암전.

#65. 병원 주차장. 밤 (과거)

벤치에 앉아 있는 스물넷 석지원. 등 뒤로 장례식장 간판 보이고.

그 옆으로 중년 남성 둘이 담배를 손가락에 끼우고 멍하니 앉아 있다.

남자1	…그래서 그 딸내미가 회사 대표한테 명예훼손으로 고소당하고, 난리도 아녔지. 죽네 사네 했는데 부모까지 저리 갔으니.

남자2	아까 기절해서 입원실 올라간 그 애 말하는 거지?

남자1	(끄덕이며) 안됐어.

남자2	우리가 더 안됐지. 횡령이라니… 씨… 회산 어떻게 되는 거야?

라이터를 탁, 켜는 남자1. 석지원, 일어난다. 얼굴이 벌겋다.
장례식장 입구로 가지만 차마 못 들어가고 서성이기만 한다.

#66. 병실 앞 복도. 낮 (과거)

다른 날. 석지원이 병실 앞에 서 있다. 간호사가 다가와 문을 열고 들어가면 몸을 돌리는. 간호사 들어가고 문이 닫히는 찰나, 얼른 들여다보면 문과 제일 가까운 자리에 윤지원이 옆으로 누워 있다. 마른 등과 세어버린 머리가 보인다.

#67. 병원 정원. 낮 (과거)

다른 날. 윤지원이 벤치에 멍하니 앉아 있다.
좀 떨어진 곳에 서 있는 석지원. 다가가지 못하고 보고만 있다.

#68. 병실 앞. 밤 (과거)

다른 날. 병실에서 나오는 누군가. 문 앞에 서 있던 석지원 그 틈에 슬쩍 들여다보면, 비어 있는 윤지원의 침대.
석지원의 얼굴이 상처투성이다. 여기저기 밴드를 붙였다.

cut.to
복도를 서성이는 석지원. 시계를 보면 12시가 다 되어간다.
오지 않는 윤지원이 걱정된다. 입술을 깨물고 고민하다가, 무작정 뛰기 시작하는.

#69. 병원 로비. 밤 (과거)

달려오는 석지원. 텅 빈 로비.

#70. 병원 정원. 밤 (과거)

여기저기 살펴보는 석지원. 어디에도 윤지원은 없고.
둘러보다 문득 고개를 들어 옥상을 보는.

#71. 병원 옥상. 밤 (과거)

문을 열면, 난간에 앉은 윤지원과 공문수의 등이 보이고, 거의 동시에 꺼지는 가로등.
미친듯이 달려가는 석지원.
/
윤지원과 공문수를 동시에 뒤로 잡아채는 석지원.
공문수, 맥주 캔과 함께 나뒹굴며 스르르 눈을 감고. 비명을 지르는 윤지원의 등을 양팔로 받치며 받아내는 석지원. 거친 숨을 내쉰다.

#72. 병실. 밤 (과거)

잠들어 있는 윤지원. 수액을 조절해 주고 간호사가 나가면.
멍하니 침대 옆에 앉아 윤지원을 보고 있는 석지원.
헝클어진 머리카락을 조심스럽게 정리해준다. 손이 떨린다.
작게 훌쩍이기 시작하는. 안도와 서러움으로 눈물이 뚝뚝 떨어지는 데서.

#73. 사택. 현관. 낮 (현재)

뻔뻔한 얼굴로 서 있는 석지원. 커다란 캐리어를 두 개나 끌고 왔다.

윤지원 뭐 하자는 거죠?

석지원 (당당하게) 집이 먼 교사, 교직원들을 위한 곳이라면서요.
나도 뭐 따지고 보면, 자격이 없는 건 아닌 거 같아서.

윤지원, 너무 어이가 없어 허, 하고 웃는다.
석지원, 지지 않고 방긋 미소를 보내면, 둘을 번갈아 보는 공문수.
세 사람의 얼굴에서.

사랑은 외나무다리에서 4회 끝.

제 5 회

#1. 사택. 윤지원의 방. 밤

불 꺼진 방. 누워 있는 윤지원. 멍하니 천장을 쳐다보고 있다.

인서트 > 4회 #1. 연못가 물속. 저녁

물속에서 석지원과 눈이 마주치는 순간

윤지원 (돌아누우며 작게) 멍청한 놈.

인서트 > 4회 #19. 체육관. 밤

사다리에서 떨어져 제 위에서 고개를 들던 석지원의 얼굴.

윤지원 (반대쪽으로 돌아누우며) 재수 없어.

인서트 > 4회 #55. 교문 앞. 낮

관광버스 떠나고 윤지원과 눈이 마주치면, '뭐?' 하듯 고개를 까딱하는 석지원.

윤지원　…잘난 척은…

다시 몸을 바로 하고, 상념을 떨쳐보려는 듯 눈을 꾹 감는데.
작게 들리는 새소리. 놀라서 보면 창밖이 뿌옇게 밝아오고 있다. 협탁에 놓인 핸드폰을 들어 시간을 확인하는. 5시다. 짜증 난 얼굴로 벌떡 몸을 일으키는.

석지원(E)　미친!

#2. 석지원의 방. 새벽

침대에서 벌떡 몸을 일으키는 석지원. 잠을 자지 못한 듯 퀭하다.
잠시 생각하다 아예 침대에서 내려와 옷장의 문을 열고 위 칸에 놓인 캐리어를 꺼내 들다 멈칫한다.

석지원　…고작 3개월… 그걸로 끝?

신경질적인 몸짓으로 다시 캐리어를 옷장에 던지듯 넣고 문을 쾅 닫는다.
다시 침대로 몸을 던지고 이불을 머리끝까지 썼다가 곧바로 휙 내리고 다시 일어나 옷장 문을 여는 비장한 얼굴에서.

#3. 사택. 현관. 낮 (4회 #73.과 동일)

마주 서 있는 윤지원과 석지원. 윤지원 뒤로 보이는 거실에 윤재호와 공문수가 딱 붙어 서서 안 보는 척 둘을 보고 있다.
석지원 캐리어를 들이미는데, 발로 척 막는 윤지원.

윤지원　뭐 하자는 거냐고요?

석지원　관사에서 살겠다는 겁니다. 말했잖아요?

윤지원　말장난하지 마시고, 당장 돌아가시죠.
이게 지금 말이 된다고 생각하세요?

석지원　말이 안 되는 이유를 말해보세요. (뒤쪽 힐끗 보며)
교생 선생은 되는데 왜 나는 안 되는지.

윤지원　그야 공쌤은, 집도 멀고.

석지원　나도 멉니다.

윤지원　매일매일 출근하잖아요?

석지원　저도 이제 그러려고요.

윤지원　뭐냐, 그… 차도 없고!

석지원　아유, 요새 운전이 너무 피곤해서.

윤지원　(화 누르며 작게) 이보세요, 이사장님. 그쪽이랑 나는…

석지원　(빤히 보면)

윤지원　그쪽이랑 나는…!

석지원　(낮게) 나랑 그쪽 뭐요? 우린 18년 전 고작 삼 개월 그걸로 끝.
아닙니까?

윤지원　(어이가 없어서) 예?

석지원　(한 발짝 다가오며) 그러니까 나한테 마음 같은 거 남은 게 아니면.

윤지원　(발끈해서) 미쳤습니까, 내가?!

석지원　(한 발 더 다가온다) 그러니까요. 미친 거 아니면 비키세요.
집이 먼 학교 관계자, (한 발 더) 관사에 좀 들어가게.

윤지원 점점 뒤로 물러나다가, 얼떨결에 비키면 얄미운 표정으로 현관으로 들어가는 석지원. 벙찐 얼굴로 서 있는 윤지원에서.

#4. 사택. 거실. 낮

당당하게 거실로 올라서는 석지원. 윤재호와 공문수 얼른 다른 데를 보며 딴청을 부리는데. 윤재호에게 고개 숙여 인사하는 석지원.

석지원 여러 가지 이유로 신세를 좀 지겠습니다. 어르신.
윤재호 (지그시 보다가) …뭐 따지고 보면, 이 관사도 이사장 거긴 한데…
윤지원 (와락 들어오며 역정) 할아버지!!
석지원 (미소로) 2층 방을 쓰면 될까요?
윤재호 그래야지. 근데 우리 문수만 오는 줄 알고 방을 하나만 치웠는데…
석지원 (공문수 보고 빠르게 걸으며) 한쪽이 선점하면 나머지가 남은 방입니다.

공문수, 놀라서 보면, 캐리어 두 개를 들고 이미 계단을 오르고 있는 석지원.

공문수 어어? 이사장님! 그런 게 어딨어요!!

두 사람 옥신각신 계단을 오른다. 캐리어로 문수를 막는(?) 석지원과 아등바등 그 틈으로 올라가려는 공문수.
윤재호 어이없다는 듯 웃고, 윤지원 두통이 밀려와 머리를 짚는다.

#5. 사택 2층 거실. 낮

나란히 있는 두 개의 방. 거실 중간에는 소파와 테이블 정도.
천장 한쪽에는 길게 줄이 하나 내려와 있다. 당기면 열리면서 계단이 나타나는 형태의 다락이다.
치워진 방에 들어가 짐들을 내려놓고 책상 옆 선반에 레고 장난감들을 정성스럽게 진열하는 공문수.
먼지 가득한 옆방에 서서 창문을 열며 콜록거리는 석지원.
그 모습을 보고 있는 윤재호와 윤지원.

윤지원　그 와중에 공쌤한테 진 거야, 재?

윤재호　(웃는) 우리 문수가 빨러…!

윤지원　그게 문제가 아니고, 진짜 재랑 같이 살자고?
따지고 보면 관사도 니 꺼다. 그런 걸 왜 상기시켜 주신 거야?

윤재호　(의미심장하게 보며) 너는 정말 모르겠냐, 저놈이 여기 들어온 이유.

윤지원　(놀라서) 뭐, 뭐, 뭐… 아냐, 나 때문 아…(하는데)

윤재호　(거의 동시에) 나 때문이다.

윤지원　에?

윤재호　골프장 책임자가 저놈인 게지. 앞으로 서울보단 여기서 할 일이 많을 거고 겸사겸사 나도 감시할 작정 아니겠냐?

윤지원　(머쓱) 아… 그치. 그런 거지.

윤재호　(공문수 가리키며) 친구를 가까이 둬라.
(석지원 가리키며) 적은 더 가까이 둬라. 그러니까 너도 그냥 받아들여.

윤지원　(삐죽이며 석지원을 보는 데서)

#6. 사택. 석지원의 방. 낮

책상과 옷장, 작은 침대 정도만 놓인 방. 곳곳에 먼지가 자욱하다.
걸레로 책상을 닦는 석지원, 문득 창밖을 보는데.
윤재호와 윤지원, 공문수가 차를 세차하는 중이다.
윤재호의 낡은 차 옆에 석지원의 차도 나란히 서 있다.

#6-1. 사택. 마당. 낮

윤재호 차에서 발판을 꺼내 털고, 공문수 호스를 들고 물끄러미 차를 보고 있다.

윤재호 (웃으며) 뭘 그렇게 보고 있어?

공문수 예? 차가 너무 멋있어요.

윤재호 그렇지? (애틋하게 보며) ... 내 아들놈이 골라준 거야.
오래됐어도 잘 나가. 옛날엔 더 잘 나갔고.

운전석 아래 발판을 다시 까는 윤재호. 공문수 조심스럽게 호스를 튼다.

#6-2. 사택. 석지원의 방. 낮

창에 붙어 서서 마뜩잖은 눈으로 보고 있는 석지원.
호스를 튼 공문수가 물줄기를 손으로 튕겨 윤지원에게 장난을 건다.
피하며 웃는 윤지원의 얼굴. 석지원 눈살을 찌푸린다.

#7. 사택. 마당. 낮

얼굴이 흠뻑 젖은 공문수가 서 있고. 윤재호 닦아주느라 바쁘다.
그 앞에 호스를 들고 선 윤지원. 미안한 얼굴로.

윤지원 그러게 왜 날 도발해 공쌤...

공문수 ...저는 손으로 튕겼는데.

윤지원 미안해...

윤재호 (다 닦아주고) 됐다. 체육복 하나 주랴? 우리 집 공식 유니폼.

공문수 (웃는) 어? 네 좋아요. 주세요!

윤재호 그래. 들어가자. (몸 돌리며) 저녁엔 뭘 해 먹나. 보쌈 해 먹을까?

윤지원 오오 좋다. 겉절이 콜? 막걸리 콜?

윤재호 좋지. 그럼 내 마트 가서 장을 좀,

공문수 (얼른) 옷 갈아입고 제가 다녀올게요.

윤지원 길도 모르면서. 내가 다녀올게.

공문수 지도 보면서 가면 되죠.

윤지원 그럼 공평하게 가위바위보 하자. 진 사람은 마트.
이긴 둘은 식사 준비. 어때?

공문수 좋아요!

윤재호 (자세 잡으며) 한다?

셋, '가위바위보!' 하는데 불쑥 내밀어지는 또 다른 주먹 하나.
셋, 보면 석지원이다.

석지원 (뻔뻔한 얼굴로) 아이쿠, 졌네요. 저랑 윤 선생님이?

석지원과 윤지원은 주먹을, 윤재호와 공문수는 보를 냈다.

#8. 동네 거리. 낮

장바구니를 옆구리에 낀 채 걷는 윤지원. 그 옆에 살짝 떨어져 걷고 있는 석지원.
마주 오던 마을 사람 한 명을 보고 얼른 웃으며 인사하는 윤지원.
인사를 받은 중년 여성이 화답하고는, 석지원을 보고 갸웃하며 지난다.

윤지원 (못마땅한) 거, 혼자 간다는데.

석지원 원칙대로 하는 겁니다, 원칙대로.

윤지원 (코웃음 치고, 휙 앞서가며 작게) 무슨 언제부터 원칙을 따졌다고.

석지원 (따라잡으며) 뭐랬습니까?

윤지원, 못 들은 척 속도를 올려 뛰듯이 걸으면, 지지 않고 따라붙는 석지원에서.

#9. 동네 마트. 정육 코너 앞. 낮

카트를 두고 서 있는 두 사람. 윤지원 고기들을 살피며 신중하게 고르는 중이다.

윤지원 뭐라긴요. 쉽게 가자. 대충 하자. 그만 좀 따져라.
좋은 게 좋은… 거다. 맨날 입버릇처럼 했던 말 아닙니까?
그러면서 원칙대로 하는 사람 바보 취급하고.

석지원 아, 그거… 그거는, 이것도 안 된다. 저것도 안 된다.
원래 안 된다. 그냥 안 된다. 매번 죽자고 딴지 거는 원칙주의자가 옆에 한 명 있어서 고생을 좀 했죠, 내가.

윤지원 나 때문이다?

석지원 (보며 씩 웃는) 주어는 말 안 했는데?

윤지원 (빤히 보면)

석지원 왜…요?

윤지원 사람 참 안 변한다 싶어서요. 틈만 나면 깐족깐족…
어릴 때도 그렇게 깐족거리다가 맞기도 많이 맞고 저한테 와서 징징 울고 그러셨잖아요. 그쵸?

석지원 (발끈해서) 맞은 게 아니라!

윤지원 (고기 하나를 카트에 던져 넣고 밀고 간다)

석지원 와, 계속 말을 끊네?

#10. 동네 마트. 음료 코너 앞. 낮

윤지원은 막걸리를, 석지원은 맥주를 카트에 담으며.

석지원 말은 바로 합시다. 맞은 게 아니라 싸운 거고.

윤지원 뭐 싸운 걸로 해도 울긴 울었잖아요.

석지원 것도 초딩 때나 그런 거지,

윤지원 무슨. 중1 5월에 4반 강동주랑 축구하다가 맞아서 코피 터졌다고 운동장에서부터 교실까지 아주 오열을 하면서…

석지원 (카트 거칠게 끌고 가며) 아유, 진짜! 쓸데없이 기억력은 좋아가지고!

윤지원, 가는 석지원을 보며 만족스럽게 웃다가, 멈칫. 정색하고 따라간다.

#11. 동네 마트. 계산대 앞. 낮

줄을 서서 계산을 기다리는 둘. 계산대 앞에 껌과 과자 등을 진열해 두었다.
그 앞에서 다른 맛의 같은 빼빼로 2개를 들고 서 있는 윤지원.
둘 중 뭘 할까 진지하게 고민 중인데. 그 모습을 물끄러미 보고 있는 석지원.
둘 차례가 되면 석지원 저도 모르게 하나를 뺏어서 계산대에 올리며.

석지원 뭐 백만 년 고민해도 맨날 아몬드…면서.

말해놓고 너무 아는 척을 했나, 머쓱하다. 둘 말없이 계산대에 물건들을 올린다.

#12. 동네 마트 앞. 저녁

카트를 밀며 나오는 두 사람. 눈이 마주치면 누가 먼저랄 것도 없이 침묵 속에서 가위바위보를 한다. 윤지원이 이기면, 석지원 짐을 꺼내 들고 윤지원은 카트를 자리에 갖다 둔다.

돌아오며 빼빼로를 열어 하나 먹는 윤지원. 슬쩍 옆에서 걷는 석지원을 보며 잠시 고민하다가 하나 툭 내밀면, 석지원 받아서 먹는다.
나란히, 하지만 멀찍이 떨어져서 걸어가는 둘의 뒷모습에서.

#13. 사택. 부엌. 밤

활짝 웃고 있는 윤재호와 윤지원, 뿌듯한 공문수, 심드렁한 석지원의 표정이 차례로 보이고. 보쌈을 비롯해 찌개와 각종 반찬들이 거하게 차려진 밥상.

윤지원 공쌤 혼자 이걸 다 했다고?
공문수 입주 기념으로 그냥 소소하게...
윤재호 (좋아서 흘겨보며) 같이 하기로 해놓고, 나는 부엌에 발도 못 들이게 하면 어떡해?
공문수 (뿌듯한 미소로) 에이, 혼자서도 충분해요. 어서들 드세요.
윤재호 (밥 먹기 시작한다. 석지원 보며) 이보게, 이사장, 된장찌개 좋아하나? 마음 단단히 잡수고 한번 먹어보게. 진짜 맛있거든.
석지원 예. 어르신 (한술 뜨며) 전 김치찌개를 더 좋아하긴 하...(하다가) 어!
윤재호 어때, 맛있지? 맛있지?
석지원 (감탄을 애써 누르며) 예... 먹을 만합니다. (홀린 듯 퍼먹기 시작한다)

cut.to
모두 식사를 마쳤는데, 석지원, 아쉬운 듯 남은 된장찌개를 연신 떠먹다가 문득 시선 느끼고 보면 모두 석지원을 보고 있다. 정신이 든 듯 숟가락을 내려놓는.

윤지원 뚝배기 바닥을 뚫으시겠어요.
윤재호 김치찌개가 많이 섭섭하겠어.

석지원 (헛기침하며, 밥그릇과 수저를 들고 일어난다) 잘 먹었습니다…

#14. 상동. 밤

석지원 설거지 중이다. 옆에 선 윤지원은 그릇을 받아 헹군다.
거실에서 윤재호와 공문수의 목소리가 들려온다.

윤재호(E) 그니까 우리 문수는 연애에 있어서, 상대 나이엔 아무런 편견이 없는 거네?

공문수(E) 그럼요, 할아버지.

윤재호(E) … 일곱 살 연상도?

공문수(E) 딱 좋아요.

윤재호(E) 그래? 됐네, 됐어.

윤지원 (슬쩍 뒤돌아보며 못 말린다는 듯 탄식) 아… 할아버지 진짜…

석지원 (혼잣말로) 딱 좋긴 무슨.

윤지원 딱 좋을 수도 있지 뭘.

석지원 일곱 살 어린애가 딱 좋아요?

윤지원 공쌤도 어엿한 성인인데 무슨 어린애예요?
그리고 일곱 살 연하가 어때서? 전 일곱 살 연상도, 연하도 딱 좋은데?
(얄밉게) 동갑만 아니면 돼요.

석지원 참 내… 나더러 유치하니 뭐니 그러더니 지는…

윤지원 지는?

석지원 혼잣말입니다. 혼잣말.

마지막 그릇을 닦아 넘기고는 손을 씻는 석지원. 일부러 윤지원을 향해 물을 탈탈 턴다. 어이없다는 듯 보는 윤지원을 두고 새침하게 돌아 나간다.

#15. 사택. 거실. 밤

부엌에서 나오는 석지원. 소파에 나란히 앉아 세상 다정한 공문수와 윤재호를 일별하고는 주변을 스윽 둘러본다. 그러다 한 곳에 눈이 멈춘다. 현관 신발장 위에 놓인 공구함이다.

#16. 사택. 현관. 밤

어리둥절한 표정으로 선 윤재호와 공문수. 공구함에서 꺼낸 전동드릴을 한 손에 들고 가늠하듯 현관문을 열었다 닫았다 하는 석지원. 몇 번 여닫다가 삐걱… 소리가 나면,

석지원 (옳다구나) 낡았네요.
윤재호 낡았지. 60년도 더 된 집…

하는데, 냅다 전동드릴로 경첩을 분해하기 시작하는 석지원. 흠칫하는 윤재호와 공문수. 소리에 놀란 윤지원도 부엌에서 뛰어나온다.

윤지원 뭐야, 무슨 일이야?
윤재호 (씩 웃고, 작게) 저 양반이 밥값을 제대로 하려나 보다?

공문수, 능숙하게 드릴을 다루는 석지원을 물끄러미 본다. 석지원 힐끗 돌아보다 그런 공문수와 눈이 마주치면 둘만 아는 작은 불꽃이 튀는 데서.

#17. 두 남자의 불꽃 경쟁 몽타주

1. 사택. 부엌. 새벽

졸린 눈으로 쌀을 씻는 공문수. 싱크대에 쌓여 있는 음식 재료들. 작게 하품을 한다.

2. 사택. 윤지원 방. 낮

의자 위에 올라가 전등을 갈고 있는 석지원. 벙찐 얼굴로 보고 있는 윤지원.

3. 사택. 거실. 밤

비닐을 깔고 김치를 담그는 공문수. 퇴근한 듯 슈트 차림으로 들어오던 석지원이 보고 흠칫 놀라면, 여유롭게 씩 웃어 보인다.

4. 사택. 욕실. 밤

낡은 세면대를 떼어내고 있는 석지원.
열린 문 앞에 와 서는 윤재호 만족한 듯 끄덕이더니 손에 든 뭔가를 석지원에게 보여준다. 보면 새 페인트 통이다.

5. 사택. 마당. 낮

커다란 이불을 너는 공문수. 퀭한 얼굴이다. 옆을 쳐다보면,
외벽에 페인트칠을 하는 석지원. 팔이 뻐근하다. 둘 눈이 마주치면 잠시 서로를 응시하다가 고개를 돌린다.

#18. 사택. 공문수의 방. 밤

윤지원, 손에 든 핸드크림을 건네면 받아 드는 공문수.
손에 바르다가 따가운 듯 손끝을 모아 입김을 호호 불어본다.

윤지원 왜 그래, 진짜… 난데없이 김치를 왜 담가?

주부습진 걸리자고 사택 들어왔어?

공문수　그게... 그런 게 있어요.

#19. 사택. 2층 거실. 석지원 방 앞. 밤

공문수의 방에서 나오는 윤지원. 계단으로 가다 멈춰 선다.
삐죽 열린 석지원 방문. 보면 의자에 걸터앉은 석지원, 셔츠를 올리고 옆구리 쪽에 파스를 붙이려고 애쓰고 있다. 이미 팔에는 파스를 붙였다.

윤지원　쟤는 또 왜 저래...

망설이는 얼굴로 보다가 고개 흔들고 그냥 가려는데, 여의찮아 제대로 붙지 않은 파스를 신경질적으로 떼어내 마구 구기는 석지원과 눈이 딱 마주친다.
흠칫 놀라 얼른 지나치려는데 벌떡 일어나 다가오더니 파스를 내미는 석지원.

윤지원　(얼떨결에 받는) 뭡니까?

석지원　(말없이 티셔츠를 걷고 등을 돌린다) 그냥 좀 붙입시다.
이십 분 넘게 파스 열 장도 더 버렸으니까.

윤지원　(접착 부분을 떼며 중얼) 누가 뭐 하랬나. 왜 시키지도 않은 일에 열을 올려요, 그러니까.

석지원　...모르면 그냥... 그냥 붙이기나 해요.

윤지원　(파스 자리를 대충 잡아보며) 여기?

석지원　아니 좀 더 위에.

윤지원　(옮겨서) 여기요?

석지원　아뇨, 좀만 왼쪽으로.

윤지원　(짜증 나서) 아유, 어디라는 거야.

하는데 불쑥 끼어들어 파스를 낚아채는 손, 공문수다.

공문수 (석지원 옆구리에 붙이며) 여기죠, 이사장님?
석지원 (흠칫 놀라 돌아보고 질색하는) 아, 진짜…
공문수 (씩 웃으며 잘 붙으라고 파스를 손으로 정성스레 쓸어주면)
석지원 (화들짝 피하며) 뭐 하는 겁니까?
공문수 이런 건 옆방 사는 저한테 언제든지 부탁하세요.

둘 잠시 서로를 빤히 보다가 동시에 각자 방으로 들어가 버리면,
남은 윤지원 눈만 껌벅이는 데서.

#20. 라일락 벤치. 낮

화창한 날씨. 라일락꽃들이 피었다. 미친 라일락만 아직 앙상하다.
벤치에 나란히 앉아 커피를 마시는 맹수아, 윤지원, 차지혜.

맹수아 (동시에) 대박!
차지혜 (동시에) 미쳤네.
맹수아 둘 다 사택에 들어와서 살기로 했다고? 둘 다?
차지혜 (어이가 없는) 석지원 진짜, 진짜 미쳤구나.
윤지원 (커피 호록 마시며) 미쳤지.
차지혜 대체 무슨 생각이래?
윤지원 생각이 없는 거지.
차지혜 할아버지는 괜찮으시대? 너는?!
윤지원 … 싫으시겠지. 근데 사택도 따지고 보면 걔 거라셔.
맹수아 (별안간 벌떡 일어나는)
윤지원 어디 가?
맹수아 조퇴. 짐 싸러. 사택에 내 방 있지?

윤지원, 팔 뻗어 억지로 맹수아를 앉히고, "방 없어", "없어? 오히려 좋아…!" 하며 윤과 맹 옥신각신하는데. 울고 싶은 심정을 참는 차지혜의 얼굴에서.

#21. 이사장실. 낮

책상 앞에 앉아 일에 몰두하고 있는 석지원. 별안간 귀가 간지럽다. 슬쩍 긁고는 다시 서류를 넘겨본다. 서류가 산더미처럼 쌓여 있다. 그 앞에 선 지경훈.

지경훈 (조심스럽게) 근데 갑자기 재단 회계자료는 왜 보자고…
석지원 제가 재단을 책임지고 있으니까 대략적인 상황 말고 확실한 히스토리를 알아야 할 것 같아서요. 언제 어떻게 왜 상황이 악화되어서 재단을 파셨어야 했는지.
지경훈 (잠시 얼굴 굳었다가 얼른) 아, 예… 근데 정말 사택에서 지내십니까?
석지원 네. 여기서 할 일이 많아질 것 같아서요.
지경훈 말씀하셨으면 괜찮은 집으로 제가 구해드렸을 텐데.
석지원 사택으로 충분합니다.
지경훈 그래도 회장님이 아시면…
석지원 (미소로) 아셔도 뭐 어쩔 수 없죠. 실장님은 저희 아버지하고 꽤 각별하셨나 봐요. 여러모로 신경을 써주시네요.
지경훈 예? 아닙니다. 그냥 제 할 일이니까요.
석지원 아, 그런데 실장님은 어느 쪽이세요?
지경훈 (살짝 놀라서) 네?
석지원 골프장이요. 마을에서도 찬반이 갈리는 것 같던데.
지경훈 아… 골프장이요… (곤란한) 글쎄요. 저야 뭐…
석지원 전 이사장님하고의 인연이나 지금 우리 아버지와의 관계 같은 거 빼고 그냥 이 마을 주민으로 어떠신지가 궁금해서요.

지경훈　여기가 제 고향인데 독목산이 망가지는 건 싫죠.
반대하는 주민들도 그런 맥락에서 반댈 하는 거고요.
생태학적으로도 의미가 깊은 산이니까.

석지원　(끄덕이면)

지경훈　(얼른) 그런데 최대한 잘 보존하는 쪽으로 진행하신다고…

석지원　(웃는) 저희 아버지가 그러시던가요?

지경훈　(머쓱하게 웃으면)

석지원　산엘 한번 가봐야겠어요. 저도 이 동네서 자랐는데 어릴 때 소풍 몇 번 말고는 관심이 없었네요.

지경훈　예. 대신 가실 땐 저한테 꼭 말씀하십시오. 독목산이 등산로는 안전한데, 거기서 안으로 들어가면 갑자기 경사도 급해지고 낭떠러지도 있고 해서 위험하거든요.

석지원　(끄덕이며) 네.

다시 서류로 눈을 돌리는 석지원을 잠시 보다가 뒤돌아 나가는 지경훈.
석지원, 보던 서류를 다 넘기면 옆에 두고 가방에서 태블릿PC를 꺼내 켜다가 멈칫한다. 바탕화면에 윤지원과 윤재호가 활짝 웃으며 찍은 사진이 있다.
물끄러미 보다가 하는 수 없지, 하는 표정으로 들고 일어나는 데서.

#22. 학교 계단. 낮

출석부와 책을 옆에 끼고 무표정한 얼굴로 계단을 오르는 차지혜.
막 코너를 돌다가 발을 멈춘다. 보면 반 층 위에 서 있는 석지원과 윤지원.
서로 가지고 있는 같은 색의 태블릿PC를 교환하는 중이다.

윤지원　(낚아채며) 거 잘 좀 보고 다닙시다, 좀.

석지원 내가 거실 탁자에 둔 걸 그쪽이 먼저 가져가서 내가 부엌에 있는 걸 내 걸로 착각한 거 아닙니까?

윤지원 ...그러게 왜 똑같은 색을 사 가지고...

석지원 이거 산 지 일 년도 넘었거든요.

윤지원 난 삼 년 전에 샀어요.

석지원 오래됐네. 바꿔요, 그쪽이.

윤지원 (흘겨보며) 말이나 못 하면...

석지원 (으쓱하는) 잘하는 걸 어쩝니까. 말뿐인가, 내가 대체로 못하는 게 없어요.

윤지원 (질색하고 계단 오르며 절레절레) 뻔뻔한 거 하난 잘하시네.

석지원 (가는 윤지원을 보다가, 괜히) 저녁에 우리 뭐 먹습니까?

윤지원 (돌아보고 어이가 없는) 뭐 하숙생이세요? 알아서 해 드세요.

석지원 요리만 잘하는 그 친구한테 된장찌개나 또 끓이라고 하...

윤지원, 더 들을 것도 없다는 듯 걸음 빨리해 가버리면. 석지원 저도 모르게 빙그레 웃다가 얼른 정색하고는 계단을 오른다.

허탈한 얼굴로 벽에 등을 툭 기대는 차지혜.

차지혜 ...지랄들 하네, 또.

#23. 교무실. 낮

책상 위에 툭 태블릿을 내려놓는 윤지원.

인서트 > 계단. 낮 (#22.에 이어지는)

씩씩대며 계단을 오르는 윤지원, 슬쩍 뒤돌아보면 씩 웃고 있는 석지원의 얼굴.

윤지원　(저도 모르게 픽 웃음이 나는) 웃어? 어이가 없어서 내가 진짜…

하다가, 내가 왜 웃지! 얼른 고개 흔들고, 정신 차리라는 듯 제 뺨을 찰싹 때린다.
그때 종이 울리면, 출석부를 챙겨서 문으로 가는데, 마침 들어오는 차지혜. 웃으며 인사하는 윤지원에게, 차가운 얼굴로 대충 손만 들어 보이고는 어깨를 툭 치고 지나쳐 자리로 간다.
갸우뚱하다 그대로 나가는 윤지원에서.

#24. 학교 일각. 낮

운동장이 내려다보이는 스탠드에 나란히 앉은 윤재호와 지경훈.
저만치 수업 중인 윤지원과 학생들이 보인다.

윤재호　(윤지원 흐뭇하게 보며) 어떻게, 사람들은 좀 모일 것 같냐?
지경훈　최대한 연락 중입니다.
윤재호　아들놈까지 관사에 집어넣은 걸 보면 골프장 이거 본격적으로 시작할 모양인데, 우리가 되도록 많이 모여서 목소리를 내야 저쪽에서 움찔하는 시늉이라도 할 게다. 나도 계속 모아 볼 테니 내일 많이들 나오게 니가 힘 좀 써줘라.
지경훈　예, 그럴게요, 아버지.
윤재호　(지경훈의 어깨를 툭툭 치며 웃는 데서)

#25. 이사장실 앞 복도. 낮

걸어오는 윤재호. 복도에 난 창으로 이사장실을 들여다보면,
창가에 서서 운동장을 보고 있는 석지원. 노크를 하는 윤재호.

#26. 이사장실. 낮

까치발을 한 윤재호가 오래된 캐비닛을 열고 맨 위 칸을 더듬거린다.
그 뒤에 서 있는 석지원.

석지원 어르신, 제가…(하는데)

윤재호 찾았다…! 몇 권 두고 갔지 싶었는데, 여기 있었구만.

먼지가 뽀얗게 앉은 책 한 권을 꺼내 불쑥 내미는 윤재호.
석지원 받아서 보면 〈독목산 백서〉라고 적힌 낡은 문고판 책이다.

윤재호 내가 쓴 거야. 자네 아버지가 복수심에 눈이 멀어 없애려는 산이 어떤 산인지 한번 보라고. 응? 67쪽에 보면은, 멸종 위기 2급 대홍란 자생지 파트가 나오는데 거기가 압권이거든.
얘들은 딴 데 옮겨 심어도 여차하면 죽어. 그 창밖만 보고 섰지 말고 한번 천천히 읽어 봐.

석지원 (쓰게 웃으며 받는다) 예. 알겠습니다.

윤재호 (씩 웃으며) 그래. 집에서 보세.

#27. 학교 일각. 낮

퇴근길 차림으로 걷고 있는 윤지원의 뒷모습. 곧이어 "선생님…!!" 하며 신나게 달려오는 공문수. 둘 이야기를 나누며 나란히 걸어가는데, 둘 사이에 자연스럽게 스윽 끼어드는 석지원. 윤지원 힐끗 보고 못마땅한 얼굴로 걸음을 빨리하지만 느긋한 표정으로 따라잡는다.
셋 나란히 가는 뒷모습을 보고 있는, 역시 퇴근 차림의 변덕수와 장온유, 이재규.

장온유 지금 저 세 분이 한집에 산다 이 말이죠?
변덕수 …전 이사장님까지 말이지. 뭐 사택이니까 그럴 수 있…나?
이재규 아니요, 아무리 봐도 저건…
엄기석(E) 사랑이죠. 처절한 삼각.

보면, 자연스럽게 옆에 와 서 있는 엄기석. 선생님들 깨닫지 못하고.

변덕수 (갸웃) 근데 이사장님이랑 우리 지원이는 진짜 그럴 상황이 아닌데.
엄기석 상황과 현실이 가로막을수록 사랑이 피어나는 거 모르세요?
장온유 (불안한) 그치만 공쌤은 윤지원쌤을 그냥 사수로서 믿고 따르…
엄기석 따르다가 정들면 답도 없거든요.

장온유 시무룩해지고, 변덕수와 이재규 서로 얼굴을 보며 끄덕끄덕하다가 동시에 엄기석을 발견하고 흠칫하는데.

엄기석 크… 도파민 개터짐…(하는데)
변덕수 얌마! 이 자식이, 선생님들 사랑 얘기에 어디 학생이…(하다가)
아니! 선생님들 말씀하시는데 어디서! 뭐, 뭐가 터져?
이재규 요놈이 은근슬쩍 끼어가지고…! 가! 얼른 가!

엄기석 두 선생님에게 밀려나면서도, 흥미로운 눈으로 저만치 멀어진 셋을 본다.

#28. 사택. 부엌. 밤

심각한 표정의 석지원. 보면 가스레인지 앞에 서서 요리 중이고.
식탁에 앉아 있는 윤재호, 윤지원과 공문수. 윤지원 한껏 지루한 얼굴로 하품을 한다.

윤지원　(시계 보며) 혹시 육수로 쓸 사골부터 끓이시는 거 아니죠?
석지원　(신중하게 양념 한 순갈을 넣으며) 되게 보채시네. 다 돼 갑니다.
윤재호　(작게) 잘하는 거나 하시지 뭘 요리까지 한다고 나서시나...
윤지원　자칭 못하는 게 없으시답니다.

곧 자신만만한 얼굴로 식탁에 김치찌개를 내려놓는 석지원. 자리에 앉으면 세 사람 동시에 국물을 떠먹고는 그대로 굳는다.

윤재호　음- 달다.
석지원　(씩 웃는데)
윤재호　말 그대로 달아. 찌개가 달다고 이 사람아.
석지원　(의아한) 예? 아니 레시피 그대로 했는데요.
윤지원　(서둘러 물을 마신다)
공문수　혹시 설탕 넣으셨어요?
석지원　(레시피 복기하는) 신김치의 경우 설탕 한 스푼을 넣어 신맛을...
공문수　어떤 스푼을 쓰신 건지...?

석지원, 곁눈질로 싱크대 쪽을 보면 국자가 당당하게 누워 있다.

윤지원　(일어나 나가며) 햄버거 드실 분.

#29. 사택. 거실 + 부엌. 밤

거실 탁자에서 햄버거를 먹는 윤재호와 윤지원, 공문수.
저만치 보이는 부엌 식탁에서 아무렇지 않은 표정으로 밥을 먹고 있는 석지원. 하지만 찌개를 뜨는 숟가락이 파르르 떨리고 있다.

윤재호　(작게) 고집이 상당하시구만. 저런 건 부친을 닮았어.

윤지원, 냅두라는 듯 고개를 저으며 야무지게 햄버거를 베어 물고, 씹는데 그 모습을 보다가 씩 웃는 공문수.

공문수 (입가에 묻었다고 손짓을 하며) 묻으셨어요.
윤지원 여기? (엉뚱한 데를 닦으면)
공문수 (휴지를 들어 다정하게 닦아주며) 여기…
윤지원 어, 땡큐…

하다 보면, 흐뭇하게 웃으면서 둘을 보고 있는 윤재호.
윤지원, 저도 모르게 석지원 쪽을 보면 빤히 보고 있다가 눈길을 돌리며 자리에서 일어나는 석지원. 그릇과 수저를 들고 싱크대 쪽으로 간다.

윤지원 (괜히 말 돌리듯) 저기, 내일은 우리 저녁 뭐 먹을까?
실패 없는 공쌤 된장찌개?
윤재호 나는 내일 저녁 먹고 오마.
윤지원 왜요, 할아버지?
윤재호 사람들하고 악덕 기업의 환경파괴에 대한 대책을 좀 세워볼까, 해서 모이기로 했다.

마침 부엌에서 나오는 석지원을 지그시 보는 윤재호.

윤지원 나도 갈까?
윤재호 낮에 모일 건데, 퇴근하고 밥 먹으러 오든지 그럼.
(일어나며) 오랜만에 햄버거 잘 먹었네. 이사장 덕분에?

웃으며 방으로 들어가는 윤재호. 고개 숙여 인사를 하고 2층으로 가는 석지원.
돌아보면, 나란히 앉아 있는 윤지원과 공문수. 삐죽하고는 휙 몸을 돌리는 데서 암전.

#30. 마을 회관 회의실. 낮

서른 명은 너끈히 들어갈 넓은 장소. 긴 탁자를 중심으로 의자와 간단한 다과가 정갈하게 놓여 있는데. 상석에 앉아 있는 윤재호. 그리고 대여섯 명의 주민들.
윤재호 침통한 얼굴로 시계를 본다. 문 열리고 들어오는 지경훈.

지경훈 저 아버지…
윤재호 (애써 아무렇지 않게) 안 온다냐, 다들?
지경훈 (짧게 한숨만 내쉬는데)
주민1 (일어나며) 이사장님, 이거 뭐 안 될 거 같습니다.
되기만 하면 땅값 오른다 싶으니까 반대하던 사람들도 이제 뭐…
주민2 그깟 산이 뭔데 하는 거죠.
윤재호 (천천히 일어나는) 그럴 수 있지. 그래도 자네들은 그깟 산이라고 생각 안 하니까 오늘 온 거잖나.
주민1 저희야 그렇지만…
윤재호 그럼 됐네. 잘 몰라서 휩쓸린 사람들이 대부분이야. 그러니까 우리가 계속 알리고 설득하면서… 그렇지, 시민단체랑도 접촉을 해보면 어떤가?

하는데, 사람들 이미 패배감이 짙은 얼굴로 멀뚱히 보고만 있다.
막막한 심정으로 보는 윤재호.

석경태(E) 건배!!!

#31. 마을 식당. 낮

스무 명 남짓한 사람들과 석경태. 탁자에는 소고기가 지글지글 익어간다.

석경태 내 여기 김 사장한테 부탁해서 특별히 상주에서 받아온 한우니까 허리띠 풀고 잡숴들.

홍겨운 얼굴로 끄덕이며 먹는 사람들을 흐뭇하게 보는 석경태.
잔에 따른 술을 시원하게 들이켜고는 다시 채운다.

석경태 자! 우리 양소의 발전을 위해, 한 번 더 건배합시다?
주민3 아이구, 회장님 잔 채울 시간은 주셔야지! 왜 이렇게 급하셔어?
석경태 뭐든 빨리빨리 진행해야 이 일이란 게 성사가 됩니다.
묻고 따지고 해봐야 골치만 아퍼. 그런 거는 전문가인 우리가 한다 이거야. 그러니까 다들 나만 믿고. 즐겁게 술이나 마십시다.
자, 양소를 위하여!!

사람들, 다 같이 '위하여!!'를 외치고 술을 들이켠다. 왁자지껄한 가운데 행복한 석경태.

#32. 이사장실. 낮

책상에 앉아 머리를 짚고 있는 석지원. 곤란한 얼굴로 서 있는 이기하.

이기하 안 가시면, 마을 사람들 끌고 학교로 오실 기세신데.
전무님 얼굴 한번 보자고 분위기를 탄 것 같습니다.
석지원 아버지 술 드셨습니까?
이기하 예. 아주 많이.

자리에서 일어나는 석지원. 정수기로 가 물을 한 잔 받고 주머니에서 두통약을 꺼내 삼키고는, 재킷을 집어 드는 데서.

#33. 동네 식당 앞. 낮

노을이 지고 있다. 상심한 얼굴의 윤재호, 지경훈과 나란히 걷고 있다. 그때 식당 안에서 들려오는 커다란 웃음소리. 무심결에 보면 거나하게 취한 석경태가 자리에서 일어나 술잔을 높이 들고 웃고 있다. 지경훈 당황하는데,

윤재호, 지경훈이 말릴 새도 없이 그대로 가게로 들어가는 데서.

#34. 동네 식당. 낮

벌컥 문을 열고 들어오는 윤재호. 사람들 순식간에 조용해지고.

석경태도 윤재호를 발견한다. 털썩 자리에 앉으며 의기양양한 미소를 짓는 석경태.

석경태 어이구, 어르신! 연락을 드린다는 걸 깜박했는데 마침 잘 오셨네. (소주잔을 털며 너스레를 떤다) 어? 근데 뭐 속상한 일이 있는 표정이시다? 와서 앉으세요, 내 한 잔 따라 드릴게. 응?

윤재호 (석경태를 쏘아보는)

#35. 동네 거리. 낮

핸드폰으로 전화를 하며 걸어오는 윤지원.

윤지원 식사를 어디서 하신다는 거야… (상대방이 전화 받은 듯) 어, 여보세요? 아저씨! 할아버지가 전화를 안 받으… (하다가 걸음 멈추고. 얼굴이 굳는다) 지금 그래서 어디신데요?

#36. 동네 식당. 낮

윤재호, 석경태를 한심하다는 눈으로 잠시 보다, 고개 돌려 사람들을 둘러보며.

윤재호 저 물건은 그렇다 치고 다들 부끄러운 줄 알어!
그 산이 어떤 산인지 빤히 아는 사람들이!

사람들 윤재호의 눈을 피하며 딴청을 부리고, 저를 무시하는 윤재호를 보며 심사가 뒤틀리는 석경태.

석경태 (한 잔 따라 마시며 혼잣말인 양) 산이 산이지 뭐 대단하다고.
눈치가 너무 없으시다. 자기가 부른다고 다들 뭐 네네, 하면서 달려갈 줄 알았나, 옛날처럼? 이빨 빠진 호랭이 된 지가 언젠데.

윤재호 (다시 몸을 돌려 석경태를 보면)

석경태 (화들짝 놀란 척 뻔뻔하게) 아이구, 아직 계셨어? 나가신 줄 알았네?

윤재호, 보다가 어이가 없다는 듯 웃더니 그대로 성큼성큼 석경태에게 다가간다.
석경태 그 기세에 잠시 움찔하고. 윤재호 석경태 앞에 서서 주먹에 힘을 주는데,

윤지원 할아버지!

돌아보면, 가게 문을 열고 들어온 윤지원. 사람들 더욱 난처한 얼굴이 되고 몇 명은 일어나 가게를 슬며시 나간다. 대충 고개를 숙여 인사를 하는 윤지원. 윤재호에게 다가온다.
윤재호 창피하고 속상해 어쩔 줄 모르는데.

윤지원　(윤재호의 손을 잡으며) 그만 가자. 응?
윤재호　(크게 한숨을 내쉬고 몸을 돌리려는데)
석경태　(일부러) 이야! 너구나. 그 체육 선생 한다던?

동시에 돌아보는 윤재호와 윤지원. 빙긋 웃고 있는 석경태.

석경태　(안쓰럽다는 듯) 어휴... 어릴 때부터 그렇게 잘났다고 동네방네 싸돌아다니더니... 선생? 선생이 됐어?
윤재호　(분노로) 야, 석경태!!
석경태　(아랑곳하지 않고) 근데 나한테 인사도 안 하냐,
내가 니 학교 주인인데? 건방지게.

윤지원 이를 악무는데. 그대로 석경태에게 달려드는 윤재호,
석경태에게 주먹 한 방을 시원하게 날린다.
의자에서 미끄러지며 나뒹구는 석경태. 윤지원과 지경훈, 마을 사람들이 말리지만 그 와중에도 침착하게 석경태 뺨을 한 대 더 때리는 윤재호.
마침 가게로 들어서던 석지원이 그 모습을 보고 놀라 달려온다.
윤지원과 석지원, 서로 눈이 마주치지만 곧 외면한다.
윤재호를 껴안다시피 말리는 석지원과, 바닥에 누워 발로 윤재호를 차보겠다고 버둥거리는 석경태. 계속 팔을 뻗다가 석지원도 한 대 치고 마는 윤재호가 차례로 보여지며.

#37. 사택. 윤재호의 방. 밤

고단한 얼굴로 잠든 윤재호. 지경훈이 침대 옆에 앉아 윤재호의 이불을 정성스럽게 여며주고 있다. 문 앞에 선 윤지원, 화가 나고 속상하다. 보다가 돌아서 나가는.

#38. 사택. 거실. 밤

윤재호의 방에서 나오는 윤지원. 기다리고 있던 공문수가 뭐라 입을 열려는데 그대로 지나쳐 현관으로 내려선다.

#39. 사택. 마당. 밤

흐트러진 차림과 헝클어진 머리의 석지원. 망연한 얼굴로 하늘을 올려다보고 있는데 현관문을 열고 나오는 윤지원. 석지원의 발을 툭 찬다.

윤지원　얘기 좀 하죠.

#40. 연못가. 밤

마주 서 있는 석지원과 윤지원.

석지원　무섭게 뭘 여기까지 옵니까.
윤지원　어쩜 그렇게 딱 알고 오늘 오셨을까요, 그쪽 아버지는.
석지원　내가 알려드려서 오셨다고 말하고 싶은 겁니까?
윤지원　아닌가요?
석지원　(찌푸리는) 아닙니다.
윤지원　아님 말고.
석지원　화가 나는 걸 이해 못 하는 건 아닌데.
윤지원　아, 이해는 하신다? 그럼 그 이해심으로 우릴 좀 내버려 둘 순 없었어요?
석지원　(본다)
윤지원　우린 바라던 대로 쫄딱 망했고, 학교도 빼앗겼고, 아무런 힘도 없어요. 그쪽 아버지도 충분히 그걸 보고 조롱한 것 같은데 더 해야 합니까?

기어이 그 산을, 우리 할아버지를 깎고 무너뜨려야 속이 시원하겠어요?

석지원 …아마도요. 아버지는 끝까지 할 겁니다.

윤지원 당신은 기꺼이 그걸 돕고요.

석지원 나는 사업을 합니다. 회사가 골프장이 필요하다, 지어서 이윤을 남긴다, 그럼 법에 어긋나지 않는 한 하지 않을 이유가 뭡니까.
그게 알량한 복수심 때문이든 뭐든!

윤지원 참 간단하고 쉽네요.

석지원 세상일이란 게 그렇더군요. 18년 전 우리도 정말 쉽고 간단하게, 무너졌잖아요.

윤지원 (!!) …그때 할아버지는…

석지원 일부러 그런 게 아니어도, 어쩔 수 없는 상황이 있었어도 무너진 쪽은 죽을 만큼 아프고 힘든 겁니다.
그래서 이렇게 긴 세월이 흘렀어도, 무너진 걸 아무리 다시 쌓고 고쳤어도 치졸한 복수심을 버릴 수 없는 거겠죠.

빤히 보는 윤지원을 맞받아 보는 석지원. 획 몸을 돌린다.

석지원 그만 가죠. 각자 입장은 다 말한 거 같고.
그쪽이 원하는 거 해줄 마음 없으니까.

윤지원 …지금 우리 할아버지랑 그쪽 아버지 얘기하고 있는 거 맞아요?

발을 멈추는 석지원. 돌아보며 눈을 가늘게 뜬다.

석지원 그럼 뭐, 고작 3개월 그걸로 끝난, 너하고 내 얘기겠습니까?
(다시 걷기 시작하면)

윤지원 (따라 걸으며) 이보세요. 저번부터 뭔 3개월 타령을 하면서 눈을 세모로 뜨고 날 노려보지?

석지원 남이사 눈을 세모로 뜨든 네모로 감든, 뭔 상관입니까?

윤지원 (짜증 나서) 아우 진짜…

석지원 (퉁명스럽게) 내일 병원에나 모시고 가보세요. 아까 다투실 때 발목 살짝 삐끗하신 것 같으니까.

윤지원 내가 알아서 할 거니까 신경 끄세요.

석지원 (째려보며) 하여간 진짜…

#41. 거리. 밤

멀찍이 떨어져 걷고 있는 둘. 차가운 밤바람이 분다. 계속 싸우고 있다.

석지원 (어이가 없다는 듯) 내가요? 내가 왜 사택을 나갑니까?

윤지원 불편하다면서요?

석지원 뭐 그쪽은 나랑 사는 게 편하시고?

윤지원 어유 죽을 맛이죠. 노숙이 낫다 싶게.

석지원 소원대로 그럼 그쪽이 나가서 노숙하세요.

윤지원 싫은데요, 누구 좋으라고?

#42. 사택 앞. 밤

이어지는 싸움.

윤지원 좋네요. 되도록 한 공간에 있지 맙시다.

석지원 한 공간에 있게 돼도 모른 척합시다, 그냥?

윤지원 말도 안 섞을 테니까 그쪽도 조심해 주세요.

잠시 멈춰서 서로를 보다가 참을 수 없는 유치함에 홱 고개를 돌린다.

#43. 사택. 윤재호의 방. 밤

천천히 눈을 뜨고 몸을 일으키는 윤재호.
앉아서 살짝 졸던 지경훈이 얼른 일어나 윤재호를 편하게 앉히고 협탁에 놓인 물컵을 입에 대어주는.

윤재호 여태 집에도 안 가고 뭐 해, 여기서.
지경훈 (미소로) 뭐 하긴요. 주무시는 거 봤어요, 그냥.
윤재호 애들이랑 애들 엄마랑 미국 보내고 적적하지?
지경훈 그러니까요. 이렇게 오는 거 뭐라고 하지 마세요, 아버지.
윤재호 나 땜에 너까지 고생하니까 그렇지. 유학에, 뭐에 빠듯할 건데.
나만 아니면 돈 더 많이 주는 데 갈 수 있잖어, 너는.
지경훈 그런 섭섭한 말씀 하시면 저 진짜...
윤재호 진짜 뭐?
지경훈 저도 확 여기 들어와 살아요?
윤재호 남는 방이 없어. 요새 여기가 그 뭐냐, ...핫 플레이스다.

마주 보며 웃는 둘. 지경훈 위로하듯 윤재호의 손을 잡아준다.

#44. 사택. 마당. 밤

씩씩대며 들어오는 윤지원. 곧이어 석지원도 도착하는데 현관문을 열고 들어가더니, 따라 들어오려는 석지원의 코앞에서 쾅- 문을 닫는다.
찌푸리며 거칠게 문을 여는 석지원에서.

#45. 사택. 석지원의 방. 밤

씻은 듯 머리를 털며 들어오는 반소매 티셔츠 차림의 석지원.
수건을 의자에 걸고 벌렁 침대에 눕는다. 복잡한 얼굴로 천장만 바라보다가 괜히 이불을 발로 차버리고는, 씩씩대다 눈을 감는 데서.

#46. 옛날 윤지원의 집 담벼락. 밤 (석지원의 꿈)

열여덟 석지원이 담벼락에 쪼그리고 앉아 윤지원을 기다리던 밤이다.
서러운 얼굴로 창을 올려다보다가 차가운 바람이 세차게 불면 무릎에 얼굴을 묻는다.

#47. 사택. 석지원의 방. 밤

퍼뜩 잠에서 깨는 석지원.

석지원 뭐야, 씨…

하는데 너무 춥다. 부르르 떨며 일어나 불을 켜는. 벽에 붙은 보일러 온도조절기로 가서 이것저것 조작을 해보지만, 고장이 난 듯 켜지지 않는다.
작게 한숨을 내쉬고는 다시 침대에 누워 발치에 뭉쳐져 있는 이불을 목까지 덮는다.

#48. 사택. 부엌. 낮

앉아서 밥을 먹고 있는 윤재호와 석지원, 공문수. 보면 윤지원은 거실 소파에 앉아 있다.

윤재호 어떻게 딱 그 방만 고장이 났어. 사람은 불러놨는데 며칠 기다려야 한다는구만.

석지원 예. 괜…

윤지원 괜찮아! 안 얼어 죽어. (작게 중얼) 얼어 죽으면 뭐 고맙고.

공문수 선생님, 그냥 와서 식사하세요.

윤지원 거기 다 먹고 나가면 먹을 거니까 언제 나갈 건지 좀 물어봐 줄래?

공문수 (석지원 보며) 다 드셨을…까요, 이사장님?

석지원 아니요! 한참 남았고 저는 오늘 아주 천천히 느긋하게 출근할 거라고 좀 전해주십시오.

공문수 (윤지원 보며) 영 안 일어나실 것 같아요.

윤지원, 벌떡 일어나 노려보면, 석지원 보란 듯이 젓가락으로 밥알을 두어 개 집어서 꼭꼭 씹어먹는다.

윤재호 싸운 건 난데… 지들이 왜 저래.

#49. 라일락 벤치. 낮

애써 담담한 얼굴의 차지혜와 심란한 얼굴의 윤지원이 나란히 앉아 있다.

차지혜 그래서 심하게 싸운 거야?

윤지원 첨에 할아버지 일로 화나서 싸우기 시작했는데 나중엔 뭐 그냥 서로 꼴 보기 싫으니까 아무 말이나 막 했지.

차지혜 (저도 모르게 웃다가 얼른 표정 관리하며) 아니 근데 석지원도 웃긴다. 일부러 그때 맞춰서 회장님을 부르다니.

윤지원 그건 아니래.

차지혜 말은 그렇게 하겠지. 근데 아님 어떻게 알고 오셨겠어?

윤지원	걔가 치사하고 멍청하고 이기적이고 싸가지도 없지만! 거짓말은 안 해. 그건 내가 알아.
차지혜	알긴 뭘 알아. 못 본 세월이 얼만데. 마음 약해지지 마! 할아버지 생각해서라도.
윤지원	(문득 지혜 보며) 근데 너 뭐 좋은 일 있어?
차지혜	(움찔해서) 어? 왜?
윤지원	묘하게 들떠 보여서. 어젠 얼음장 같더니. (웃으면)
차지혜	아니 뭐. (하다 말 돌리듯) 오늘 끝나고 우리 맥주 마시자.
윤지원	맥주?
차지혜	너 속상하니까. 사택 놀러 가서 마셔도 돼?
윤지원	우리 집에서? 갑자기?
차지혜	응. 내가 술이랑 안주랑 다 사서 갈게!
윤지원	웬일이냐, 차지혜가 윤지원 기분을 다 헤아려 주시고.
차지혜	간다? 가도 되는 거지?

애가 왜 이러지 하는 얼굴로 보며 웃다가, 고개를 들어 홀로 깡마른 라일락 나무를 올려다보는 윤지원에서.

#50. 독목산 입구. 낮

산 초입에 있는 벤치에 앉아 하늘을 올려다보고 있는 석지원.
손에는 독목산 백서를 들었다. 지도를 펼쳐 대홍란 자생지를 짚어보고는 일어난다. 작게 기침을 하며 발걸음을 옮기는 데서.

#51. 사택. 2층 거실. 밤

석지원의 방문 앞에 서 있는 차지혜. 혼자다. 주변을 한 번 둘러보고는 슬쩍 방문을 연다. 빈방을 둘러보다가 들어가 침대에 걸터앉는 차지혜.
섭섭한 표정으로 삐죽이며 석지원의 흔적들을 천천히 눈으로 훑어본다.

#52. 사택. 1층 거실. 밤

불 꺼진 거실. 윤재호의 방에서 조심스레 나오는 윤지원.
부엌에서 술과 간단한 안주가 놓인 쟁반을 든 공문수도 나온다.

공문수 할아버지 주무세요?
윤지원 (끄덕이고) 그냥 밖에서 먹잤는데 지혜가 고집이네.
공문수 전 괜찮아요.

둘 계단을 오른다.

#53. 사택. 2층 거실. 밤

석지원 방에서 나오는 차지혜. 계단 쪽에서 소리가 나자 얼른 문을 닫는다.
문을 닫으면 막 계단에서 올라오는 윤지원과 공문수. 방긋 웃는 차지혜에서.

#54. 상동. 밤

간단한 술상이 차려진 거실. 맥주와 막걸리 등이 놓인 탁자에 둘러앉아 있는 윤지원, 공문수와 차지혜. 소파 위에 차지혜의 가방과 겉옷이 놓여 있다.
이미 잔뜩 취한 차지혜.

차지혜 (다시 캔을 까서 마시며) 진짜야. 둘이 진짜 잘 어울려서 그래.
윤지원 (피곤한) 그만하랬다?
차지혜 넌 됐고. (문수 보며) 공쌤은 우리 지원이 어때?
공문수 (긁적이며) 예?
윤지원 (일어나서 차지혜 일으키며) 너 그만 마시고 가.

하며, 공문수 어색해서 앞에 놓인 막걸리로 손을 뻗는데 실수로 맥주잔을 들어서 마신다. 나머지 둘은 그 모습 보지 못하고. 순식간에 얼굴이 빨개지는 공문수.

차지혜 (뿌리치고 문수 보며) 어? 대답 못 하고 얼굴이 빨개지네?
윤지원 야, 차지혜!
차지혜 좋아하는구나. 그치? 내 말이 맞지?

그때, 들리는 기침 소리. 세 사람 고개를 돌리면 계단 앞에 서 있는 석지원.
거의 동시에 쿵- 하는 소리와 함께 공문수 탁자에 쓰러진다.
윤지원, 공문수 앞에 놓인 컵을 들어서 냄새를 맡고는 절레절레 고개를 젓는데.

차지혜 (신나서) 석지원! 들었어? 공쌤이랑 지원이 좋아...

하다가 우욱- 토기가 치미는. 벌떡 일어나 비틀거리며 화장실로 달려간다.
화를 참으며 따라가는 윤지원. 석지원과 눈이 마주치면 서로 휙 외면하는 데서.

#55. 사택. 공문수의 방. 밤

공문수를 부축해 데리고 들어오는 석지원. 내던지듯 침대에 눕히고 허리에 손을 얹은 채, 공문수를 본다.
힐끗 밖을 보면 앉아서 꾸벅꾸벅 졸고 있는 차지혜를 흔들고 있는 윤지원이 보인다.

#56. 사택. 윤지원의 방. 밤

고요한 방. 침대에서 잠든 차지혜. 윤지원은 바닥에서 자고 있다.
갑자기 벌떡 일어나는 차지혜. 비틀거리며 일어나 두리번거리더니 문을 열고 나가는.

#57. 사택. 석지원의 방. 밤

옆으로 누워 있는 석지원. 잔뜩 찌푸린 채 눈을 감고 있다.
몸을 뒤척이다가 벌떡 일어나는.

석지원　아니 근데 저것들이…!

다시 터지는 기침. 새삼 두통도 밀려온다. 바닥에 놓아둔 가방을 뒤져 약통을 꺼낸다.
알약을 두 개 꺼내고 보면 물이 없다. 약통 들고 방문을 여는 석지원에서.

#58. 사택. 윤지원의 방. 밤

문 벌컥 열리고 다시 들어오는 차지혜. 술이 깨지 않는 듯 여전히 취한 눈이다.

차지혜 지원아… 윤지원…!
윤지원 (겨우 눈을 뜨고) 어, 왜…
차지혜 나 집에 가야 되는데 내 가방이랑 옷이 없어.
윤지원 늦었는데 자고 가지.
차지혜 (고개 젓고) 가야 돼… 외박하면 큰일 나.
윤지원 (몸 일으키며) 2층 거실에 있을걸.
차지혜 하… 미안. 어디서 술 먹었는지도 몰랐다, 야…

윤지원, 어이없는 얼굴로 일어선다.

#59. 사택. 2층 거실. 밤

문 열고 나오는 석지원. 더듬더듬 손을 뻗어 불을 찾는데 안 보인다. 핸드폰 플래시를 켜고 돌아서면 눈앞에 있는 줄. 다락 계단을 당기는 줄이다.
뭐지 싶어서 슥 당겨보는. 계단이 스르륵 내려온다. 흠칫 놀라는 석지원. 잠시 망설이다가 천천히 올라가 보는데.

#60. 다락. 밤

계단을 딛고 올라오는 석지원. 천장이 1미터 남짓인 작고 낮은 다락방이다.
계단에 선 채 상반신만 다락에 올라와 있는. 플래시를 켜서 보면, 낡은 가구들과 책 등이 먼지를 뽀얗게 덮어쓰고 있다. 잠시 둘러보다 다시 내려가려는데.
바로 앞에 놓인 상자에서 사진 한 장이 삐져나와 있는.
꺼내서 보면, 열여덟의 윤지원과 석지원이 볼을 맞대고 다정하게 찍은 폴라로이드.
한참을 바라보다가 천천히 상자를 연다.

#61. 사택. 2층 거실 계단. 밤

올라오는 차지혜. 그 뒤로 윤지원도 뒤따른다.
몇 걸음 걷다 우뚝 멈추는 차지혜. 그 곁에 차지혜 등에 툭 부딪히는 윤지원.
차지혜 덜덜 떨리는 손을 뻗어 어딘가를 가리키며. '꺄악!!!' 소리를 지른다.
윤지원 덩달아 놀라서 소리를 지르며 보면,
계단에 서 있는 석지원의 뒷모습. 마치 다리만 둥둥 떠 있는 듯한 형상이다.
동동거리는 지혜를 밀치고 얼른 불을 켜는 윤지원.

차지혜 석지원…?

석지원도 놀라 계단으로 다시 내려오는데, 얼결에 손에 뚜껑이 열린 상자를 든 채다.
윤지원, 눈이 커져서 마구 달려가는.

윤지원 아이 씨, 뭘 보는 거야!!

석지원 바로 앞까지 달려와 상자를 낚아챌 요량으로 손을 뻗다가,
순간 미끄러지는 윤지원. 정신없이 앞에 있는 석지원의 허리춤을 잡

고 나뒹구는 데서.

#62. 상동. 밤

잠옷 차림으로 헐레벌떡 계단을 올라오는 윤재호.
계단 앞에 그대로 선 채 입을 떡 벌리고 있는 차지혜.
윤재호도 어이쿠- 하며 놀라 발을 멈추고 고개를 돌린다.
보면 차례대로 엎어져 있는 석지원과 윤지원. 그 옆으로 상자에서 튀어나온 사진이며 편지 등이 흩뿌려져 있다. 윤지원 무릎을 문지르며 일어나다가 멈칫한다. 눈앞에 석지원의 발목과 발목에 걸린 트레이닝 바지가 보인다.
그때, 방문을 열고 이불을 펼쳐 든 채 뛰어나오는 공문수. 비틀거리면서도 석지원에게 달려가 윤지원의 시선이 더 위로 올라가기 전,
얼른 석지원의 하반신에 이불을 덮어준다.

공문수 괜찮아요! 바지만! 바지만 내려갔어요. 제가, 봤어요...!

천천히 눈을 뜨는 석지원. 실제상황이 맞나 하는 얼굴로 제 몸을 내려다본다.
윤지원과 눈이 마주친다. 고개를 돌리면 저만치 서 있는 차지혜와 윤재호도 보인다.
곁에는 한껏 안쓰럽다는 표정의 공문수도 있다.
윤지원 그 와중에 얼른 몸을 일으켜 사진과 편지 등을 정신없이 주워 담는데, 그중에는 낡은 윤지원의 핸드폰도 있다.
이불 덮인 제 하반신을 멍하니 보다, 이윽고 석지원이 짜증과 분노가 섞인 절규를 내지르는 데서.

#63. 사택. 부엌. 낮

간단한 아침상 차려져 있고, 나란히 앉아 있는 윤재호와 윤지원.
막 부엌으로 들어오는 공문수.

공문수 (안쓰럽다) 안 드신대요.
윤재호 충격이 큰 모양이네. 그럴 만하지.
윤지원 (민망하고) 허, 참 내…

#64. 사택. 석지원의 방. 낮

슈트 차림의 석지원. 옷을 다 입은 채 침대에 옆으로 누워 있다.
잠 못 이룬 듯 안색이 파리하다. 땅이 꺼져라 한숨을 내쉬고 일어나는데 침대에 놓여 있는 사진 한 장. **#60.**의 폴라로이드 사진이다.
심란한 표정으로 보다가 주머니에 넣고 나가는.

#65. 사택. 2층 거실. 낮

방에서 나오는 석지원. 다락 계단 앞 수치의 현장을 멍하니 본다.
보면 소파 밑에 삐죽 나와 있는 흰 편지 봉투. <석지원에게> 글씨가 조금 보인다.

인서트 > #62. 사택. 2층 거실 계단. 밤
윤지원, 편지와 사진들을 마구 쓸어 담는데 그 손길에 튕겨서 소파 밑으로 들어가는 흰 봉투의 편지.

석지원 보지 못한 채 괴로운 한숨을 내쉬고 몸을 돌리는 데서.

#66. 교무실. 낮

자리에 앉아 있는 차지혜.

인서트 > #62. 사택. 2층 거실 계단. 밤
상자에서 떨어진 윤지원의 옛 핸드폰.

인서트 > 3회 #81. 윤지원의 방. 밤 (회상)
윤지원에게 온 석지원의 메시지를 지우고 수신 거부를 하던 차지혜.

차지혜 (떨쳐내듯) 십 년도 넘게 지난 건데 무슨…

#67. 라일락 벤치 앞. 낮

심란한 얼굴로 혼자 앉아 커피를 마시는 윤지원.
어제의 참사가 떠오른 듯, 작게 몸서리를 친다.

윤지원 그러게, 남의 다락은 왜 뒤지고 난리야!
봤나… 봤으려나?

하는데 저만치서 멍한 표정으로 오는 석지원과 눈이 딱 마주친다.
저도 모르게 몸을 휙 돌려 다른 방향으로 가는 석지원. 윤지원, 칫 하고 혀를 차는데.
다시 몸을 돌려 성큼성큼 오는 석지원. 윤지원 당황해서 점점 몸을 뒤로 기대며.

윤지원 뭐, 뭐야… 왜요?
석지원 (불쑥 사진을 내민다) 왜 이런 걸 여태 갖고 있습니까?

윤지원　(보고 당황해서) 갖고 있었던 게 아니고, 버리는 걸 잊은 거예요.

석지원　상자에 애틋하게 모아서?

윤지원　네. 한꺼번에 확 태워버리려다가 그럴 가치도 없다 싶어서 그냥 다락 아무 데나 던져둔 건데. 왜요?

석지원　(빤히 본다) 아무것도 아니다?

윤지원　(벌떡 일어나 사진 뺏는다) 아니지 그럼!

하고는 보란 듯이 사진을 찢으려다가 멈칫하는 윤지원. 차마 찢지 못하고 에이 씨- 하며 대충 구겨서 버린다.

윤지원　봤죠? 됐죠?

획 몸 돌려 가는 윤지원을 보는 석지원. 상처받은 얼굴이다.

#68. 이사장실. 낮

자리에 앉아 서류를 들여다보고 있는 석지원. 집중한 얼굴이다가, 기침이 터져 나온다. 손으로 이마를 짚으며 눈을 꾹 감았다 뜨는데.
그때, 똑똑 소리와 동시에 열리는 문. 이기하가 곤란한 표정으로 들어온다.

이기하　전무님, 지금…

하는데 이기하를 밀다시피 하며 들어오는 석경태. 볼과 이마에 멍 자국이 보인다.
미간을 찌푸리는 석지원, 자리에서 일어나는데 걸어오다가 탁자에 놓인 독목산 백서를 보고는 집어 들어 냅다 던지는 석경태. 석지원 당황하지도 않고 착 받아 내려놓는다.

석경태　(소파에 앉는) 이 자식이…! 너는 애비가 이러고 맞았는데 전화 한번 안 하고 집에 한번 오지도 않아?

석지원　(소파로 오며) 앉으세요. 좀 괜찮으세요?

석경태　괜찮겠냐! 망할 늙은이가 힘은 또 좋아 가지구! 사람을! 두 대나!

석지원　그러게 왜 그런 치사한 짓을 하셨어요.

석경태　됐고, 너 그 영감탱이한테 똑똑히 전해.

석지원　뭘요?

석경태　나한테 사과하러 안 오면, 골프장 전에 그 낡아빠진 사택부터 싹 다 밀어버릴 거라고.

석지원　(이마를 짚는) 아버지…!

석경태　바로 포크레인 몰고 갈까 하다가, 내가 쓸데없이 정이 많아서! 마지막 기회 주는 거다. 그렇게 전하라고.

석지원　진짜 이러실 거예요?

석경태　(일어나며 주머니에서 청심환 하나를 꺼내 씹는다) 이러실 거예요. 내가 한다고 하고 안 하는 거 봤냐?

문으로 가는 석경태. 인사하는 이기하에게도 청심환 하나를 주고는 그대로 나간다.
소파에 머리를 기대며 눈을 감아버리는 석지원. 열이 오른 듯 얼굴이 빨갛다.

#69. 운동장. 밤

체육복을 입고 나란히 달리고 있는 윤재호와 윤지원.

윤재호　뛰니까 춥다. 봄이 와도 밤은 추워.

윤지원　그만 뛸까? 할아버지 발목 아프신 거 아냐?

윤재호　괜찮다고 몇 번을 말해. 그냥 바람이 차다고.

살짝 미끄러진 걸 가지구. 두 바퀴만 더 뛰어.

윤지원 알았어. 천천히 뛰셔.

윤재호 (학교 건물을 보면 1층에 유일하게 불이 켜진 곳 보이고)
아주 이사장실에서 사는구만. 밥은 먹고 다닌다냐, 저 친구?
저기 그 전기장판이라도 하나 올려주자. 하나 남는 거 어딨더라?

윤지원 (힐끗 보고 달리며) 몰라. 없어. 냅둬.

윤지원 휙 앞서 뛰어가면, 윤재호 고개를 절레절레 흔들며 따라 뛰어간다.
틱- 하고 이사장실 불이 꺼진다.

#70. 약국. 밤

약사가 건네는 약을 받아서 그 자리에서 먹는 석지원.

약사 열이 그렇게 나시면, 약국보다 병원을 먼저 가시는 게 좋아요.

석지원 아, 네…

약사 내일 일찍 병원 가보세요. 열에 몸살에 오늘 밤에 힘드실 수 있어요.

석지원 (옅게 웃으며 끄덕인다)

#71. 사택. 윤지원의 방. 밤

책상 앞에 앉은 윤지원. 다락에서 나온 상자를 열어 보고 있다.
둘이 찍은 사진들, 편지들을 보다가, 핸드폰을 집어 드는.
전원 버튼을 꾹 눌러보는데 켜지지 않는다. 상자를 더 뒤져보면 옛날 충전기도 나온다. 기대 없이 충전기를 콘센트에 꽂고 핸드폰에도 연결해 보는.

반짝 불이 들어오면, 작게 놀라는데 조용한 가운데 희미하게 들리는 현관문 소리.
고민하다 일어나 문을 빼꼼 열어 보는 윤지원. 문 사이로 막 계단을 오르는 석지원.
고개를 푹 숙이고 살짝 비틀대며 올라가는 뒷모습을 가만히 본다.

#72. 사택. 석지원의 방. 밤

책상에 머리를 대고 앉아 있는 석지원. 겨우 몸을 일으켜 재킷을 벗는데 주머니에서 #67.의 다 구겨진 사진이 툭 떨어진다. 주워서 보다가 서랍에 넣어버린다.
감기약을 꺼내 한 번 더 먹고, 두통약까지 털어 넣는. 힘겨운 숨을 내쉰다.

#73. 사택. 윤재호의 방. 밤

장롱 문을 열고 뭔가 찾고 있는 윤재호.

윤재호 　전기장판이 여기 어디 있었는데…

#74. 사택. 석지원의 방. 밤

옷도 갈아입지 않고 누워서 끙끙 앓고 있는 석지원. 그때 작게 똑똑 방문을 두드리는 소리. 석지원 약간 몸을 뒤척일 뿐 일어나지 않는다.
문이 살며시 열리고 들어오는 사람, 윤지원이다. 전기장판을 들고 있다.
자나 싶어서 보다가 얼굴이 심상치 않음을 깨닫고 흠칫 놀라는.

cut. to

마뜩잖은 얼굴로 석지원의 넥타이를 풀고 단추도 두어 개 푸는 윤지원.
손이 안 닿게 조심하면서 귀에 체온계를 꽂는다.

윤지원 아니 아프면 병원엘 갈 것이지, 왜 이렇게 미련해?
(체온계 확인하고 헉- 놀라는)

cut. to

협탁 위에 작은 대야를 올려놓고 수건을 적시고 있는 윤지원.

윤지원 해열제도 없냐, 어떻게…

투덜거리면서 대충 적셔서 던지듯 이마에 올린다.
몇 번이고 물에 적시고 올려두기를 반복하는 윤지원. 와중에 성의 없이 던지다가 수건이 얼굴에 턱 던져지면, 어이구… 하며 걷어서 대충 이마에 올려준다.
가쁜 숨을 내쉬며 괴로워하는 석지원을 물끄러미 보는 마음이 어지럽다.
대야를 들고 벌떡 일어나는.

#75. 사택. 2층 화장실. 밤

대야에 물을 새로 받는 윤지원. 괜히 중얼거린다.

윤지원 어유 저거 뭐가 이쁘다고 내가. 원인 제공만 안 했어도 내가…

#76. 사택. 윤재호의 방. 밤

끙끙대며 제 침대에서 이불 아래 둔 전기장판을 빼고 있는 윤재호.

#77. 사택. 석지원의 방. 밤

잠들어 있는 석지원.

#78. 옛 윤지원의 집 담벼락. 밤 (석지원의 꿈)

담벼락에 쪼그리고 앉아 울고 있는 열여덟의 석지원.
아무리 올려다봐도 윤지원의 창문은 굳건히 닫혀 있다.

#79. 사택. 석지원의 방. 밤 (현재)

대야를 들고 조심스럽게 들어오는 윤지원. 수건을 물에 다시 적셔 이마에 올려준다.

#80. 옛 윤지원의 집 담벼락. 밤 (석지원의 꿈)

무릎에 얼굴을 묻고 울고 있다가, 다시 고개를 들어보는 석지원.
그때 반짝- 하고 불이 켜지는 윤지원의 창. 놀라 벌떡 일어나는 석지원.
이내 창문이 열리더니 고개를 쏙 내미는 열여덟의 윤지원.
멍하니 보고 있는 석지원을 향해 생긋 웃고는, 손으로 아래를 가리키며 작게, '나 내려가?' 하고 묻는. 믿을 수 없어 보고만 있는 석지원.
씩 웃고는 창에서 사라지는 윤지원.

#81. 사택. 석지원의 방. 밤

몸을 뒤척이며 작게 신음하는 석지원. 윤지원 놀라서 살피다가,
이마의 수건을 집어 얼굴을 조심스레 닦아준다.

윤지원 아유 귀찮아…

#82. 옛 윤지원의 집 담벼락. 밤 (석지원의 꿈)

담벼락 앞에 서 있는 석지원. 그 앞으로 달려오는 누군가의 발소리.
고개를 돌려 보면, 지금의 윤지원이 서 있다. 맺혀 있던 눈물을 툭, 떨구는 석지원 역시 지금의 석지원이다. 그 순간 풍경이 차가운 겨울에서 순식간에 만개한 봄으로 바뀐다. 두 사람 사이에 보랏빛 라일락 꽃잎들이 흩날린다.
마주 보는 두 사람. 석지원 천천히 빨갛게 언 손을 들어 내미는데.
윤지원 가만히 보기만 하다가 돌아서는가 싶더니 어느새 저만치 가버렸다.
놀란 얼굴로 달려가는 석지원, 등을 보이고 가는 윤지원의 손을 다시 잡으려는데 둘의 손이 닿을락 말락 하는 순간.

#83. 사택. 석지원의 방. 밤

윤지원, 손가락 두 개만 대충 석지원의 이마에 대고 열을 재본다.
됐군, 하듯 끄덕이며 대야에 수건을 넣고, 두리번거리다 침대에 놓인 체온계를 집어 드는 순간, 뻗어 와 윤지원의 손목을 잡는 석지원의 손.

#84. 사택. 1층 거실. 밤

방에서 나와 2층으로 향하는 윤재호.

#85. 사택. 석지원의 방. 밤

윤지원 침대에 놓인 체온계를 잡는 순간, 뻗어와 윤지원의 손목을 잡는 석지원의 손.
윤지원 놀라서 보면, 석지원 열이 올라 반짝거리는 눈을 하고 상체를 세워 앉는다.
윤지원 뿌리치려는데 석지원 놔주지 않고.

석지원 윤지원.
윤지원 ... 뭡니까?

윤지원, 침을 꿀꺽 삼키고 다시 뿌리치려는데 잡은 손목을 훅 끌어당기는 석지원.
그대로 딸려 가 석지원 앞에 앉게 된 윤지원. 가까이 다가온 윤지원의 얼굴을 천천히, 오래 보는 석지원.

석지원 ... 정말 윤지원이네.

#86. 사택. 석지원의 방 앞. 밤

윤재호, 계단을 막 올라와 석지원의 방 앞에 선다.

#87. 사택. 석지원의 방. 밤

윤지원이 제 손을 굳게 잡은 석지원의 손을 잠시 내려다본다.
다시 고개를 들면, 설핏 눈물이 고인 석지원의 눈.
윤지원의 눈빛도 사정없이 흔들리는 그때,
석지원, 그대로 윤지원을 더 당겨서 입을 맞춘다.
그대로 천천히 눈을 감는 윤지원. 두 사람의 모습에서.

사랑은 외나무다리에서 5회 끝.

제 6 회

#1. 사택. 석지원의 방 앞. 밤

전기장판 들고 문 앞에 선 윤재호. 내려다보면 문틈으로 새어 나오는 불빛.
윤재호 문을 두드리려 손을 올린다.

#2. 사택. 석지원의 방. 밤

멍한 얼굴의 윤지원이 앉아 있고, 그 어깨에 고개를 묻고 잠든 석지원. 손은 여전히 윤지원의 손을 잡고 있다. 윤지원, 작게 한숨을 내쉬는데 들리는 노크 소리. 번쩍 놀라는 윤지원.

#3. 사택. 석지원의 방 앞. 밤

똑똑, 문을 두드리는 윤재호. 답이 없자 잠시 고민하다 손잡이를 잡고 돌리는데 작게 들리는 딸깍 소리. 손잡이가 돌아가지 않자, 윤재호 몇 번 돌려보다가.

윤재호 아니 뭔 문까지 잠그고 잔데…

안고 있는 장판을 한번 보고는 어쩔 수 없단 표정으로 돌아서 간다.

#4. 사택. 석지원의 방. 밤

보면, 여전히 석지원에게 손이 잡힌 채 서 있는 윤지원.
필사적으로 발을 뻗어 문의 잠금장치를 딸깍 누른 참이다. 발끝이 파르르 떨린다.
윤재호가 슬리퍼를 끌고 내려가는 소리가 들리면 조용히 발을 떼는 윤지원.
돌아보면 고개를 기대고 편안하게 잠든 석지원.
부아가 치밀어 손을 뿌리치고 한 대 때리려고 시늉하다 눌러 참는다.
그냥 돌아서 나가려다, 돌아와서 거친 손길로 석지원을 눕히고 이불도 대충 던져서 덮어주고 씩씩대며 나가는 윤지원에서 암전.

#5. 사택 전경. 새벽

천천히 아침이 밝아온다.

#6. 사택. 부엌. 아침

등을 돌리고 싱크대에서 밥을 뜨는 윤지원. 자리에 앉아 있는 윤재호.
공문수가 석지원을 억지로 끌고 부엌으로 들어온다.

윤재호 어이구 이사장 오셨네? 어서 앉어. 밥 먹게.

석지원 예... (앉으면)

윤재호 아이구, 얼굴이 많이 상했네. 그렇게 힘들었는가?

석지원 아뇨! 아닙니다. 어제 감기 기운이 좀 있었는데 지금은 괜찮습니다.

공문수 (냉장고 열고 반찬 꺼내며) 그럴 때일수록 밥을 드셔야 해요.

석지원 저... 그래서 말인데, 혹시 어젯밤에 제 방에 다녀가신 분이 계신지.

싱크대 앞에 선 윤지원. 그 말에 홱 고개를 돌리면 아무것도 모른다는 듯 말간 석지원의 얼굴. 분노로 노려보며 손마디가 하얘지도록 행주를 꽉 쥔다.

윤재호 내가 갔었지! 전기장판이라도 갖다줄까 해서.
근데 문까지 잠그고 자길래 그냥 왔어.

석지원 제가 문을 잠그고 잤다고요?

윤재호 그랬잖어.

석지원 (갸웃하고 문수를 보면)

공문수 저도 안 갔는데.

남자 셋, 마침 밥그릇을 들고 식탁으로 오는 윤지원을 일제히 보는데.

윤지원 (푸다 만 듯한 밥을 석지원 앞에 탁 놓으며) 저겠습니까?
(문수 보며) ...라고 전해 줄래?

세 남자 동시에 끄덕이며 수긍한다. 나머지 두 사람의 밥도 놓고는 나가려는 윤지원을 잡아 앉히는 윤재호.

윤재호 전해 줄래 같은 소리 그만하고, 너도 앉아 먹어!
다 큰 어른들이 유치하게 말이야!

어쩔 수 없이 자리에 앉는 윤지원. 무심결에 석지원의 입술에 눈이 가고.
윤지원, 이를 악무는데, 석지원과 눈이 마주치면 저도 모르게 화들짝 눈을 피한다.
이상하다는 듯 보는 석지원.

#7. 사택. 화장실. 아침

잇몸이 부서져라 분노의 양치질을 하는 윤지원. 거품을 뱉는다.

윤지원 제 방에 다녀가신 분? 다녀가신 부운?

어이가 없다는 듯 웃더니 다시 거칠게 양치질을 하는데 조금씩 느려지는 손.

인서트 > 사택. 석지원의 방. 밤 (5회 #87.)
설핏 눈물이 고인 석지원의 얼굴.
윤지원을 당겨 안으며 키스를 하는 석지원.

윤지원 미친 새끼… 대체 왜? 나한테 대체 왜?

멍하니 거울을 보다가 결심한 듯, 입을 헹구고 호기롭게 나가는 윤지원.

#8. 사택. 1층 거실. 낮

욕실 문을 박차고 나오는 윤지원. 막 2층에서 출근 차림으로 내려오는 석지원을 발견하고는 화가 난 얼굴로 저벅저벅 다가가는데, 막상 석지원이 계단을 내려와 할 말 있냐는 듯 보면, 그대로 몸을 홱 돌려 부억으로 가버린다.
의아해서 눈만 껌벅이는 석지원.

#9. 교무실. 낮

종이 울린다. 텅 빈 교무실. 윤지원 출석부를 들고 창에 머리를 쿵쿵 박고 있다.
뒤에서 슥 나타나 윤지원 어깨에 턱을 턱 기대는 맹수아.

맹수아 조회는 안 가시고 어찌 자해를…?

윤지원 (몸 돌려 보며) 있잖아, 사람이 정신이 살짝 나간 상태면 마음에 없는, 이유도 맥락도 없는 어떤 그런 짓을 할 수 있나?
그래 놓고 기억에서 그걸 싹 지워버리는 끔찍하고 파렴치한 짓을?

맹수아 일 년 전인가… 너 술 잔뜩 먹고 붕어빵 사달라고 울어서 내가 힘들게 사다 줬더니 그거 다 학교 연못에 풀어줬었잖아, 자유롭게 살라고.
그런 맥락 없음을 말하는 거야? 술주정?

윤지원 …그 얘기가 여기서 왜 나와.

맹수아 딱 맞는 예시 같아서?

윤지원 술을 마신 건 아닌데… 술 비슷한 상황이라고 봐야지.

맹수아 가능은 하지. 근데 말이야, 겉으론 아무 이유도 맥락도 없어 보이지만 가만히 들여다보면은, 반드시 뭔가 있어. 무의식의 저 밑바닥에 깔린 뭔가가. 그걸 자기도 모를 순 있지만.

윤지원 (여전히 혼란스럽다) 무의식…

맹수아 누군데, 누가 뭘 어쨌길래 종이 쳤는데도 이러고 있어?

윤지원 아니, 우리 반 전학생이 아직 안 와서.

맹수아 첫날부터 지각이라. 전학생 간 크네. 맥락 없음 누구냐고?

윤지원 아무것도 아냐. (말 돌리는) 지각인데 전화도 안 받는다.

맹수아 (의심으로 눈을 가늘게 뜨고) 전학생 이슈로 뭉개보시겠다? 누구야,

그 파렴치한이?

윤지원 아유, 아니야, 그냥…

하는데 드르륵- 문 여는 소리 들린다.
둘 동시에 돌아보면 빳빳한 새 교복을 입고 심드렁한 얼굴로 서 있는 정율.

윤지원 (얼른 미소로) 전학생?
정율 (말없이 끄덕인다)

#10. 2-1반 교실. 낮

교탁 앞에 선 윤지원. 그 옆에 정율. 학생들 그다지 집중하지 않고 떠드는 중.
교실 뒤에는 공문수 서 있다.

윤지원 얘들아, 전학생도 왔는데 이미지 관리 좀 하자, 어?
(소용없고. 율 보며) 인사할까?
정율 (대충 고개 숙이며) 정율입니다.
윤지원 그래. 율이… 다른 할 말은… (표정 보고) 없구나.
정율 네.
윤지원 (빈자리 가리키며) 그래 들어가 앉아. (하다가) 참, 반장?
고해수 (문제집을 풀다가 얼른 고개 들고) 네?
윤지원 (율에게) 우리 반 반장이거든. 모르는 거 있음 묻고. 친하게…
정율 (이미 자리로 가며) 네.
고해수 (보다가 이내 고개 문제집으로 떨군다)
윤지원 …지내라. 자, 그리고! 좀 있으면 중간고사네?

하면, 크게 야유하는 학생들.

윤지원 이것들이, 선생님이 얘기하는데 툭하면 우우-
(짐짓 엄하게) 니들 진짜 계속 그러다가...

아이들, 일제히 윤지원을 보면.

윤지원 고3 돼.

다시 터지는 야유 속에서 공문수만이 세상 재밌다는 듯 크게 웃는다.

윤지원 (꿋꿋하게) 그니까 시간 많네 이러고 있지 말고 지금부터 시험 준비 시작해. 알았어?

고해수를 비롯한 몇 명만이 힘없이 예- 하면. 윤지원 끄덕이며 출석부를 들어 보이고 교실에서 나간다. 그대로 책상에 엎드리는 율. 와르르 더 시끄러워지는 교실.

#11. 복도. 낮

교실에서 나오는 윤지원. 걸어가는데 불쑥 기침이 터져 나온다.
쿨럭대다가, 목을 매만지는. 뒷문으로 공문수도 나온다. 나란히 걸어가는 둘에서.

#12. 급식실. 낮

혼자 밥을 먹는 고해수. 옆에 놓아둔 단어장을 들여다보며 먹는 둥 마는 둥이다.

조금 떨어진 자리에 다른 친구들과 앉아 있는 김유미.

고해수를 보다가, 해수가 고개를 돌리자 얼른 시선 거두고 보란 듯이 일행과 즐겁게 이야기를 나눈다. 그 모습을 물끄러미 보는 고해수 앞에 식판을 내려놓고 앉는 엄기석. 뛰다 온 듯 얼굴이 벌겋다.

엄기석 김유미랑 아직도 이러고 있냐?
고해수 밥도 안 먹고 축구부터 하니?
엄기석 (한술 먹으며) 공복 유산소 몰라? 줄 설 시간에 한 게임 뛰는 거야.

고해수, 절레절레 고개 젓고 천천히 물을 마시다가, 문득 김유미와 눈이 마주치면 김유미 흥, 하며 외면한다. 어이없다는 듯 피식 웃는 고해수. 숟가락을 내려놓는데.

엄기석 그냥 좀 대충 보여주고 알려주고 그래. 심화반이 뭐라고.
고해수 규칙은 규… 아니 근데 뭘 이렇게 다 알고 있지?
엄기석 김유미잖아. 반 애들 다 알아. 니네 왜 싸웠는지.
고해수 (짜증으로 한숨을 푹 쉬며) 알아도 다들 모른 척하는데 넌 뭐야? 시간이 막 남아돌지? 공부 같은 거 안 하고 공만 차면 되니까?
엄기석 (숟가락 든 채 빤히 보는) 야, 고해수.
고해수 (아차 싶은) 아니, 내 말은…
엄기석 동그랑땡 안 먹을 거면 나 주라.
고해수 (어이가 없어서 보고 있으면)
엄기석 말 끝나기도 전에 아차 할 말을 왜 하냐? (턱으로 김유미 가리키며) 후회할 거면서.
고해수 …뭐래. 나랑 김유미 일에 왜 니가 나서? 너 뭐 김유미 좋아해?
엄기석 (씩 웃는) 김유미 같아?
고해수 (당황해서) 뭐?
엄기석 (숟가락으로 동그랑땡 와르르 가져가며) 내가 먹는다?

당황한 표정 그대로, 밥 먹는 엄기석을 보는 고해수에서.

#13. 2-1반 교실. 낮

학생들 몇 명만 남아있는 교실. 정율이 자기 자리에 엎드려 있다.
들어오는 고해수와 엄기석. 정율을 본다.
고해수 제 자리에 앉으려는데 엄기석, 정율에게 다가가는.

엄기석 야, 전학생 밥 안 먹냐?
정율 (미동도 없는데)
엄기석 (해수 보며 작게) 어디 아픈가?
고해수 놔둬. 자나 부지. 오지랖이 그냥 습관이구나.

사물함으로 가서 치약과 칫솔을 꺼내 드는 고해수.
엄기석 다급히 가방을 뒤져 바짝 마른(?) 칫솔을 찾아내고 자랑스레 들어 보이면,
고해수 '어쩌라고?' 하는 얼굴로 나간다. "오지랖이 뭐야…?" 하며 따라 나가는 엄기석.

#14. 사택. 마당. 낮

평상에 앉아 있는 석지원. 그 옆에 와 앉는 윤재호. 손에 머그잔 두 개를 들고 와 석지원에게 하나를 건넨다.

윤재호 (지그시 보다가) 할 말 하게.
석지원 예?
윤재호 굳이 집에 와서 점심까지 차려주고… 뭐 할 얘기 있는 거 맞잖는가.

석지원 (보는데)

인서트 > 이사장실. 낮

곤란한 얼굴의 석지원. 앞에 선 지경훈.

지경훈 *근데 지원이, 윤지원 선생 얘기까지 하시니까, 아버지께서 못 참으셨던 거 같습니다.*

석지원 *(머리를 짚는) 그날 사람들이 모이는 건 어떻게 아시고 오셨답니까?*

지경훈 *...우연히 겹친 거죠.*

윤재호 혹시 자네 아버지가...

석지원 사과...

윤재호 응?

석지원 그날 일 아버지 대신 사과드리겠습니다.

윤재호 갑자기?

석지원 언행이 지나치셨습니다.

윤재호 (머쓱한) 나도 뭐 주먹이 지나치긴 했는데...
사과를 하러 온 건가, 그러니까?

석지원 ...그래야 할 것 같아서요. 그만 가보겠습니다, 어르신.

윤재호 어어... 그래 이따 저녁에 보세.

인사를 하고 마당을 빠져나가는 석지원의 뒷모습을 물끄러미 보는 윤재호에서.

#15. 라일락 벤치 근처. 낮

커피를 한 잔씩 들고 나란히 걷고 있는 윤지원과 공문수.

윤지원 어. 기말은 필기 실기 다 보고, 중간은 실기로만 할 거야.

공문수 농구로 말씀이시죠?

윤지원 응. 2학년은 농구.

공문수 저 농구 되게 잘하는데.

윤지원 진짜? 근데 나한텐 안 될걸? 나 양소 마이클 조던이야.

공문수 (귀엽다는 듯 웃는) 내기하실래요?

윤지원 (정색하는) 내 앞에서 내기 얘기하지 마라.

하다가 우뚝 서는. 공문수 윤지원 시선 따라가 보면, 라일락 벤치에 느긋한 자세로 앉은 석지원이 태블릿에 뭔가를 열심히 그리고 있다. 진지한 표정이다.

윤지원 (불만스럽게 보다 돌아서며) 공쌤, 커피 딴 데 가서… (하는데)

석지원 (고개 안 들고) 우리 계속 내외합니까?

윤지원 (홱 돌아보면)

석지원 뭐 쫄려서 피하는 거면 그러시고.

윤지원 (발끈해서 다가가는) 쫄려요? 내가 왜요, 내가 왜 쫄리는데?

석지원 모르죠, 난. 근데 아침부터 계속 내 눈을 피하길래.
(한 칸 옆으로 비키며) 아니면, 앉으시든가.

윤지원 (얄미워 죽겠고. 이를 악물고 노려보는)

#16. 라일락 벤치. 낮

석지원 옆에 공문수, 그 옆에 윤지원. 세 사람이 다소 좁게 끼어 앉아 있다.

윤지원 (앞만 보며) 아, 그런 적 없다고요.

석지원 아침밥 먹는 내내 그랬고, 계단 아래에서도 할 말 있는 것처럼 와놓고 냅다 도망갔는데.

윤지원 (이를 악물고) 아니라고. 내가 그쪽 눈 따위를 피할 이유가 없잖아요?

중간에 낀 공문수 어색하게 눈만 굴리는데, 대뜸 몸을 윤지원 쪽으로 돌리고 팔을 뻗더니 윤지원의 턱을 살짝 잡고 제 쪽으로 돌리는 석지원. 당황하는 윤지원 앞으로 얼굴을 가까이 댄다. 둘의 눈이 마주친다.
뭔가 알아내려는 듯 집요하게 윤지원을 응시하는 석지원.
지지 않겠다, 윤지원 버티며 눈싸움(?)을 해보는데, 눈에서 코로, 입술까지 시선이 내려가자 못 참고 눈을 내리깔고 만다.

석지원 봐. 못 보잖아.

윤지원 (석지원의 손을 휙 쳐내고 고개 돌리며) 안 보는 겁니다. 꼴 보기 싫어서!

석지원 새삼스럽게?

윤지원 네, 새삼스럽게 싫어요.
(이를 악물고 작게) 이유도 맥락도 없는 파렴치한…

석지원 뭐라고요?

하는데, 윤지원 못 들은 척 커피만 벌컥벌컥 마시고. 석지원, 여전히 의심스럽게 윤지원을 보고 있다. 이 모든 게 공문수의 코앞에서 일어난 참이다.
어색하게 허공만 보고 있던 공문수, 라일락 꽃잎 몇 개가 떨어져 벤치에 떨어지면.

공문수 (주워서 살피며) …어디서 읽었는데, 이 라일락 꽃잎이 원래 네 갈래로 갈라지는데 간혹 다섯 갈래로 갈라진 걸 찾으면 사랑이 이루어진다는 말이 있대요.

윤지원 (심드렁) 네 갈래고 다섯 갈래고, 꽃이 안 펴서 곧 이사장 관두게 생긴 사람 앞에서 할 말은 아닌 것 같아, 공쌤.

공문수 (석지원 보며) 아.

석지원 야구 봅니까?

공문수 네, 봅...

윤지원 안 봅니다.

석지원 야구에 그런 말이 있어요. 끝날 때까지는 끝난 것이 아니다.

윤지원 안 본다고, 야구.

석지원 내가 이사장을 관둘지 그쪽이 나랑 사귈지는 끝까지 가 봐야 안다는 거죠.

윤지원 (킁킁) 공쌤, 무슨 타는 냄새 안 나?

공문수 (주변 둘러보며) 타는 냄새요?

윤지원 누구 행복회로 활활 타는 냄새. 아유 곧 재만 남겠네.

어이가 없다는 듯 허, 웃는 석지원. 윤지원도 한쪽 입꼬리를 올리며 흥, 비웃으면.
공문수 둘을 번갈아 보다가, 어쩐지 착잡한 표정이 된다.

#17. 사택. 윤지원의 방. 밤

막 씻고 나온 듯한 윤지원. 책상 앞에 서서 체온계로 열을 재고 있다.
보면 37.6도. 짜증 섞인 얼굴로 옆에 놓아둔 종합감기약을 먹고 물컵을 내려놓다가, 책상 위 옛날 핸드폰에 눈이 가는. 들고 침대로 가 눕는다.
전원을 켜자, 작동되는 핸드폰. 신기한 듯 웃는 윤지원.
사진첩에 들어가 보면 윤재호, 그리고 엄마 아빠와 찍은 사진, 차지혜 정민지와 찍은 사진, 문제집 페이지를 찍은 사진 등이 쭉 나온다.
그리움으로 보며 넘기다가 도서관에서 입을 벌리고 잠든 열여덟 석지원의 사진이 나오자 멈칫하는.

인서트 > #2. 사택. 석지원의 방. 밤
윤지원의 어깨에 고개를 묻고 잠든 석지원의 얼굴.

또 몹쓸 것이 떠올랐다는 듯 핸드폰을 던지듯 놓는 윤지원.

윤지원 사귀면? 뭘 어쩔 건데. 웃기지도 않아서 진짜.

그대로 거칠게 돌아눕더니 이불을 쓰는 윤지원. 얕은 기침을 한다.

#18. 사택. 석지원의 방. 밤

침대에 앉아 책을 읽고 있는 석지원. 뻑뻑한 눈을 매만지고 협탁에 책을 내려놓고는 천천히 벽에 고개를 기대는데.

인서트 > #16. 라일락 벤치. 낮
바짝 다가온 윤지원의 당황한 얼굴.

피식 웃는데. 이어지는 찰나의 순간.

인서트 > 5회 #85. 사택. 석지원의 방. 밤
침대에 앉은 윤지원의 당황한 얼굴. 잡고 있던 윤지원의 손.

흠칫하는 석지원. 갸웃하는데. 요란하게 울리는 핸드폰 진동.
들어서 보면 <아버지>다. 살짝 찌푸리고는 받지 않고 핸드폰을 뒤집어 둔다.
그대로 침대에 눕는 석지원. 조용해졌다가 다시 울리는 진동.
등을 돌리고 누운 채 짧게 한숨을 내쉰다.

#19. 교무실. 낮

곤란한 표정의 장온유와 심드렁한 얼굴의 차지혜. 이재규 자리 앞에 서 있다.

이재규 장쌤, 진짜 안 될까?

장온유 저 오늘 심화반 중간고사 대비라서… 죄송합니다. 선생님.

이재규 그럼 어떡해. 와이프는 출장 갔고 아픈 애를 어린이집에 저녁까지 둘 수도 없는데.

차지혜 그러게, 연수 가는 걸 깜박하시면 어떡해요.
같이 가자셔서 저 오늘 차도 집에 두고 왔는데.

이재규 차쌤 혼자 가면 안 되나? 버스 타고…

차지혜 그거야 상관없는데. 근데 연수에 목숨 거시는 교감 선생님이 아시면…

이재규 (한숨 쉬며 고개 푹 숙였다가 천천히 들며) 어쩔 수 없다…

말끝에 고개를 돌려 창밖을 보는 이재규. 차지혜와 장온유도 시선 따라가 보면.
농구대 앞에 2-1반 학생들과 서 있는 윤지원, 공문수가 보인다.
능숙한 폼으로 드리블 시범을 보이는 윤지원. 뭔가 말하려다 콜록콜록 기침을 한다.

차지혜 아이, 지원이가 고3 담임도 아니고 진학부도 아닌데 수시모집 대비 연수를 왜 들어요.

이재규 (간절하게) 왜? 윤쌤 3학년 수업도 하잖아. 체대 수시도 상담할 거고.
아주 안 될 건 없지 않을까?

차지혜 (절레절레 고개 저으며 나가는) 정해지면 말씀해 주세요.

#20. 이사장실. 낮

책상에 앉아 서류를 넘겨 보고 있는 석지원.
표지에 〈양소 골프클럽 환경영향평가: 지역 사회 및 생태계 동향〉
집중해서 넘겨 보는데 노크와 함께 서둘러 들어오는 이기하.
핸드폰을 든 채다. 석지원 '왜?' 하듯 보면.

이기하 전무님, 사모님이십니다.
석지원 (건네받고) 네, 어머니.
한영은(F) 아들, 왜 전화를 안 받아? 오늘 저녁에 시간 맞춰서 올 거지?
석지원 (어리둥절해서) 네? 오늘... 이요? 오늘 왜...

하는데, 듣고 있던 이기하, 번뜩 뭔가 떠올리는...! 얼른 입 모양으로 "생신! 생신!" 하면. 석지원, 아차 하는.

한영은(F) (시무룩해서) 야 석지원. 너 잊은 거지?
석지원 에이 무슨... 어머니 생신을 잊는 그런 놈이에요, 제가?
한영은(F) (다시 들떠서) 그치이? 아들! 그럼 엄마가 말한 그 백도 구했어?
석지원 (눈 질끈 감는) 그럼요. 뭐더라. 캘... 그거 백이요. 캘...
한영은(F) 캘디백! 구했어?

석지원, 핸드폰은 귀와 어깨에 끼우고 얼른 태블릿으로 검색해서 이기하에게 건넨다.
부탁한다는 간절한 표정으로 보면 결연하게 끄덕이고 달려 나가는 이기하.

석지원 네. 이따 갈게요, 어머니.

전화 끊고 안도의 한숨을 내쉬는 석지원. 그제야 생각난 듯 주머니에서 핸드폰을 꺼내 확인하면, 부재중 전화에 〈어머니〉 그리고 무수한 〈아버지〉 보이고.

메시지도 와 있다. 확인하면. 석경태가 건설 현장인 듯 안전모를 쓰고 포크레인 앞에서 짐짓 엄한 표정을 짓고 서 있는 사진이다.
못 말린다는 듯 고개를 젓다가 문득 시선이 창밖으로 향하는 석지원.

#21. 이사장실 앞 복도. 낮

걸어오는 차지혜. 그때 이사장실 문이 급히 열리고 달려 나오는 이기하. 문을 채 닫지도 못하고 반대 방향으로 달려가고 나면, 차지혜 멈춰서서 삐죽 열린 문을 가만히 본다.

#22. 이사장실. 낮

열린 문으로 고개를 빼꼼 들이미는 차지혜. 노크를 하려 손을 올리다가 창밖을 내다보고 선 석지원의 뒷모습을 보고는 그냥 손을 내린다. 천천히 들어가지만, 석지원은 알지 못하고. 좀 더 다가가면 운동장에 있는 윤지원이 멀리 보인다. 윤지원의 움직임을 따라 시선을 돌리는 석지원을 물끄러미 보는.
열린 창문으로 바람이 불어 들어와 커튼이 작게 휘날린다.

#23. 교실. 낮 (과거)

천천히 실눈을 뜨는 열일곱 차지혜. 손에 연필을 쥐고 문제집을 풀다 잠든 모양새다.
그 손에서 연필을 조심스럽게 빼내는 누군가의 손. 슬쩍 보면 옆자리 석지원이다.
연필을 내려놓고 입고 있던 체육복을 꾸물꾸물 벗더니 대충 구겨 차지혜의 머리를 살짝 들고 베개처럼 끼워준다. 눈을 꾹 감았다가 다시 뜨는 차지혜.
흰 티셔츠 차림으로 창문을 여는 석지원. 고개를 돌려 창밖을 보고 있다. 바람이 불어서 커튼이 휘날린다. 멍하니 그 모습을 보는 차지혜.

#24. 이사장실. 낮

여전히 창밖을 보고 있는 석지원.

차지혜(E) 야.

화들짝 놀라 창문을 닫고 돌아보는 석지원. 차지혜 소파로 가서 앉는다.

차지혜 차 한 잔 줄래?

가만히 보다가, 냉장고를 열어 캔 음료 하나 꺼내 탁자에 내려놓고 맞은편에 앉는.

석지원 수업 없냐?
차지혜 (웃는) 뭐 수업까지 째고 너 보러 올까 봐? 나도 선생인데.
석지원 그런 뜻은 아니고.
차지혜 (빤히 보다가) 좀 후회된다.
석지원 뭐가?
차지혜 화나서 너한테 좋아하니 어쩌니 말해버린 거.
석지원 (보면)
차지혜 까먹고 있었는데 옛날엔 너 나한테도 그럭저럭 다정했거든.
근데 지금은 무슨 빚쟁이 보듯 나만 보면 얼굴이 굳잖아.
은근히 상처다?

석지원 차지혜, 나는…

차지혜 (자조적으로) 불편하게 있지 말고 그냥 후딱 거절당할까…
멘트가 어떻게 돼? 친구 이상으로 생각해 본 적 없다?

석지원 (막막한 얼굴로 보면)

차지혜 그 정도로 정리하고 다시 돌아가자, 친구로.
서로 좀 편해지자고.

석지원, 뭐라 말하려는데 수업이 끝나는 종이 울린다. 자리에서 일어나는 차지혜.

차지혜 다음 시간은 수업이 있어서. 갈게, 친구야?

씩 웃고는 그대로 등을 돌려 나가는 차지혜를 보는 석지원.
등을 돌리자마자 참담한 표정이 되어 나가는 차지혜에서.

#25. 운동장. 낮

반 학생들 흩어지고 있고, 남은 윤지원과 공문수. 여기저기 놓인 농구공들을 주워 보관대에 담고 있다. 멀찍이서 남은 공 하나를 주워서 오는 공문수.
윤지원 보관대를 끌고 공문수 쪽으로 걸음을 옮기는데. 공을 보관대에 넣을 듯하다가 그대로 들고 골대로 달려가는 공문수. 멀리서 던지는데 쏙 들어간다.

윤지원 (감탄하는) 오… 실기 백 점 맞겠네 공쌤.

공문수 (뽐내는) 말했잖아요. 잘한다니까요.

윤지원, 질 수 없다. 뛰어가 공을 잡더니 공문수보다 좀 더 골대 쪽에서 던진다.
골인이다. 공을 주워서 달려오는 공문수.

공문수 2점 슛. 제 껀 3점 슛.
윤지원 (어쭈 하는 얼굴로 보며, 장난으로) 이런 시건방진 교생을 봤나…

하더니 기습적으로 공문수에게서 공을 뺏어 골대로 달려가는 데서.

cut. to
시무룩한 얼굴로 헉헉대며 서 있는 윤지원. 보면 공문수가 막 골인시키고는 윤지원 주변을 빙빙 돌며 세리머니를 한다.

공문수 30대 5! 제가 이겼죠?
윤지원 어이가 없네. 교생 나부랭이한테 지금… 양소 마이클 조던인 내가…!
공문수 (다가와서) 그럼 저 소원 말해요?
윤지원 (두려운) 뭔데.
공문수 (빤히 윤지원을 보는)

#26. 체육관. 낮

농구공 보관대를 끌고 선 공문수와 윤지원. 마주 서 있는 이재규.

이재규 대신 내가 밥 살게. 세 번! 아니 다섯 번!
윤지원 (물끄러미 보고 있으면)
이재규 아… 나랑 밥 먹는 게 보상이 아니구나. 그치… 그렇지… 그럼,
윤지원 갈게요. 애가 아픈데 어떡해요. 보상 없이! 다녀오겠습니다.
이재규 고마워 윤 선생. 진짜 고맙다. 저기 그 차쌤이랑 같이 가면 돼.

윤지원, 고개를 끄덕이고 이재규 윤지원의 어깨를 다정히 두어 번 두드려 주고는 돌아서 간다. 윤지원 어쩔 수 없다는 표정으로 공문수를 보고 웃는.

#27. 2-1반 교실. 낮

학생들 하교하느라 분주한 교실. 여전히 엎드려 자는 정율.
고해수 자리에 앉아 익숙하게 여러 권의 책을 펼친다. 공을 들고 남학생들과 함께 나가는 엄기석을 흘깃 보는 고해수, 캔 커피를 꺼내 벌컥벌컥 마시고는 곧바로 공부에 집중하기 시작하고.
김유미 가방을 메고 나가려다 그 모습을 본다.

#28. 보건실. 낮

마주 앉은 홍태오와 맹수아. 샌드위치를 먹고 있다.

맹수아 간만에 셋이 옛날처럼 보건실에 모여서 밥 먹나 했더니 맘이 약해 빠져가지고 결국 또 대신 연수를 간대요, 서울까지.
홍태오 윤 선생님이 착해서...
맹수아 (끄덕이고 장난스레) 윤쌤은 착하고... 나는? 나는 예쁘고?
홍태오 미안한데 나는 그런 농담이 좀 불편해요. 맹 선생님.
이사장님한테 그랬다가, 공쌤이었다, 또 저한테까지.
맹수아 웃자고 하는 농담에 진지하게 불편하신 우리 홍쌤...
홍태오 (보면)
맹수아 짜릿해. 너무 귀여우셔. (방긋 웃는데)
홍태오 (말없이 보다가 다정하게) 전 매사에 진지하고 선생님은 모든 게 농담이군요.

맹수아　네?

홍태오　농담이 진심을 가릴 수 있는 좋은 방법이긴 하죠.

맹수아　(살짝 놀라서 홍태오를 보는)

홍태오　근데 너무 자주 써먹지 마세요. 그러다가 선생님도 헷갈리겠어요. 자기 마음이 진짜 원하는 게 뭔지.

다시 샌드위치를 먹는 홍태오를 빤히 보는 맹수아에서.

#29. 학교 일각. 낮

시무룩한 얼굴로 걷고 있는 차지혜. 핸드폰이 울린다. 열어서 보면 윤지원의 문자. 〈교문 앞에 있어. 빨리 와〉

차지혜　(답장하는) 간다, 가…

하는데, 저만치 주차장으로 들어가는 석지원이 보인다.
쓰던 손을 멈추고 고민하는 차지혜의 표정에서.

#30. 2-1반 교실. 낮

조용한 교실에 고해수의 필기 소리만 들린다. 보면 김유미도 제 자리에 앉아 책을 펴놓고 있고. 정율은 여전히 자고 있다.

김유미　(괜히 책을 소리 내 펄럭거리다 툭 떨어뜨리면)

고해수　(살짝 찌푸리고 고개를 돌려 본다)

김유미　(기다렸다는 듯) 왜? 방해 돼? 시험 기간엔 도서관도 사람 많은 거 싫어서 안 가는데 내가 이러고 있어서?

고해수 응. 거슬려. 근데 어쩌겠어. 교실이 내 것도 아닌데. 있어도 돼. (시계 보며) 난 곧 심화반 보강 가니까.

김유미 (어이가 없단 듯 하, 한숨을 내쉬면)

고해수 (눈빛 흔들리는) 아니, 내 말은 너 교실에서 공부해도 괜찮다고.

김유미 고개를 저으며 일어나 가방을 싸더니 그대로 교실을 나간다.
심란한 얼굴로 보던 고해수, 곧 떨쳐내듯 자세를 바로잡고 책에 집중하는데 책에 뚝뚝 떨어지는 코피. 놀라서 코를 감싸 쥐고 일어나는데 순간 어지러움으로 그대로 넘어지고 만다. 겨우 의자를 잡고 버티지만 일어나지 못하고.
부스스 고개를 드는 정율.
힐끗 고해수와 눈이 마주치는데 잠시 보다 그대로 다시 엎드린다.
고해수, 그대로 의자에 고개를 묻고 가쁜 숨을 내쉬는데. 벌컥 열리는 문.

김유미 야! 고해수, 너 진짜 최악… (하다가 놀라 달려오는) 해수야!

#31. 복도. 낮

손에 든 축구공을 빙글빙글 돌리며 걸어오는 엄기석. 땀을 닦는데 저만치 2-1반 교실에서 축 처진 고해수를 끌다시피 업고 울며 나오는 김유미.
엄기석 공을 던지고 달려간다.

#32. 학교 주차장. 낮

차로 걸어오는 석지원. 막 문을 열려는데 조수석 쪽에서 불쑥 나타나는 차지혜.

차지혜 서울 가?
석지원 어. 집에.
차지혜 잘됐다. 나도 서울 가는데 좀 태워주라. 차를 안 갖고 왔거든.
서울 교육청에서 연수가 있어.
석지원 (가만 보다가) …타.

#33. 버스 정류장. 낮

낡은 양복을 입은 윤재호가 서 있다. 저만치서 버스가 온다.
그때 울리는 전화벨. 발신자를 확인하고 반갑게 받는 윤재호.

#33-1. 지경훈의 집. 낮

작은 아파트. 소박한 공간과 달리 가구와 가전제품이 호화로운 이질적인 풍경.
한쪽에 있는 큰 책장 한편에 작고 오래된 나무 공예품이 하나 있다.
걸 수 있도록 낡은 줄이 연결된, 독특한 거북이 모양이다.
막 퇴근한 듯 재킷만 벗은 채로 고급 리클라이너 소파에 눕다시피 길게 앉아, 위스키 잔을 들고 통화 중인 지경훈.
앞에 놓인 TV에서 해외 축구가 음소거 된 채 틀어져 있다.

지경훈 (표정 없이) 제가 모시고 가야 하는 건데…
윤재호(F) 아냐! 중요한 약속이라며. 요샌 버스도 좋아.
지경훈 (술 한 모금 마시고 축구에 집중하며) 그래도 죄송해서.
윤재호(F) (웃는) 별소릴 다 한다. 바쁠 텐데 끊어.
지경훈 예. 다녀오셔서 전화 주세요.
윤재호(F) 알았다. 어, 저 버스 온다. 끊는다, 경훈아.

지경훈 예, 아버지.

무표정한 얼굴로 툭 핸드폰을 던지듯 내려놓고, 화면에 집중하는 지경훈에서.

#34. 정류장 근처. 낮

퇴근 차림의 윤지원과 공문수 걷고 있다.

윤지원 뭔 일이 있나… 왜 갑자기 따로 가자는 거지?
공문수 무슨 일이 있으셨으면 오히려 얘기하지 않으셨을까요?
윤지원 그런가…(하다가) 아니 근데 소원 들어준다는데 연수에 왜 따라오겠다는 거야? 이게 소원인가, 혹시?
내년 대입 수시모집의 이해와 대비에 관한 연수를 듣는 게?
공문수 아뇨! 소원은 나중에. 서울까지 혼자 가시면 심심하잖아요.
윤지원 진짜 이상한 친구네, 이 친구…
공문수 (웃고) 근데 선생님, 운전은 안 하세요?
윤지원 못해. 면허는 어릴 때 땄는데 엄마 아빠 사고 이후로 못하게 됐어.
공문수 어… 죄송해요.
윤지원 괜찮아. 울 아빠 차 박사였는데 운전도 진짜 잘하셨는데 차 사고를 내셨거든. 운전 싫어해, 그래서.
공문수 (마음 아파서 보다가 뭔가 말하려는데)

멀리 보이는 999번 버스 뒤꽁무니. 윤지원 화들짝 놀라 시계 확인하며.

윤지원 아, 또 시간 안 지키고 지 맘대로 왔어! 공쌤 뛰어!

둘, 총알같이 뛰기 시작한다.

#35. 버스 정류장. 낮

막 도착하는 999번 버스. 올라타는 윤재호. 버스가 떠나고 나서야 뛰어서 도착하는 윤지원과 공문수. 곤란한 표정으로 마주 보는데.
둘 앞으로 스쳐 지나는 석지원의 차. 둘은 알아채지 못하고.

#36. 석지원의 차 안. 낮

석지원 룸미러를 본다. 정류장에 선 윤지원과 공문수.
그 시선을 불안하게 보는 차지혜. 천천히 속도를 줄이는 석지원.

차지혜 석지원, 부탁인데 그냥…

하는데, 석지원 그대로 후진한다.

#37. 버스 정류장. 낮

난감한 얼굴로 서 있는 윤지원과 공문수 앞에 후진해서 서는 차.
창문이 내려가면 원망스러운 표정으로 석지원을 보다가 고개를 돌리는 차지혜.

윤지원 …어? 지혜야.
차지혜 (겨우 웃으며 어색하게) 어…
석지원 버스 놓친 것 같은데 타요. 어디 갑니까?
공문수 (핸드폰 확인하고 윤지원 보며) 버스… 50분 후 도착이라고 뜨는데.

윤지원, 차지혜와 석지원이 나란히 앉은 광경을 가만히 보고 있다.

#38. 차 안. 낮

달리는 차. 뒷자리에 나란히 앉은 윤지원과 공문수.
침묵 속에서 윤지원이 콜록콜록 기침을 한다.

공문수 (걱정으로) 선생님, 아프세요?
윤지원 감기. 아, 약 먹는 거 깜박했다. (가방을 뒤지는)
공문수 (몸을 옆으로 틀어 윤지원 보며) 열은요? 열나면 안 되는데.
윤지원 (알약과 드링크제를 꺼내 열며) 괜찮아.

석지원, 뒤를 살핀다. 윤지원이 약을 먹으려 하자 속도를 줄이고, 히터를 튼다.

석지원 맨날 운동장에서 축구니, 농구니 뛰어다니니까 감기가 걸리지.
둘이 뭐 어디 국대 나갑니까?
윤지원 (약을 털어 넣고 발끈해서) 뭐요? 지금 이 감기가 누...!
(하다가 얼른 입을 다물면)
석지원 그 감기가 뭐요?
윤지원 됐습니다! 아니 그리고 체육 선생하고 교생이 운동장을 뛰지 그럼 뭘 해요?
석지원 점심시간, 방과 후에도 맨날천날 뛰었잖습니까?
차지혜 (비꼬는) 되게 잘 알고 계시네요, 이사장님?
맨날천날 운동장만 보나 봐. 일은 안 하시고.

당황하는 석지원. 다시 침묵이 내려앉고. 룸미러를 통해 눈이 마주치는 석지원과 윤지원. 서로 외면하고. 차지혜 싸늘한 얼굴로 창밖을 바라본다.
공문수, 윤지원의 얼굴을 물끄러미 본다.

#39. 서울 교육청 앞. 낮

〈서울특별시교육청〉 현판이 붙은 건물 앞에 서는 석지원의 차. 내리는 윤지원과 차지혜, 공문수. 윤지원 딴청을 부리는 사이.

공문수　(몸을 숙여) 감사합니다. 이사장님.

석지원　얼마나 걸립니까?

공문수　(윤지원 보면)

윤지원　몰라. 뭐 세 시간쯤?

석지원　시간 맞으면 같이 들어가죠.

공문수　(동시에) 아뇨…

윤지원　(동시에) 됐습…

석지원　(윤지원 똑바로 보며) 전화할게요.

그대로 창문을 올리고 쌩 가버리는 석지원.

차지혜　(작게 혼잣말) 어이가 없네.

윤지원　(동시에) 어이가 없다, 정말.

둘, 서로를 본다.

차지혜　잠깐 정리할 게 있어서 하고 나오는데 우연히 만나서 얻어 탔어.

윤지원　(보다가 씩 웃는) 그랬구나. 가자.

끄덕이고는 먼저 걸음을 옮기는 차지혜. 가는 뒷모습을 보고 있는 윤지원.

#40. 보건실. 저녁

어깨가 코피로 엉망이 된 엄기석. 그 옆에 서서 울고 있는 김유미. 걱정스러운 표정의 맹수아가 서 있고 침대에 누운 해수의 피를 닦아 주는 홍태오.

엄기석 그만 좀 울어. 괜찮다고 하시잖아.
김유미 기절했는데 뭐가 괜찮냐!
맹수아 (홍태오 보며) 병원에 가는 게 좋을까요?
홍태오 아뇨, 그럴 것까지는...
김유미 (크게 울며) 고해수 죽으면 어떡해요!
고해수 (작게) 살아 있어.

보면, 천천히 몸을 일으키는 고해수. 홍태오 얼른 어깨를 잡아 다시 눕힌다.

홍태오 더 누워 있어. 혹시 자주 이러니?
고해수 (고개 젓고) 저 심화반 가야 하는...
맹수아 해수야, (하는데)
엄기석 야! 적당히 해. 그러고 누워서 심화반은 무슨!
일동 (엄기석을 보면)
엄기석 (헛기침을 하며 작게) ...심화반이야...
홍태오 다들 그만 가봐도 돼요.
맹수아 그래. 해수 좀 더 쉬게 그만 나가자.

맹수아, 엄기석과 김유미를 데리고 나간다.

고해수 김유미.
김유미 (나가다 돌아보면)
고해수 ...고마워.

다시 눈물이 나는지 삐죽이는 김유미. 맹수아 서둘러 데리고 나가는 데서.

#40-1. 복도. 저녁

저만치 보이는 교무실. 지친 얼굴로 걷고 있는 맹수아. 그러다 문득 멈춰 서는.

인서트 > #28. 보건실. 낮

홍태오 *농담이 진심을 가릴 수 있는 좋은 방법이긴 하죠.*

홍태오 *근데 너무 자주 써먹지 마세요. 그러다가 선생님도 헷갈리겠어요. 자기 마음이 진짜 원하는 게 뭔지.*

맹수아, 씁쓸하면서도 어쩐지 위로를 받은 기분이다. 다시 걸으며.

맹수아 치… 아무것도 모르는 아저씬 줄 알았더니.

#41. 석지원의 집. 대문 앞. 밤

이기하에게 쇼핑백을 건네받는 석지원.

석지원 진짜 고맙다, 기하야.

이기하 (뿌듯해서) 아주 어렵고 아주 비싸게 구했습니다.

석지원 내일 하루 쉬고 모레 천천히 나와.

이기하 (좋아서 미소를 감추지 못하는) 감사합니다, 전무님!
사모님 생신 축하드린다고 전해 주십시오.

석지원 (작게 웃으며 끄덕인다)

#42. 석지원의 집. 거실. 밤

거실 소파에 앉은 석지원. 살짝 찌푸린 얼굴로 태블릿을 들여다보며 펜으로 이리저리 조작 중이다. 부엌에서 나오는 한영은.

한영은 이 양반은 아까 출발했다더니 왜 안 와?

석지원 (시선 고정하고) 오시겠죠.

한영은 넌 엄마 생일에 와서도 일이니?

석지원 (얼른 내려놓으며) 일 아니에요.

한영은, 흘겨보는데 벌컥 문 열리고 들어오는 석경태. 희미하게 남은 멍. 손에는 커다란 꽃다발. 석지원을 보자마자 손가락으로 가리키며 뭐라 입을 열려는데.

석지원 (얼른) 생신 파티 먼저 하고요, 아버지.

석경태 어? 어 그래야지. 파티해야지. (꽃다발 주며) 축하해요, 여보?

한영은 (피, 웃는) 어머, 갑자기 왜 이렇게 말랑해졌대?

다정하게 부엌으로 들어가는 석경태와 한영은. 따르는 석지원.

#43. 석지원의 집. 부엌. 밤

화려하게 차려진 식탁. 밥을 먹는 세 사람.

석경태 (못 기다린다) 너 그 영감탱이한테 뭐라고 한 거냐?

석지원 (결심한 듯) 아버지, 아무리 생각해도 사과는,

석경태 뭐랬길래, 그 천 년 묵은 대나무마냥 꼿꼿한 영감이 순순히 날 찾아와 사과를 해?

석지원 …네? 찾아오셨다고요?

석경태 싹싹 빌고 갔어.

석지원 (갸웃하는데)

한영은 참 정말 못났다, 당신. 기어이 포크레인 운운하며 나이 든 어르신한테 그러고 싶어요?

석경태 아니! 맞은 게 나야, 이 사람아!

한영은 얼마나 깐족댔을까… 나 안 봐도 알 것 같애.

석경태 허, 참 내…

#44. 석반건설. 회장실. 낮 (석경태의 회상)

새침한 얼굴로 상석에 앉은 석경태. 담담한 표정의 윤재호 마주 앉아 있다.

윤재호 (살피며) 아직 멍이 남았구만.

석경태 흥, 포크레인이 무섭긴 하셨나 보네.

윤재호 (어리둥절해서) 갑자기 포크레인은 또 뭔가?

석경태 모른 척하시긴. 그럼 뭐, 왜 오셨는데?

윤재호 사과하러 왔지. 주먹을 휘두른 건 변명의 여지 없이 명백한 내 잘못이야. 정말 미안하네.

석경태 (순순한 사과에 살짝 당황하는데) 뭐어…

윤재호 (대뜸) 이보게, 석 회장. 그런데 내가 자네한테 뭔가?

석경태 에?

윤재호 아무것도 아닌 이 노인네에 대한 복수심이 정말로 그 산보다, 우리 마을, 학교, 아이들보다 먼저냐 이 말이야.

석경태 뭔 소리를 하고 싶으신 겁니까?

윤재호 내가 그만큼의 가치가 있냐고 묻는 걸세.

석경태 (가만히 보다가, 떨쳐내듯) 거, 수작 부리지 마십쇼.

그 산, 그 마을, 나한테는 하나도 소중하지 않으니까.

윤재호 (석경태를 빤히 보다 자리에서 일어나는) 알았네.

저벅저벅 석경태에게 다가오면, 석경태 저도 모르게 일어나 팔을 들어 막는데.
윤재호 그런 석경태를 와락 끌어안으며.

윤재호 잘 알았어. 그럼 계속 싸워야지 뭐 도리가 없네. 주먹질은 안 할게.

당황한 석경태의 등을 토닥이는 척, 퍽퍽 세게 내리치는 윤재호.
단단한 손길에 석경태 움찔움찔한다.

윤재호 (몸을 떼며) 그리고 다 좋은데 내 손녀는 건드리지 말게, 다시는.
석경태 (윤재호의 표정을 보고 흠칫하는)

그대로 몸을 돌려 나가는 윤재호. 이겼는데 진 기분으로 떨떠름하게 서 있는 석경태.

#45. 석지원의 집. 거실. 밤

소파에 앉은 석경태. 여전히 찝찝한 표정으로 상념에서 깨어난다.
한영은 소파에 앉아 새 가방을 이리저리 보며 행복한 표정이다.
과일을 받친 쟁반을 들고나오는 장 여사. 그 뒤로 차가 놓인 쟁반을 든 석지원.
한영은, 얼른 탁자 위에 놓인 석지원의 태블릿을 치우는데 틱, 켜지는 화면.
들여다보는 한영은. 석지원을 쏘아본다. 움찔하는.

석지원 (한영은 옆에 앉으며 다급히) 아이, 그거 보지 마세요.

석경태 뭔데?

한영은 (보고, 석지원의 등짝을 찰싹 때리며) 하여간 똑같애!

석경태 뭐냐고?

한영은 사과 운운하며 남의 집을 부수겠다는 애비나... 집 부수면 새로 지으면 그만이라는 아들이나?

석경태 뭐어!

석지원보다 한발 빠르게 뺏어 드는 석경태. 보면, 3D로 세상 화려하고 정교하게 그려진 새 사택의 조감도와 평면도다.

석경태 ...미친놈.

석지원 (태블릿을 뺏으며 일어난다) 저 그만 가요.

한영은 자고 가!

석지원 ...바빠요. 생신 축하드려요. 어머니.

소파에 걸쳐둔 재킷과 가방을 챙겨 나가는 석지원을 보며 동시에 한숨을 내쉬는 석경태와 한영은에서.

#46. 보건실. 밤

잠들어 있는 고해수. 그 앞에 앉아 있는 홍태오.
천천히 손을 뻗어서 이불을 여며주고 애틋하게 고해수의 이마와 뺨을 쓸어준다.
뒤에 보이는 문이 조용히, 조심스럽게 달칵 소리를 내며 닫힌다.
홍태오는 알아채지 못하고 고해수만을 본다.

#47. 레스토랑. 밤

둘러앉은 윤지원과 공문수, 차지혜. 물컵 정도만 놓여 있고 윤지원 핸드폰을 탁자 위에 올려놓고 연신 쳐다보고 있다. 그 모습을 보는 공문수.

인서트 > #39. 서울 교육청 앞. 낮

석지원 *(윤지원 똑바로 보며) 전화할게요.*

표정 가라앉으며 작게 한숨을 내쉬는 공문수.

윤지원 생각보다 일찍 끝났다, 그치?

차지혜 더 했으면 아사할 뻔했다 야. 공쌤은 괜히 따라와서... 지겨웠지?

공문수 아뇨. 재밌었어요.

차지혜 (씩 웃는) 뭐가 재밌었을까 궁금하네. 연수가? 아니면 사람이?

윤지원 뭔 소리야?

차지혜 (공문수 보며) 지원이가 이렇게 눈치가 없어요. 옛날부터 그랬어.

윤지원 내가 무슨 눈치가 없어?

차지혜 똑똑하긴 했는데 눈치는 더럽게 없어. 나랑 친구 된 게 20년도 넘었는데 아직도 나를 잘 몰라, 얘는.

윤지원 내가 널 왜 모르냐. 완전 꿰고 있지.

차지혜, 피식 웃으며 고개를 젓고. 윤지원 뭔가 말하려는데 음식을 들고 도착하는 종업원. 탁자 위에 접시들을 내려놓는다.

cut. to

저만치 사람이 없는 구석에 서서 통화를 하는 공문수.

차지혜 반쯤 먹은 파스타를 포크로 뒤적이고만 있다.

윤지원 (일어나며) 나 화장실 좀.

끄덕이는 차지혜. 윤지원 자리를 뜨고 나면 물컵을 집어 물을 마신다. 그때 윤지원의 핸드폰 진동이 울리고, 무심결에 집어서 보면 〈석〉이다. 가만히 보다가 손가락을 뻗어 충동적으로 전화를 끊어버리는 차지혜. 입술을 깨문다.

#48. 석지원의 차 안. 밤

운전 중인 석지원. 거치대에 걸어놓은 핸드폰에는 〈윤〉 떠 있고. 신호음이 끊기면 받으려고 입을 여는데 그대로 툭 끊어지는 통화. 잠시 멈칫하는 석지원. 다시 전화를 걸어보는데.
〈전화기가 꺼져 있어 소리샘으로 연결됩니다〉 기계음이 흘러나온다. 신호에 걸려 차가 선다.

인서트 > 3회 #59. 석지원의 집. 베란다. 밤 (과거)
고개를 숙이고 울던 열여덟의 석지원.

신경질적으로 다시 걸어보지만 같은 멘트가 나오자, 전화를 끊는다. 얼굴을 찌푸린 채 생각에 잠겨 있으면 뒤에서 빵- 경적이 울린다. 신호가 바뀌었다. 출발하는 석지원에서.

#49. 레스토랑. 밤

떨리는 손으로 윤지원의 핸드폰 전원을 길게 눌러 꺼버리는 차지혜. 그때 윤지원이 자리로 돌아오는 모습을 보자, 당황해 핸드폰을 얼른 자기 가방에 넣고 만다. 보지 못한 채 자리에 앉는 윤지원.

차지혜 그만 갈까?

윤지원 어? 다 먹은 거야? 반이나 남겼네? 아사할 것 같다더니.

차지혜 저기 나 서울 사는 친구가 오랜만에 얼굴 보고 자고 가라 그래서. 내일 여기서 바로 출근하지 뭐.

윤지원 갑자기? 친구 누구? 니 친구면 내 친구…

차지혜 아니 넌 모르는 대학 동창. (일어나며) 공쌤 오면 나와. 나 먼저 갈게. (계산서 집어 들며) 밥은 내가 산다?

윤지원 뭐라 말하기도 전에, 서둘러 나가는 차지혜. 의아한 듯 보는 윤지원.

#50. 거리 일각. 밤

나란히 걷고 있는 윤지원과 공문수. 골똘한 표정의 윤지원을 보는 공문수.

공문수 신경 쓰이세요? 차 선생님 저렇게 가버리셔서?

윤지원 응? 아니 뭐… 평소 같지 않아서. (하다 털어버리듯) 에이, 버스나 타러 가자.

공문수 (잠시 망설이다가) 저, 선생님.

윤지원 (보면)

공문수 (배시시 웃고) 우리, 집에 좀만 늦게 가면 안 돼요? 연수도 빨리 끝났고 (둘러보며) 날씨도 좋고.

윤지원 소원 쓰는 거야?

공문수 (가로젓고) 부탁이요.

윤지원 (괜히 고민하는 척) 글쎄… 굳이…

공문수 (얼른) 소원!

윤지원 (피식 웃는) 특별히 부탁으로 해준다. 소원은 담에 소고기 먹고 싶을 때 써.

걸어가는 윤지원을 따라가며 웃는 공문수에서.

#51. 서울 교육청 앞. 밤

달려와 서는 석지원의 차. 문을 열고 내리는 석지원.
건물을 올려다보면, 몇 군데 빼고는 불이 꺼져 있다.
짐짓 아무렇지 않은 척 다시 윤지원에게 전화를 걸어본다.
꺼져 있다는 안내가 나오면 작게 찌푸리며 끊는다.
잠시 주변을 둘러보다가 통화기록에서 공문수를 찾고는 통화 버튼 누르려다가 그냥 손을 내리고 마는.
차 문을 열고 가방을 꺼내 두통약을 찾는 석지원.
보면 운전석 옆에 빈 물통이 있다. 한숨을 내쉬고는 그대로 문을 닫는다.

#52. 거리 횡단보도 앞. 밤

사람들 사이에 섞여서 서 있는 차지혜. 신호등이 바뀌고 사람들 일제히 건너는데 혼자 그대로 멈춰 서 있다. 가방에 손을 넣어 윤지원의 핸드폰을 꺼내는.
자괴감으로 보다가, 결심한 듯 몸을 돌리는 차지혜. 한 걸음 디디려다 멈칫한다.
크게 한숨을 내쉬고 핸드폰을 도로 가방에 넣고 다시 횡단보도 앞에 선다.
파란불이 깜박이기 시작한다. 혼자 남아 우두커니 서 있는 차지혜에서.

#53. 덕수궁 돌담길 근처 편의점 앞. 밤

푸릇한 나무들이 서 있는 돌담길. 자전거를 타는 사람들.
손을 잡고 걷는 연인들과 웃음을 터뜨리는 가족 등등 평화로운 봄날의 밤 풍경이다.
한편에서 기타를 들고 마이크 앞에 앉아 노래를 부르는 청년.
몇몇이 서서 보고 있고.
작은 편의점 앞 야외 자리에 마주 앉은 윤지원과 공문수.
소주병과 라면 그릇 하나씩 놓여 있다.

공문수　진짜 또 드실 수 있어요?
윤지원　느끼한 걸 라면이 싹 내려줘. 왜, 공쌤 배불러?
공문수　(웃는) 아뇨. 전 두 개도 먹죠. 선생님도 라면 좋아하시는구나.
윤지원　환장해. 할아버지한테 혼도 나고 그랬어. 그래서 집에선 잘 안 먹지.
공문수　좋아하시는 거, 콜라, 돈가스, 떡볶이… 라면도 추가네요.
윤지원　(미소로) 그걸 다 기억하고 있었어?
공문수　…다 기억하죠. 맥주 마시기 전까지는.

둘, 동시에 푸스스 웃는다. 윤지원 새삼 공문수를 보는.

윤지원　너무 늙은이 같을까 봐 말 안 하려고 했는데 잘 컸다, 공쌤. 많이 힘들었을 텐데.
공문수　(지원을 보다가, 말하려다 말았다가 참지 못하고)
제가 선생님 덕분에 그때를 견뎠다면 믿어지세요?
윤지원　어?
공문수　다쳤을 때 힘들단 말을 아무한테도 안 했어요.
다들 너무 슬퍼하니까.
그래서 그냥 괜찮은 척, 수영 관둬도 아무렇지 않은 척…
그게 너무 힘들더라고요. 아닌 척하는 게. 근데 그날 아무한테도 하지 못했던 말들을 선생님한테 전부 다 했거든요.
그게 위로가 됐어요. 이 세상에 딱 한 명은 내 슬픔을 알고 있구나.

윤지원 (생각지 못한 말이라 얼떨떨한데) 아…

공문수 그 한 명이 선생님이어서 다행이에요.

윤지원 (어색해서 괜히, 라면을 후루룩 먹으며) 그래, 그니까 나한테 잘해, 어? 언제나 마음으로 믿고 따르고! 존경하고! 그리고, 또…

공문수 (멍하니 윤지원을 보다가, 저도 모르게 불쑥) 좋아하는 건요?

윤지원 그래, 좋아하… 어?

공문수 믿고 따르고 존경하고 그리고, 좋아해도 돼요?

윤지원 (놀라서 먹던 라면을 입에 매단 채 보는데)

노랫소리가 커진다.
윤지원이 라면을 겨우 빨아들이고. 어색하게 입을 열면,
공문수 긴장으로 침을 꿀꺽 삼킨다.

윤지원 저기… 그… 공쌤…

공문수 지난 세월 내내 매일 선생님을 떠올린 건 아니지만, 다른 사람을 안 만난 것도 아니지만. 따져보면 잊고 산 날들이 더 길었겠지만 다시 본 순간 알았어요. 오랫동안 그리워했다는 걸요.

윤지원 (멍하니 읊조리는) …다시 본 순간…

노래가 끝난다. 주변이 온통 조용한 순간.

공문수 네. 좋아해요. 선생님.

윤지원 (공문수를 빤히 보면)

공문수 (크게 숨을 내쉰다)

윤지원 (말하려는데 차마 입이 떨어지지 않고)

공문수 (풀어지듯 웃는) 제가 눈치가 없단 말을 가끔 듣는데 지금은 알 것 같아요.

윤지원 응?

공문수 선생님 대답이 다 쓰여있어요, 얼굴에.

윤지원　(슬쩍 눈을 피하며) 공쌤, 공쌤은 진짜 좋은…

공문수　사람이지만 남자로 느낀 적은 없으시다고.

윤지원　(머쓱하게 웃으면)

공문수　제가 너무 성급하게 굴었죠. 이렇게 급하게 얼렁뚱땅 말하고 싶지 않았는데.

윤지원　(씩 웃는) 근데 왜 했어?

공문수　(미소로) 불안해서요. 선생님은 아직 모르는 선생님의 마음을 제가 본 것 같아서.

윤지원　응?

공문수　(담담하게) 그래도 후회는 안 해요.
치기로 보였어도, 제가 바라는 대답을 주지 않으셔도 그래도 제 진심을 선생님이 아셨으면 했으니까.

윤지원　(뭐라 말하려는데)

공문수　(말 돌리듯) 그치만 우리 어색해지기 없기!

윤지원　(어색하게) 나, 난 안 어색한데.

공문수　(어색하게 새끼손가락을 내밀며) 저도요. 그럼 약속.

윤지원　(보면 손이 달달 떨리고 있다. 끄덕이며 걸어준다)

공문수　라면! 마저 먹을까요? (젓가락 들고 먹는데)

윤지원　…젓가락 거꾸로다.

공문수　(보면 국물로 물든 부분을 쥐고 있다) 다시 가져와야지…

의자를 넘어뜨리며 벌떡 일어나 편의점 문으로 가는 공문수.
<미세요>라고 적힌 문을 당기며 "어? 왜 안 열리지…" 중얼거린다.
보다 못한 윤지원이 일어나 문을 밀어 열어준다.
어색하게 큰소리로 웃으며 안으로 들어가는 공문수.

#54. 덕수궁 돌담길. 밤

혼자 걷고 있는 석지원.
넥타이를 헐렁하게 풀고는 주변을 둘러보며 걷는다.
저만치 윤지원과 공문수가 앉았던 편의점 보인다. 자리는 비어 있다.

#55. 덕수궁 돌담길 다른 일각. 밤

나란히 걷고 있는 윤지원과 공문수.
윤지원, 허공만 보며 걷고, 공문수 그런 윤지원을 본다.
눈이 마주치면 어색하게 시선을 다시 허공으로 보내는 윤지원.

공문수 (일부러) 아, 이거 생각보다 쪽팔리네. 선생님 혹시 괜찮으시면 나중에 집에서 볼까요, 우리? 지금은 제가 어디 좀 갈까 해서.
윤지원 어? 아... 난 괜찮지. 근데 공쌤 어디 가게?
공문수 (진지하게) 한강... 물이 찬가 어떤가...
윤지원 (놀라서) 공쌤...!
공문수 (활짝 웃는) 농담.

윤지원 흘겨보면, 공문수 꾸벅 인사를 하고 윤지원을 스쳐 걸어가다가 문득 멈춰 서더니 휙 몸을 돌려 다시 윤지원을 본다.

공문수 근데 지금은 좋아하지 않는다는 거요.
윤지원 응?
공문수 앞으로 좋아하게 될 수도 있다는 뜻도 되잖아요.
그러니까 좀만 더 두고 보세요.
윤지원 뭘?
공문수 (뽐내듯 한 바퀴 빙글 돌더니) 저의 이 넘치는 매력을?
윤지원 (어이가 없어 웃음이 터지는데)
공문수 (미소로) 웃었다. 보세요, 벌써 귀엽고 당돌하고, 막 웃음이 나시죠?

윤지원 졌다는 듯, 고개를 젓다가 얕은 기침을 하면, 공문수 다가와 입고 있던 재킷을 벗어 윤지원의 어깨에 둘러준다.

윤지원 아냐! (하며 벗으려는데)

공문수 (단단히 여며주며) 선생님이 아프시면 제가 속상하니까.
얼른 가세요. 이따가 봐요.

곤란해하는 윤지원을 두고, 공문수 손을 흔들어 인사를 하고는 간다.
마주 손을 흔들어 주는 윤지원. 공문수가 멀어지면 작게 한숨을 내쉰다.
잠시 생각에 잠겼다가 문득 가방에 손을 넣어 뭔가를 찾기 시작하는.

윤지원 내 핸드폰...!

#56. 레스토랑 앞. 밤

#47.의 레스토랑에서 막 나오는 시무룩한 윤지원.

윤지원 여기도 없으면 어디다 흘렸나?

막막한 얼굴로 서 있다가 체념한 듯 걷기 시작한다.

#57. 서울 교육청 앞. 밤

주차된 차로 걸어오는 석지원. 손에 작은 생수 한 병을 들었다.
무표정한 얼굴로 차 문을 연다.

#58. 버스 터미널. 밤 (3회 #64.와 동일한 장소)

벤치에 앉아 버스를 기다리는 윤지원.

#59. 차 안. 밤

운전석에 앉아 두통약을 하나 털어 넣는 석지원.
시동을 건다.

#60. 버스 안. 밤

도로를 달리는 버스. 앉아서 창밖을 바라보고 있는 윤지원.
복잡한 얼굴로 밖을 보다가 툭 머리를 기대고 눈을 감는다.

#61. 차 안. 밤

도로를 달리는 석지원의 차.
그 옆으로 윤지원이 탄 버스가 지난다. 창에 기대 눈을 감고 있는 윤지원.
석지원은 보지 못한다.

#62. 운동장. 밤

운동장을 달리는 윤지원.

#63. 독목고 주차장. 밤

들어오는 석지원의 차. 석지원 차에서 내린다.

#64. 운동장. 밤

윤지원 꽤 달린 듯 숨이 턱까지 찼다.
천천히 속도를 줄이다가 멈춰 서서 숨을 고른다.

윤지원 (중얼거리는) 다시 본 순간…

인서트 > 1회 #90. 교무실. 낮 (엔딩)
고개를 드는 윤지원. 앞에 서 있는 석지원을 올려다본다.
가쁜 숨을 내쉬며 천천히 일어나는 윤지원. 석지원과 눈이 마주친다.
순간 그 모습이 방금 꿈속에서 저를 향해 웃고 있던 열여덟의 석지원으로 보이는.
흐릿하다가 서서히 또렷해지며, 현재의 석지원으로 보이던 순간.

눈을 질끈 감았다 뜨는 윤지원. 제 머리를 쥐어뜯듯 헝클어뜨리고 다시 달리기 시작하는데, 돌부리에 걸려 대차게 넘어지고 만다.
일어날 힘도 없다. 땅에 손을 짚은 채 깊은 한숨을 내쉬는 윤지원.
천천히 고개를 드는데 불쑥 내미는 손. 놀라 외마디 비명과 함께 엉덩방아를 찧는 윤지원. 올려다보면 무심한 표정의 석지원이 손을 내밀고 서 있다.

석지원 뭐 합니까, 오밤중에.

석지원의 손을 잡을 듯 뻗다가 툭 쳐버리고는 혼자 일어나는 윤지원.

윤지원 그쪽은요. 뭐 하다 오밤중에 들어와요?
석지원 누가 들으면 나 기다린 줄. 아니잖아요.
윤지원 (보다가 휙 몸 돌려 가며) 아니죠. 내가 그쪽을 왜 기다립니까?

윤지원, 발을 접질린 듯 살짝 절뚝이며 간다. 보는 석지원.

#65. 학교 일각. 밤

고요하고 아무도 없는 학교. 윤지원이 앞서 걷고 석지원, 약간 뒤에서 걷는다.
윤지원 발목이 아파서 느리게 걷다가 잠시 멈췄다가 다시 걷는데.
성큼성큼 다가오는 석지원. 윤지원의 팔을 잡아서 제 허리에 두르게 한다.

윤지원 (놀라서) 뭐예요!
석지원 아니면, 업고 가요?
윤지원 뭔 말도 안 되는…
석지원 그러니까. 그건 쌍방이 싫으니까 그냥 좀 갑시다.
사택까지 밤새 걸을 순 없잖아.

윤지원을 부축해 걸음을 옮기는 석지원. 얼떨결에 몇 걸음 따라 걷다가 뿌리치는 윤지원.

윤지원 무슨 상관이에요, 밤을 새워서 걷든 네발로 기어가든!
그쪽이 그걸 왜 신경 쓰냐구.
석지원 (작게 한숨을 내쉬고) 그러게. 뭐 이쁘다고.
대충 한집 사는 사람으로서 인류애라고 합시다.
윤지원 (어이가 없고) 인류 뭐?

석지원 뭐 대단한 이유라도 있어야 합니까?

윤지원 대게는, 이유가 있죠.

석지원 (보면)

윤지원 18년 만에 갑자기 나타나서, 멋대로 집에 쳐들어오고,
툭하면 보고 있고, 꽃 같은 거에 돼먹지 못한 내기를 걸 때는 보통 어떤 이유가 있다고요. 왜 그랬어요?
그건 또 그냥 취해서 아무 말이나 했다고 할 건가요?

석지원 안 취했고 내기 그대로 꽃이 피면 사귈 건데.

윤지원 나랑 왜 사귀려고 하는 건데요?

석지원, 윤지원의 얼굴을 뚫어지게 본다. 윤지원도 피하지 않고 본다.

인서트 > 3회 #74. 윤지원의 집 담벼락. 새벽 (과거)

골목 한편에 세워진 쓰레기통에 목도리를 그대로 넣어버리고 가는 열여덟 석지원.

석지원 ...차버리려고.

윤지원 뭐요?

석지원 버리려고요. 무참히.

휙 몸을 돌려 다시 걷기 시작하는 석지원.

#66. 라일락 벤치 근처. 밤

앞서 걷는 석지원. 절뚝이면서도 빠르게 따라잡는 윤지원. 둘 계속 걸으며.

윤지원 와, 와...! 차버리려고 사귄...

와, 진짜 어디 딴 데 가서 말하지 마세요. 쪽팔리니까!
그냥 이사장 자리나 내놓고 나가는 걸 다행으로 아시고.

석지원 내가 그랬죠, 끝날 때까진 끝이...

윤지원 끝! 그냥 끝이라고. 이제 와서 그 꽃이 어떻게 핍니까?
다른 나무들 하나씩 지고 있는 판국에.
진짜 그 나무가 미치지 않고서야...

석지원 지고 있지, 다 진 건 아니잖습니까?

윤지원 (환멸로) 진짜 싫다. 정말 싫어.

석지원 (무심한 얼굴로) 동감입...

하다가, 순간 멈칫해서 보면 눈앞으로 떨어지는 보랏빛 라일락 꽃잎 하나.
발걸음을 멈추고 손바닥을 내밀면 그 손 위에 얌전히 내려앉는다.

윤지원 (씩씩대며 온다) 동감? 동감? 그러면 그날 밤에 대체 나한테 왜 그랬는데?
내가 싫어 죽겠고 버리려고 사귄다면서 그날은 왜!
왜 그런 눈을 하고 날...!

하다, 심상치 않은 표정의 석지원을 발견하는 윤지원.
시선을 따라 천천히 고개를 올려 보면, 앙상했던 미친 라일락 나무에 보랏빛 꽃이 흐드러지게 피어 있다.
천천히 경악으로 물드는 윤지원의 얼굴.
석지원 멍하니 제 손바닥 위에서 하늘거리는 꽃잎을 보고 있다.
다섯 갈래로 갈라진 라일락 꽃잎이 반짝 빛을 낸다.
순간 뭔가 떠오른 석지원.
당혹감으로 눈이 커지다가 이내 질끈 감고 만다.

인서트 > 5회 #82.와 동일 (석지원의 꿈)

두 사람 사이에 보랏빛 라일락 꽃잎들이 흩날린다.

#67. 사택. 석지원의 방. 밤 (석지원의 회상. 5회 엔딩 씬과 동일)

윤지원이 제 손을 굳게 잡은 석지원의 손을 잠시 내려다본다.
다시 고개를 들면, 설핏 눈물이 고인 석지원의 눈.
윤지원의 눈빛도 사정없이 흔들리는 그때,
석지원, 그대로 윤지원을 더 당겨서 입을 맞춘다.
그대로 천천히 눈을 감는 윤지원에서.

#68. 라일락 벤치 앞. 밤

떠오른 기억에 머리를 짚으며 비틀하는 석지원.
밝은 달 아래 흐드러진 미친 라일락을 보며 경악한 윤지원.
봄날의 밤, 따뜻한 바람이 분다.
마주 선 두 사람의 사이로 보랏빛 꽃잎들이 춤을 추는 데서.

사랑은 외나무다리에서 6회 끝.

작가의 말

지망생 시절 제게 글을 가르쳐주신 선생님께서 하신 말씀이 있었습니다.
작가가 되면 생각보다 시간이 많이 없으니, 지금부터 서랍을 많이 채워두어라.

그때의 저는, 작가가 안 될 확률이 훨씬 높았던 초보 지망생이었지만
그래서 더욱 호기롭게 온갖 상상과 문장과 인물들을 서랍 속에 던져놓았고
이 드라마는, 작고 어지럽던 제 서랍의 아마도 가장 아래에 있던 이야기였습니다.

말하기 쑥스럽지만 그… 첫사랑 같은.

서툴고 삐뚠 글씨가 드문드문 적힌 빈약한 첫사랑을 드라마로 쓰기로 결심한 후,
틈만 나면 작업실이 있던 합정동 거리를 무작정 걸었습니다.
그렇게 같은 이름을 가진 두 사람을 떠올렸고, 그들이 태어나고 자라고
사랑하고 이별한 마을을 그렸습니다.

하지만 첫사랑은 이루어지지 않는다는 얄궂은 명제처럼
대본은 때로 제 맘도 모르고 멋대로 흘러가기도 했고, 제가 만들었음에도
인물들을 이해하느라 밤을 새우는 날이 많았습니다.

그래도 결국은 좋은 분들을 만나 모두의 노력으로 서랍 속 짧은 메모가
하나의 드라마가 될 수 있었습니다. 그리고 소중한 대본집까지 발간되어
더없이 기쁘고 부끄럽습니다.

이 자리를 빌려 모두에게 감사를 전합니다.

지인과 한탄처럼 이런 농담을 나눈 적이 있습니다.
서른 장의 한 회 대본을 쓴다고 치면 28장은 죽을 만큼 힘들고 외롭다가
2장 정도, 아주 잠시 찌르르한 기쁨과 만족을 느끼는 것 같다고요.
뭐 제 필력이 미천한 탓이겠지만요..^^

그럼에도 불구하고 저는 드라마를 아주 좋아합니다.
지금은 촌스럽고 오그라든다는 말로 치부되기 일쑤지만,
그래도 드라마를 통해서 희망과 화해, 그리고 결국 인간을 가장 인간답게 만드는
'사랑'을 맘껏 이야기할 수 있기 때문입니다.

그리고 이 드라마를 통해, 누구라도 그런 저의 진심을 알아봐 준다면,
그리고 잠깐의 행복과 즐거움을 느끼신다면 더없이 기쁘겠습니다.

〈사랑은 외나무다리에서〉를 예뻐해 주신 모든 분께 감사드리며
여러분의 나날이 언제나 향기로운 봄날이기를 바랍니다.
감사합니다.

2024. 12.

배우 친필 사인

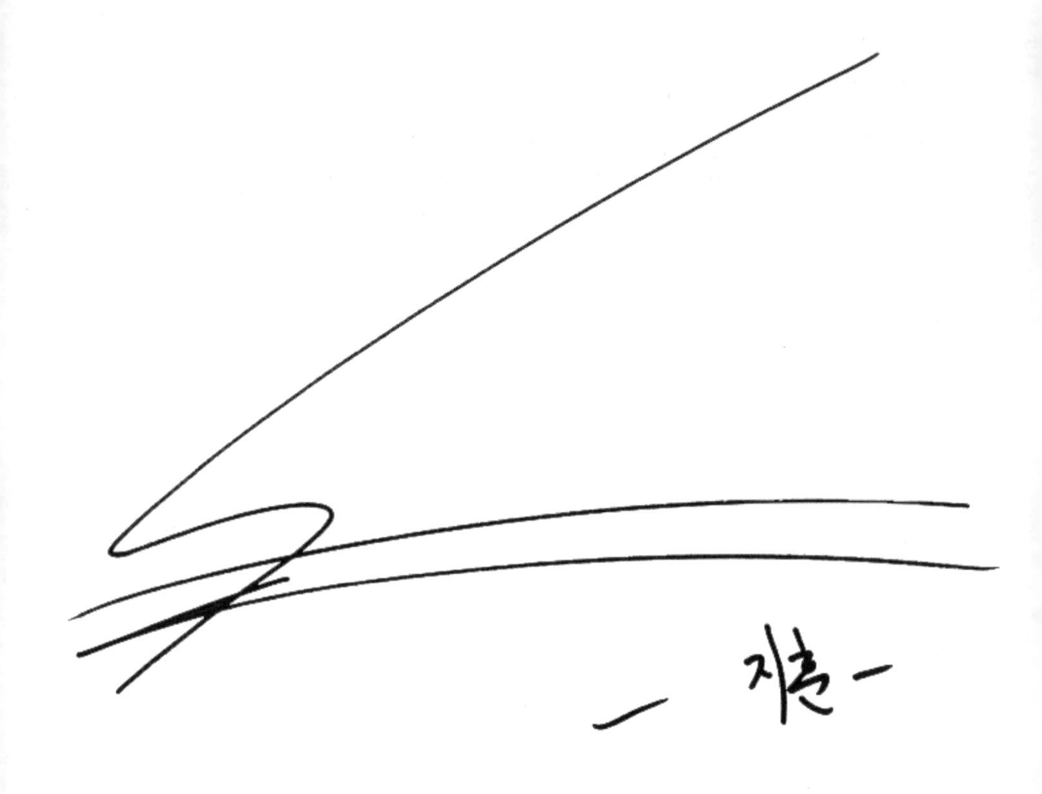

"다사다난한 한 해 보내며 저희 드라마 보시면서 따뜻함을 느끼셨다면 좋겠습니다.

함께한 모든 스태프, 배우분들과 끝까지 시청해 주신 시청자 여러분께 감사드립니다."

사랑은 외나무다리에서를 좋아해 주셔서 고맙습니다!

내 마음 속 진심을
외나무다리에서 마주치길...

풋풋함과 유쾌함으로 마음의 쉼을
느꼈을 작품이었길! 바랍니다 ~♡
윤지, 석지 영원하라!! ><

사.외.다와 함께
웃음과 용기가 가득하셨길♡
문수도 잘 지내~!

윤과 석제형

예쁘고 소중한 사랑하세요 :)

저희도 부디 그러하길♡

김예원